国家自然科学基金面上项目(71874191)资助

进口短缺情景下
我国石油能源系统韧性研究

陈赛　聂锐　著

中国矿业大学出版社

·徐州·

内 容 提 要

"备预不虞,为国常道"。在当前不确定的世界格局下,我国的能源安全面临着各种风险,坚持能源底线思维,建立一个具有韧性的能源体系,对于保障能源安全具有重要意义。本书顺应当前构建现代能源体系的需求,以韧性理论为基础,构建了石油进口网络的压力测试模型,从短期和长期对我国石油及能源系统韧性进行了模拟,并梳理了有关提升能源系统韧性的政策。

本书介绍了我国能源系统在石油进口短缺发生后不同情景下的系统韧性;既可以为如何恢复能源供应短缺、做好应对危机的准备提供理论依据,又可以为回答如何提升能源系统韧性、有效防范化解各类风险及未来能源政策设计提供合理科学的参考。

图书在版编目(CIP)数据

进口短缺情景下我国石油能源系统韧性研究 / 陈赛,聂锐著.—徐州:中国矿业大学出版社,2023.10
ISBN 978-7-5646-6002-4

Ⅰ.①进… Ⅱ.①陈… ②聂… Ⅲ.①石油经济—能源政策—研究—中国 Ⅳ.①F426.22

中国国家版本馆 CIP 数据核字(2023)第 195264 号

书　　名	进口短缺情景下我国石油能源系统韧性研究
著　　者	陈赛　聂锐
责任编辑	马晓彦
出版发行	中国矿业大学出版社有限责任公司
	(江苏省徐州市解放南路　邮编 221008)
营销热线	(0516)83885370　83884103
出版服务	(0516)83995789　83884920
网　　址	http://www.cumtp.com　E-mail:cumtpvip@cumtp.com
印　　刷	江苏凤凰数码印务有限公司
开　　本	787 mm×1092 mm　1/16　印张 13　字数 248 千字
版次印次	2023 年 10 月第 1 版　2023 年 10 月第 1 次印刷
定　　价	58.00 元

(图书出现印装质量问题,本社负责调换)

前　言

　　当前,世界正处于风险易发、高发期,各种类型的"黑天鹅"事件随时可能带来难以预料的风险。新冠肺炎疫情、俄乌冲突、中美博弈、汤加火山爆发等极端天气,区域保护主义抬头等事件正在冲击着现有的世界运行秩序。能源作为人类赖以生存的资源,在动荡的世界格局中,无法避免其供给受到冲击。2020年以来,油价经历了暴跌、暴涨,天然气短缺在欧洲各国蔓延,世界范围的石油储运系统不时受到断供威胁。我国的石油能源安全问题备受党和国家的高度关注。持续增长的石油需求、73%的对外依存度、集中的油源地、远距离海上运输、替代能源发展不足等种种能源国情,致使我国石油供给始终处于战略性风险之中。而一个具有韧性的能源系统,在面对危机时,能够有效地预防、抵御危机,快速从危机中恢复。因此,在危机常存的背景下,树立底线思维、进行情景推演,构建一个具有强大韧性的能源系统,对于实现能源强国具有重要的现实意义。

　　为了探究我国的石油以及能源系统的韧性表现,对提升石油及能源系统的韧性提供具有实践意义的政策,本书共计模拟了两类"压力测试"情景和41种系统韧性情景,主要研究内容如下:

　　第1章主要介绍了当前我国能源所处的国内外环境,对现有研究成果进行总结梳理。第2章从石油产业链的上、中、下游剖析世界石油供给的系统结构;通过梳理和分析历史数据及事件,从自然和人为角度系统性地扫描和研判该系统可能存在的各种风险;基于石油供给的系统结构、可能存在的风险,解析韧性曲线的形成和形态。第3章构建我国石油进口的复杂网络模型,以随机攻击和蓄意攻击两种方式移除网络中的节点,对移除节点后网络的结构、进口的石油量进行测度、比较和分析;并通过改进网络,探索改善网络脆弱性的路径。第4章和第5章在梳理恢复路径、计算恢复能力的基础上构建短期石油系统韧性系统动力学(SD)模型,将《国家石油供应中断应急预案》模型化,刻画了16种情景下的石油系统韧性曲线;通过"韧性弹性"概念,测算系统韧性对各影响因素的敏感程度。第 6 章前半部分构建长期石油系统的 SD 模型,刻画了 14 种情景下的系统韧性曲线,探究能源替代和效率提升对石油系统的影响以及系统在经历一次危机后应对下一次危机时的表现能力;第 6 章后半部分通过构建长期能源系统 SD 模型,以能源替代为恢复路径,刻画了 11 种情景下的系统韧性曲线,研究了何种能源替代组合有利于提升我国能源系统韧性。第 7 章从韧性的四个阶段分别梳理相关能源政策,评估政策效果,结合政策分析和实证研究,提出提升我国能源系统韧性的政策建议。第 8 章总结了研究结论和研究不足,展望了未来的研究方向。

本书依托于国家自然科学基金面上项目"中国能源系统韧性演化模型及其情景规划研究(71874191)",由中国矿业大学丁月婷、王迪、时如义、张言方、钱祥炎、王佳等人协作完成。在此,向为本书的撰写付出心血的所有人一并表示感谢。

我们深知,本课题的研究仍处于初步探索的阶段,因此,课题组将以本课题为契机,继续深入探索,完善研究成果,增强研究成果的可行性和应用性,为能源系统的安全运行尽绵薄之力。

限于学识水平,书中难免存在疏漏和谬误,不当之处,敬请专家批评指正。

作　者

2023 年 5 月

目　录

第1章
绪　论

1.1　研究背景与意义

1.1.1　研究背景

当前,世界正经历百年未有之大变局,肆虐全球的新冠肺炎疫情更是加速了变局的演变,世界正进入动荡变革期,进入更加不确定的时代。能源作为保障国计民生的重要资源,在这场变革中,随时面临着"黑天鹅"事件带来的难以预料的风险挑战。

首先,从国际环境来看,国际冲突一直与人类社会发展并存。而能源对于任何一个国家而言都是经济、社会发展的重要战略物资,回看战争史,国家之间的摩擦和博弈,或因抢夺能源而起,或以能源为制裁武器。例如1977年发生在埃塞俄比亚与索马里之间的欧加登战争,是一场看不见石油的石油争夺战,索马里仅听闻埃塞俄比亚可能有大量石油资源便展开了进攻;再比如1980年的两伊战争、1991年的海湾战争、1994年俄罗斯与车臣共和国爆发的抢滩里海之战等,无一不是为了石油的勘探、开采、运输权而展开了大规模战况惨烈的国际战争。此外,在和平发展的当下,以石油等能源作为制裁武器的国际事件常有发生。2018年,美国对伊朗、俄罗斯实施制裁,包括对伊朗原油实行禁运,同时打压俄罗斯的能源产业,这使得稳定的石油供给受到影响,根据中华人民共和国海关总署的进口数据,我国从伊朗进口的石油数量从2018年的0.292 7亿t降至2019年的0.147 8亿t,降幅高达49.5%。2022年2月,俄罗斯乌克兰之战中,为了制裁俄罗斯,由俄罗斯向欧洲供应天然气的北溪2号海底天然气管道已经被德国政府暂停认证。在后疫情时代,社会发展的巨轮看似在风平浪静的海面航行,实则暗潮涌动、逆流险滩无处不在,中美关系持续恶化,中印边境冲突,南海争端等事件威胁着我国石油进口安全。美国对中国和平崛起的压制已经从贸易战、金融战、技术战演变到能源战。如果美国联合其他利益相关方推高油价或实施禁运等,我国石油供给可能会出现短缺甚至中断的情况,继而对国民经济发展造成巨大的冲击。简而言之,在全球发展的进程中,能源是财富,也是武器,财富勾起的欲望挑起了无数的争端,欲望不息,争端不灭,因而危机常存。

其次,从我国的能源资源禀赋来看,"富煤、贫油、少气"是一个鲜明而根深蒂固的标签。石油资源在全球范围内分布不均,少数产油国占据了世界绝大部分油气资源,导致资源禀赋差异下的供需错位,从而引发了世界范围内大规模的石油流动[1],也导致世界各国围绕各自能源安全利益展开了激烈博弈。作为世界第二大经济体和能源消费国,我国不得不参与这场激烈的博弈以解决自身的能源供给问题。

纵观我国石油供需状况及进口贸易的动态特征,自 20 世纪 90 年代以来,经济的迅猛发展导致了能源的大幅消耗,石油需求快速上升;然而,由于国内资源品质劣化、技术无法匹配勘探开发对象的变化、石油企业的成本效益以及环保升级等突出矛盾[2],原油产量远无法实现与消费相匹配的增速。如图 1-1 所示,2000—2020 年间,中国原油产量一直保持在 1.63 亿~2.15 亿 t 之间,仅占世界产量的 4.2%~5.0%;而石油消费量由 2000 年的 2.12 亿 t 一路上涨至 2020 年的 7 亿 t,在世界石油消费占比中由 6.2% 上涨至 14.6%。由此可见,随着经济的快速发展,我国石油的供需矛盾越发突出。进一步的,石油产需差额的迅速拉大使得进口量和对外依存度也在不断上涨。1993 年我国成为石油净进口国,此后,石油对外依存度便一路飙升,居高不下[3]。如图 1-1 所示,2000—2020 年间,仅 2001 年对外依存度有小幅下降,2015 年石油对外依存远超过

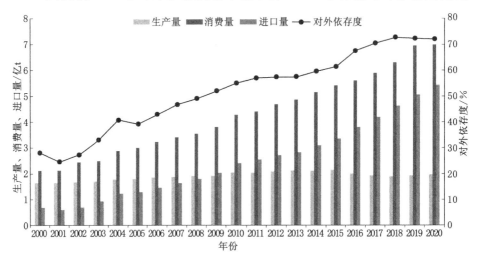

图 1-1 2000—2020 年间中国原油产量、消费量进口量与对外依存度

50%的国际警戒线。根据国际能源署(IEA)预测,我国石油对外依存度在 2035
年达到 84.6%,这将对我国的能源安全产生巨大的压力。

再从我国的石油资源进口路线来看,受限于石油资源地理分布,主要进口
来源国较为集中,运输通道单一,石油进口难度在不断增强。从石油进口来源
国来看,油源地过于集中。根据图 1-2,2011—2020 年间,在我国石油进口份额
中,中东地区占比虽然呈现波动中下降趋势,但始终占据着最大比重和最重要
地位,占比区间为 45.2%~54.8%,其中沙特阿拉伯、伊拉克、阿曼是中东地区
中我国的主要进口油源地;除此之外,俄罗斯也是我国主要的进口油源地,2011
年以来,进口份额从 7.3%一路攀升至 15.4%。可见,我国的石油进口过于依
赖少数特定的来源国家,且中东和非洲两个地区都属于地缘政治不稳定的区
域,不利于中国石油的供应保障。从石油进口通道格局来看,我国的石油进口
运输路线呈现海上通道的绝对主导性和陆上通道的补充性特征,运输路径相对
单一、线路节点较为集中。统计数据表明,我国 40% 的原油进口需要同时经过
霍尔木兹海峡和马六甲海峡,而 80% 左右的原油进口需要经过马六甲海峡(或
龙目海峡、巽他海峡)[4-5],这对于我国能源安全相当于一把"达摩克利斯之剑"。

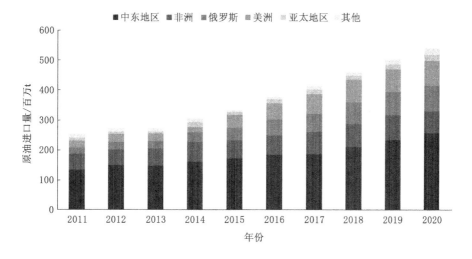

图 1-2　2011—2020 年中国石油分区域进口

最后,从我国石油储备体系建设来看,截止到 2020 年,我国共建设 12 个国
家石油储备基地(包括在建),分别是宁波镇海石油储备基地、浙江舟山+舟山
扩建石油储备基地、青岛黄岛石油储备基地、辽宁大连石油储备基地、天津石油
储备基地、鄯善石油储备基地、独山子石油储备基地、惠州石油储备基地、兰州

石油储备基地、锦州石油储备基地、江苏金坛石油储备基地、湛江石油储备基地，当前总库容约为 6 000 万 m^3（含在建部分库容），加上其他商业企业的储备能力，到 2020 年底，对应储备能力可超过 6 000 万 t。然而，这与当前 IEA 规定的 90 d 的进口消费量的目标还有很大差距。以 2019 年原油进口量计算，当前 90 d 的储备量约为 12 500 万 t，储备缺口高达 7 300 万 t，与美国战略储备石油可满足国内消费 149 d、日本可达 150 d、德国可达 100 d 相比，中国的石油储备还有很长的路要走[6]。

综上所述，一方面，世界正处于世界秩序再度巨变的时代，发展中国家的崛起对现存世界秩序的影响推动了世界各经济体的转向与摩擦，"黑天鹅"漫天飞舞很可能成为当今世界的新常态；另一方面，国内的石油资源日益攀升的对外依存度等种种上述提及的能源现状，无疑是给了"黑天鹅"以可乘之机。因此，应当建立一个怎样的能源系统来应对不确定时代的不确定危机？正是对这一问题的思索和探讨，能源系统韧性概念和理论应运而生。所谓能源系统韧性，是指能源系统有能力承受、减少任何不期而至的突发事件或灾害造成的冲击或压力。2020 年新冠肺炎疫情暴发以来，"不确定性"一词频繁地体现在人们的生活中，人类的认知极限不断地被刷新，世界运行范式不断被各种突发事件所挑战，过去的经验正变得越来越难以预测未来，因此，只有一个富有韧性的能源系统，才能在面对危机时，帮助我们应对、管理、利用不确定性、从容渡过难关、保障国家能源供应安全。

针对国内外错综复杂的形势，为保障能源安全，国家发展和改革委员会、国家能源局出台了《关于做好 2020 年能源安全保障工作的指导意见》《2021 年能源工作指导意见》《2021 年能源监管工作要点》等一系列文件，要求"我国能源发展应着眼应对我国能源供应体系面临的各种风险挑战，着力增强供应保障能力，强化能源安全风险管控，保障国家能源安全"；强调了"坚持底线思维和问题导向，补短板、强弱项、促转型，提高能源供给保障能力，加强能源供需形势分析研判，确保能源安全稳定供应"的思想。目前，为了保障能源安全，已有大量对能源问题的研究，但大多从能源安全理论与能源可持续理论的角度来思考，设想系统是一种持久、稳定的状态，并通过建立单一、静态的指标体系来评估能源安全状态。然而，在现实中，当进口短缺发生时，石油系统是具备准备、吸收、恢复、适应等一系列动态的系统行为和不同的演化阶段的，基于韧性理论来研究石油系统，不仅关注系统所面临的风险，还关注进口供应中断冲击下的系统承受能力、恢复能力和适应能力。因此，以动态演化的视角来研究石油能源系统更有现实意义。

1.1.2　研究意义

目前,能源安全形势严峻复杂,从国际层面来看,单边主义、逆全球化发展潮流涌动。譬如,美国对伊朗石油化工部门的多次制裁行动;俄罗斯-沙特阿拉伯石油价格战;俄罗斯、乌克兰围绕陆上过境权发生的"斗气"事件;在伊朗和以色列网络战中,伊朗汽油配给网络系统疑似遭受以色列的网络攻击,导致该国4 300家加油站暂停运营等国际事件表明能源领域战略博弈的持续深化;同时,伴随着疫情的反复,供给侧叠加需求侧的剧变,未来能源安全将持续限于风险之中。从国内层面来看,在高价格叠加高需求的背景下,我国的能源供给安全的阶段性挑战进一步加剧。基于上述分析,秉承居安思危、操治虑乱的基本思想,增强忧患意识,强化底线思维,有效应对极端气候变化、地缘冲突、烈性疫情、剧烈经济波动等重大灾害和冲击,致力于实现能源从高风险向高韧性的转变,是当前保障能源安全的重要命题。

1.1.2.1　理论意义

1. 坚持并丰富了能源安全理论

韧性理论强调复杂系统在面临破坏性情况时持续发挥其功能的能力,具体包括抵抗慢性压力或极端事件并从中恢复的能力以及适应不断变化环境的能力。本研究以韧性理论为切入点,将其纳入能源安全研究的领域,作为一种新的应对能源风险的思维方式,打破传统能源安全研究的局限性,着眼能源发展面临的内外部环境动态变化和风险挑战,研判能源需求的底线,既是对既有能源安全理论的坚持,也是对能源安全研究的丰富和发展。

2. 扩展了韧性理论的研究领域

"韧性"一词自1973年被霍林引入生态领域后,进一步在诸如经济、灾害、心理学等其他领域、学科被广泛地应用。当前,"能源韧性"引起了越来越多学者的关注。但是针对某一种能源进行系统性分析的研究在能源系统领域依然很少,由于能源系统的复杂性和数据获取具有一定难度,多数研究仍停留在指标体系的构建层面。本研究以石油系统为研究视点,提出了石油系统韧性的概念,并通过复杂网络模型、系统动力学模型等刻画了石油系统韧性曲线,分析了石油系统对供应中断的承受、恢复及适应能力,为韧性理论在能源系统的应用提供了一种可行的研究方式,有利于韧性理论研究的发展。

1.1.2.2　现实意义

1. 有助于尽早研判和识别我国能源安全风险

能源是国家的命脉,石油资源作为我国重要能源供给之一,存在很大的政治风险和能源通道安全风险。2020 年 6 月,《关于做好 2020 年能源安全保障工作的指导意见》提出,强化能源安全风险管控,通过对能源风险的辨识、隐患的排查和研判,对于任何可能影响到能源安全保障工作的风险和挑战,做到图之于未萌,虑之于未有。

本研究通过深入剖析石油进口系统的结构,对石油系统可能存在的导致进口短缺的风险进行"系统性扫描",查找出石油系统在进口环节中潜在的不确定性风险,捕捉可能的异常信号并进行解读,为尽早把握预警信号并率先思考应对方案,确保在危机出现后各方迅速接收到完整的危机信息,建立和完善预警机制提供了理论支持;对有效研判和规避我国能源安全风险,完善针对下一轮危机的应对机制,最小化危害与损失提供了有力的帮助。

2. 有助于审视和判断我国能源安全的潜在漏洞

对风险的应对和处理不应仅仅停留在预警体系的建设上,应对危机也不是消极地等待危机的降临,实际上,当危机真正降临时,被寄予厚望的预警系统并不一定能够真正发挥作用。在这种情况下,就需要对重大风险进行压力测试,通过情景模拟、分析系统漏洞等方式来更全面地预见未知风险带来的后果。

本研究通过复杂网络模型将进口来源地、运输途径的关键岛屿、海峡及国内原油接卸地一同纳入研究,通过情景设置,模拟了由自然灾害主导的随机攻击和由地缘政治主导的蓄意攻击情景,直观地展示了潜在原油供给风险的发生对进口网络结构、原油进口量的影响过程以及最终结果。这对于审视和判断在不同情景下我们的能源系统是否存在潜在的漏洞、漏洞引起的风险是否可以承受,识别我国政府在危机管理中存在的问题和不足等提供了有力的实证支持。

3. 有助于提高我国能源体系应对供给短缺风险的能力

危机的爆发通常突然降临,其带来的冲击和破坏往往难以立即消失,这时,系统便进入了恢复阶段。在这种情况下,就需要针对不同的短缺情景,根据危机演化规律以及可以采取的一系列行动措施,推演政府所采取的对策,评估不同危机情景下所需要的恢复资源,及时发现恢复能力的薄弱点,有针对性地提出可能的应对方案。

首先,本研究分别从供给端和需求端两个角度梳理分析了石油供应短缺后可能的恢复路径、恢复机制及恢复能力;其次,在短期视角下,根据国家、各省市石油供应中断应急预案设定的四种石油中断情景及多种恢复措施,刻画了不同恢复情景下系统性能变化的动态过程,并模拟了极端情景下,石油供需在得到恢复后仍可能出现的缺口。此外,通过改变相关参数,进一步识别了影响系统韧性的关键性因素。这既为恢复能源供应短缺、做好应对危机的准备提供了理论依据,也为提升石油系统韧性、有效防范化解各类风险及未来能源政策设计提供了合理科学的参考。

4. 有助于从根本上塑造一个更长久、更可持续的能源系统

从"危机识别"到"危机恢复",韧性的核心目标都致力于对抗危机,以及实现从危机中恢复与复苏。而要塑造一个真正具有韧性的系统,除了及时恢复之外,要使系统韧性在恢复后再上一个台阶,则要为能源系统"布局未来"。

为了研究能源系统"布局未来"的能力,我们以长期为视角,分别构建了长期石油系统韧性模型和以能源替代措施为主的能源系统韧性模型,探究了提升能源效率、加强能源替代措施对提升能源系统韧性的贡献,通过对模型的模拟证明了系统的"学习""适应"能力,以及变短视为前瞻、塑造长期利益的能力对于实现能源系统长期、更大程度复苏的重要作用。

1.2　文献综述与评析

1.2.1　我国石油进口的风险研究

石油安全包括供给安全和消费安全,前者包括石油的进口、生产、运输、储备和价格安全,后者包括石油的贸易、效率和环境安全[7]。在考虑到不断攀升的对外依存度和越来越复杂的进口条件的背景下,石油供给安全是众多学者的研究焦点,目前为止已经有很多研究范本,但研究的侧重点有所不同,涉及石油进口过程的不同阶段,本研究分别从以下四个角度阐述。

1.2.1.1　基于进口来源国的风险评估

从进口来源国的角度评估石油进口的风险,旨在研究石油进口来源国的安全状况以及进口来源的多元化程度。一方面,由于较高的对外依存度,石油进口来源地的风险是威胁我国石油供应安全的直接风险,因此一些学者对进口来源国的安全状况展开研究,以期找到安全指数相对较高的来源国,通过进口份额转移的策略降低进口结构的风险,从而实现进口结构的优化,提高石油供给的安全性[8];另一方面,石油进口来源多样化可以通过减少过度依赖单一进口来源而带来的风险从而确保稳定的石油供应,是提高石油外部供应安全性必不可少的选择[9],基于此,也有不少研究聚焦从进口多元化程度分析进口风险。

在来源国风险评估的研究方面,王强等[10]对主要的油源地国家的安全进行评估发现,从整体来看,油源地的安全性差,相对安全的油源地在非洲,安全性最差的油源地集中于中东地区。类似的,祝孔超等[11]从我国与主要油源地之间

的国际关系判断进口风险,研究结果同样不容乐观。与上述研究结论不同,陈其慎等[12]认为2000—2017年,我国石油进口来源风险总体呈下降趋势。王正明等[13]的研究表明,沙特阿拉伯的安全度水平居首,而苏丹的安全度水平最低,在17个油源国中,10个国家的安全度低于平均水平,说明我国石油进口安全方面存在较为严重的风险,李建平等[14]也给出了相似的研究结论。Qi等[15]提出了一种风险优化模型,研究建议中国应减少从沙特阿拉伯和俄罗斯的石油进口,同时增加从美国和哈萨克斯坦的石油进口。Zhang等[16]基于外部供应商的视角,提供了一组指标来评估1995—2018年中国37个石油进口来源国的可靠性,结果表明,对中国而言,独联体成员国、亚太地区和美洲比欧洲、非洲和中东国家更可靠。总体来看,上述这些研究都表明了我国在石油进口贸易伙伴层面存在一定的风险,说明我国在选择石油进口来源国的过程中需要提高警惕。当然,我国也需要通过其他方面来改变目前的石油进口来源结构,从而更好地提高我国石油进口的安全性。

在多元化程度测度方面,大多数学者是通过多元化指数来测度该指标的。例如,Vivoda等[17]利用香农-威纳指数(SWI)对中国(1994—2009年)、日本(1973—2009年)和美国(1973—2009年)的多元化战略进行测度和评价,实证结果表明,美国石油进口多元化程度最高,中国的多元化程度迅速提升至第二,而日本的多元化程度则一直较低,仅有小幅变化。除SWI之外,赫芬达尔-赫希曼指数(HHI)在多元化测度方面同样扮演至关重要的角色。HHI计算每个油源地市场份额的平方和,以此来反映市场的集中度,因此集中度越高,指数值越高,只有一个油源地时,指数值最大。何琬等[18]对我国1989—2010年的石油进口HHI进行测度,计算结果表明,HHI整体呈现下降趋势,说明我国在建立多元化供给体系方面成效显著。Cohen等[19]也是通过HHI测量了经济合作与发展组织(OECD)成员国关于石油和天然气供应的多样化程度,以此来反映各国能源供给的鲁棒性,研究表明,尽管各个国家/地区之间存在很大的异质性,但是自1990—2008年,大多数国家的石油供应来源多样化并没有增加,此外,通过将进口国规模、出口国政治风险以及运输风险分别纳入模型,得出了不同的结果,这也表明了使用替代变量的重要性。无独有偶,Yang等[20]在传统的HHI中引入了潜在石油出口能力和每个供应商的国家风险,然后通过将石油依存度与修正后的多元化指数相结合来构建外部石油供应风险指数,衡量了欧盟、美国、中国和日本四个最大的石油消费经济体的石油供应安全性,研究结论与Cohen等有异曲同工之处,一方面是研究期内进口国多样化程度的波动,另一方面是在不同的测算体系下,相同年份的多元化程度出现了大的波动。王正明等[13]利用 HHA 方法对我国 2004—2012 年石油进口多元化水平进行测度,研究发现我国多元化指数基本保持稳定,波幅很小。除了上述指数测度方法之外,还有一些其他的评估角度,对于认识石油供给风险和来源国之间的关系起到了重要的作用。Vivoda 等[21]探讨了进口石油来源的多样化与石油进口国能源安全之间的关系,研究表明多元化进口国政策在不同国家被赋予不同的重要性,进口来源国多元化对进口国虽至关重要但不等同于夸大其作用。Wang 等[22]采用混合频率向量自回归的方法讨论了地缘政治对于我国石油能源安全的影响,并建议实施股权收购、油田投资多元化战略来确保能源安全。He 等[23]研究认为,中国在进口来源多元化方面取得了巨大的成就,并在主要的石油贸易国关系中占据了主动地位。

1.2.1.2 基于石油运输的风险评估

石油运输安全是指从进口来源国至目的地这一过程涉及的安全问题[24]。世界石油主要生产地和消费地分布格局决定了海运是全球石油运输中最重要的运输方式[25],所以石油进口的运输矛盾主要集中在海上运输通道的安全上[26-28]。此外,在远距离运输过程中,地缘政治导致的领土纠纷、局部战争和非传统安全时有发生,严重影响运输的畅通,甚至可能导致油价的波动进而引起巨额经济损失,因此海上运输风险的评估对保障石油进口安全至关重要。通过梳理该类文献发现,以往的研究大都从运输的关键节点和不同线路两个方面展开风险评估。

在运输节点风险评估的文献中,比较典型的有吕靖等[29]对海上运输通道中的关键节点安全效率进行测算,研究表明,欧洲通道中的节点安全效率复杂,美非通道、澳洲通道中节点的安全保障效率低,美西通道和美东通道节点的安全保障效率较高。李晶等[30]通过对我国海上运输通道中关键节点分析后认为,望加锡海峡的风险最大,其次是马六甲海峡和巴拿马海峡等。Li 等[31]构建了基于主成分分析(PCA)和灾害性理论(CT)的模型,对中国海上运输关键节点的安全度进行了评估。蒋美芝等[32]为建设"21 世纪海上丝绸之路"提供了决策参考。也有一些文献专注于某一个节点的安全性评估。例如:Rusli 等[33]分析了马六甲海峡对海上运输通道安全性的重要作用[33];曹峰毓、王学军[34-35]对几内亚、非洲海盗的成因、特点及治理进行了分析。类似的研究还有对海上关键节点的应急保障能力[36]、连通可靠性的评估[37]。上述这些文献都致力于评估海上运输关键节点的安全性,一般将节点安全程度分为很高、高、中、低、很低几个等级,从而进行结果分析,但由于使用的指标体系以及测度模型的不同,其结果也不尽相同,但都能够为中国海上运输措施提供参考。

此外还有一些学者是从运输路线角度对石油进口运输安全进行评估。一般来讲,中国海上石油进口通道主要有中东、非洲、拉美和东南亚航线,根据已有的研究结论[25,38],各航线安全度从高到低依次是拉美航线、东南亚航线、中东航线、非洲航线(其中西非航线安全度最低)。除此之外,杨理智等[39]对我国海上能源战略通道安全的影响和军事冲突风险进行了分析以及实验评估。在进口路线的研究方面,除了评估现有运输路线安全与否外,另一部分学者将研究视线聚焦于新开发的路线(北极通道)[40-41],研究其对现有运输格局的帮助。例如,李振福等[42]研究发现,北极通道的开通能够分担石油进口运输量的7%,这对于减少对马六甲海峡的依赖、保障能源供给安全意义重大[43]。类似的,中巴经济走廊(CPEC)同样可以降低对马六甲海峡的依赖,Rehman 等[44]通过多标准决策(MCDM)技术确定中国原油进口的最佳路线,研究认为 CPEC 如果用于原油进口,可以成为可行的替代方案,并可能减少现有路线面临的脆弱性。

1.2.1.3 基于油价波动的风险评估

众所周知,油价波动是能源安全的不稳定因子。从国际石油价格的历史变动趋势来看,原油价格的波动曾出现暴涨(1973—1974 年、1979—1980 年、2002—2007 年、2009—2011 年)、暴跌(1980—1986 年、2008—2009 年、2011—2016 年)、振荡(1878—1972 年、1986—2001 年)等极不稳定的状态。部分文献对其大幅度波动的原因进行探索并对未来油价进行预测[45-46],但研究方法不尽相同。实际上,通过分析历史油价波动,大部分研究致力于探讨国际原油价格波动对一国/区域能源安全、经济发展的影响路径以及冲击[47-49]。例如:王璐[50]剖析了国际油价波动对中国石油的财务绩效所产生的影响。颜姮美[51]选取了生态、消费、贸易、地缘政治及供给五个方面的指标,评价了 1995—2016 年我国石油安全状态。Wu 等[52]讨论了国内原油的月度价格和 Brent 原油现货价格的关系,认为我国原油进口风险受国际原油价格的影响大。Jiménez-Rodríguez 等[53]使用线性和非线性模型进行多元时间序列分析(VAR)评估了石油价格冲击对主要工业化国家实际经济活动的影响。Cross 等[54]研究了 1992 年一季度至 2015 年三季度中国经济增长与全球石油市场波动之间的关系,结果表明,跨时期的全球石油价格冲击对中国产出的影响通常很小且是暂时的。Xiao 等[55]使用油价的隐含波动率指数(OVX)来研究油价不确定性对中国总和部门股票收益的影响,结果表明,OVX 的变化主要显示了对看跌市场中的总和部门股票收益的显著负面影响。通过对上述文献的梳理发现,油价的波动对一国/地区的负面影响一般大于正面影响。对中国而言,油价波动主要是通过影响经济主体的相对收入水平、消费者预期、进口价格、投资非常规油气的利润等方面来影响中国的经济发展。

1.2.1.4　基于供应链视角的风险评估

从供应链的角度衡量进口风险的文献综合了多方面因素对石油进口安全进行评估。石油进口过程是动态的、复杂的,从出口国到目的地港口这个过程中的任何风险都有可能威胁我国石油安全,在这种情况下,我国迫切需要识别和监测供应链网络的系统性风险。基于此,Xiao 等[55]选取原油进口的可用性、可达性、可接受性和可负担性四个方面对中国石油供应链的系统风险进行评估。研究发现,影响中国石油供应链安全的主要风险因素在不同时期有所不同,在 2003—2007 年初期,可用性风险因素是影响中国石油供应链安全的主要因素;随后,可负担性成为 2008—2009 年期间石油供应链的主要威胁,可接受性风险因素自 2010 年以来成为主要风险。此外,类似的研究还有 Zhang 等[56]从供应链过程的角度构建了石油进口安全评估框架,并建立了一个类似于两阶段数据包络分析(DEA)模型的石油评估模型。结果表明,自 1993 年以来,我国的石油进口风险一直在上升,并且在石油进口供应链的各个阶段面临着多种潜在的威胁,其中来自外部依赖的威胁已成为最大的挑战。Sun 等[57]同时考虑到石油来源国的国家风险和石油运输路线的风险,量化了我国石油进口的风险。Chen 等[58]以韧性理论为基础,构建了我国石油进口风险评估框架,认为我国石油进口的系统韧性仍然处于较低的水平。

根据文献梳理发现,虽然上述文献从不同角度评估了石油进口风险,但它们只是从影响系统运行的不同方面选取指标,建立了静态的评估体系。但石油系统是复杂且动态的,而上述文献没有能够体现石油系统在遭受突发事件时的动态变化过程。另外,上述文献是在从不同方面评估研究对象所处环境是否安全,也就是说对可能发生的冲击(瞬间冲击和慢变量冲击)程度的评估,没有深入考虑,如若在不安全的环境下,所研究的系统反应如何? 而这正是本书要研究的主要问题。

1.2.2　韧性理论的发展与应用

1.2.2.1　韧性理论的起源与演变

据牛津词典的释义,韧性(resilience)可以理解为弹性、回弹或反弹[59]。汪辉等[60]认为,根据该词在不同研究领域的学术内涵,翻译为“韧性”最具有学术性。因此,“韧性”一词并非新鲜词汇,它起源久,但含义新,如今已经成为时髦的词汇,正在被世界各国的研究者予以运用[61],但在应用中各学者赋予其不同的含义,研究侧重点也不尽相同,如此灵活而含义丰富的概念也正是该术语的研究魅力所在[62]。

从概念内涵角度看,韧性的概念最初来源于机械学和工程学,用于描述材料(木材或钢材等)在外力作用下的抗压和恢复形变的能力[63]。早在20世纪50年代初,韧性已经被西方心理学用来研究精神创伤问题[64],但韧性研究在心理学领域开始被大量关注是从20世纪80年代开始的[65]。1973年,加拿大生态学家Holling[66]将韧性应用于生态学,并给出了明确的定义,认为韧性的概念包含研究对象对外部冲击的吸收。Berkes等[67]也认为系统并不只有唯一的平衡状态。相比于机械和工程学的韧性定义,韧性的概念在被引入生态领域后得到了深化,不再认为系统只有一个平衡状态[68]。自20世纪90年代以来,生态学对于韧性的研究由自然生态系统扩展至多尺度的社会生态系统中[69]。自此,韧性由于其普适性成为各学科共同关注的热门词语,被广泛地应用到各个领域[70]。

在心理学研究方面,韧性主要涉及儿童发展理论与家庭理论[71]。在灾害风险管理研究中,韧性缓解的策略逐渐超过工程防护,成为学界和政界共同关注的热点议题[64]。近年来,城市韧性也成为热门研究,学者们认为城市韧性是指该城市系统通过准备、缓冲等手段应对不期而遇的风险,并从风险中恢复的能力[68]。Pendall等[72]认为区域韧性是指该区域有应对扰动、减少扰动冲击,并从扰动中快速恢复的能力。除此之外,经济韧性[73]、能源韧性[74]、农村韧性[75]、基础设施韧性[76]等研究,使得韧性理论越来越丰富,含义越来越深刻。

综上所述,韧性在不同的研究领域,表述差别很大,既可以作为简单的性质描述而存在,也可以形成一套完整的理论体系[64]。在不同的学科、研究领域,韧性的概念以及内涵并不相同,在自然科学领域,其概念相对明确但含义简单,在社会科学领域则完全相反。总之,韧性既是一种终结系统状态的能力,也是一种应对挑战的过程,并且是普遍存在于系统中的;韧性不仅是系统的内在品质,而且是能够被开发利用以应对危机的资源。实际上对韧性的分类除前文提到的之外,仍有"准备韧性""品质韧性""细微韧性""短暂韧性""计划韧性""无效韧性"等分类方法,而韧性最终如何定义和理解,完全取决于研究对象。

1.2.2.2 韧性的测度

作为一种新的研究视角,目前,对韧性进行明确测度的文献并不多。通过对已有研究进行梳理分析,一般认为韧性的测度方法有两类:定性评估和定量测度。其中定性评估又分为构建概念框架和基于专家评估的半定量测度;定量测度主要分为基于韧性演进曲线的模型和基于结构的模型。图1-3总结了韧性测度的分类。

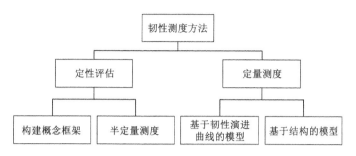

图 1-3 韧性测度方法分类

在定性评估的文献中,概念框架的构建和提出占据了大部分文献。Sarre 等[77]提出了一个评估社会生态系统韧性的概念框架,包括七个步骤:定义和理解所研究的系统,确定评估韧性的适当尺度,确定系统内外部驱动因素,确定系统中的关键参与者(包括人员和政府),开发用于确定恢复活动的概念模型,实施步骤 5 并将结果告知决策者,以及总结以上研究发现。Speranza 等[78]开发了一个概念框架来分析生计的韧性,该框架从三个维度提供了韧性的属性:缓冲能力、自组织能力和学习能力。Sterbenz 等[79]针对通信网络韧性的研究问题,提出了相应的研究框架,认为防御、检测、诊断、修复、改进和恢复对网络韧性很重要,但该框架仅提供概念性见解,并未量化系统韧性。在类似的研究中,Vlacheas 等[80]确定了电信网络范围内的韧性特性,他们发现可靠性、安全性、可用性、机密性、完整性、可维护性和性能以及它们之间的相互作用是网络韧性最有影响的特性。Bruyelle 等[81]研究了如何提高炸弹袭击下的交通体系韧性,但只提出了一些简单的方案。Linkov 等[82]采用网络中心运营(NCO)学说中描述的物理、信息、认知和社会 4 个领域,构建了韧性测度矩阵;进而,Roege 等[83]具体填充了 Linkov 提出的评价矩阵,尽管如此,Roege 等提出的指标体系仍不能直接用于计算,而需要进一步细化或者选取替代性指标进行衡量。

除构建概念框架之外,定性评估方法还有半定量测度。半定量指标方法通常由一组问题构成,这些问题旨在按照李克特量表(0~10)或百分比量表(0~100%)评估基于韧性的不同系统特征(例如冗余性、资源充足性)[84]。Cutter 等[85]首先研究了自然灾害下社区的韧性,设定 36 个变量,假定每个变量的评分在 0~100 之间,最后通过所有指标得分的未加权平均值来计算韧性。Pettit 等[86]用加权总和的办法处理了供应链的鲁棒性和韧性。Shirali 等[87]研究了流程工业韧性,通过调查,从某工业的 11 个单位中收集相关数据,最后用主成分分析对数据进行分析和评分。

在定量的韧性评估中,最主要的做法是借助韧性演进曲线,通过计算韧性曲线与横坐标的面积进行测度。韧性演进曲线源于对韧性和时间的思考,Kulig 等[88]认为随着时间的推移,加之冲击的类型不一,韧性可能会波动,有效的韧性管理需要清楚地了解变化的时间阶段。Zhou 等[89]具体描绘了韧性随时间变化的演进曲线。随后不少学者对韧性的演进曲线加以改造升级以适应不同的研究。Omer 等[90]最早利用韧性演进曲线的面积对韧性进行计算。Bruneau 等[76]研究了基础设施面对地震灾害所呈现的韧性,该韧性计算方式被认为是一种科学界广泛接受的方式。Ouyang 等学者[91]也开展了类似的研究。虽然这种方法适用于地震背景下,然而它可以扩展到许多系统,因为纵坐标质量是一个通用概念,所以这种测度方法具有普适性。经过前期的探讨,目前,已经有更多的文献从韧性曲线的角度来测度系统的韧性,比如,许慧等[92]设置了5 种不同等级的洪水灾害情景,采用蒙特卡罗(Monte Carlo)方法对城市复杂公共空间系统韧性进行模拟计算,得出不同等级洪水灾害情景下城市复杂公共空间各子系统功能水平变化情况以及系统韧性水平分布规律,其中各系统功能水平的变化就是韧性理论中的韧性曲线。Senkel 等[93]也通过刻画韧性演进曲线对综合能源系统的韧性进行了测度。

除了韧性演进曲线这种比较主流的测度方法外,仍有一些科学、合理的研究方法,如优化模型、仿真模型、计量模型和模糊逻辑模型等。He 等[94]将投出产出的线性规划模型应用到能源-经济系统韧性的评估中,提出了能源-经济韧性恢复指标,开发了用于评估和优化能源系统韧性的算法。Khaled 等[95]提出了一种数学模型和解决方案,用于评估关键铁路基础设施,以最大限度地提高铁路网络的韧性。利用瞬态模拟模型,Adjetey-Bahun 等[96]研究了铁路运输系统的韧性。巩灿娟等[97]利用熵值法、GIS 空间分析方法以及动态面板的差分广义矩估计(GMM)方法定量分析了 2011—2018 年中国三大城市群经济韧性的时空演变格局及影响因素。类似的,Azadeh 等[98]建立了模糊认知图,研究了影响工程韧性的相关因素。

根据对上述文献进行整理分析发现,通过指标体系的构建来评价系统的韧性与以往的研究思路并无二致,但如果从韧性曲线的刻画方面测度韧性的研究则更加详细和准确。但在韧性曲线的绘制过程中,要解决数据选取、时间粒度确定等问题,对于不同的研究对象和扰动事件,韧性曲线必定存在差异,在实际应用中定量研究仍面临数据获取、计算方面的挑战,需进一步完善。

1.2.2.3 韧性在能源领域的研究

韧性作为风险管理的新的切入点,从系统韧性角度对能源安全展开研究目前仍然较少,且都散见于能源系统的各个研究领域,其中,最主要的研究领域是在电网。例如,Ou-yang 等[99-101]通过模拟灾害情形、分析系统部件的鲁棒性、计算系统的变化等过程建立了电网等基础设施在地震、飓风等灾害情景下的韧性模型。Amirioun 等[102-103]通过脆鲁棒性曲线,详细描述并量化了微电网应对风暴时的降级和恢复过程。以上关于韧性的研究成果对于本研究将韧性理论应用于石油系统,构建我国石油系统韧性模型具有重要的借鉴意义。除此之外,Grove 等[104]研究发现,增加电动汽车的比例可以增加交通领域的能源韧性。根据 2014 年的《能源改革政策》,Sato 等[105]研究了能源供应商对韧性的影响。类似的,Afgan 等[106]研究了氢能系统,识别了影响该系统韧性的具体因素。美国 Sandia 实验室研究了电力、石油、天然气部门的能源韧性问题[107]。

事实上,针对石油供给系统韧性问题,已有少量国外研究对此进行了探讨。Leung 等[108]研究了两个非常不同的亚太城市(布里斯班和中国香港)的石油空间鲁棒性,认为以运输导向的运输政策、土地利用与铁路和基础设施投资的相匹配,可以减少运输油的消耗,并可以提供更强的韧性。Kimura 等[109]以东南亚国家联盟成员国为研究对象,探讨其石油供给韧性,尽管大多数国家已经开发了应急响应的通用框架,但该框架的作用不一定能够在实际的应急情况或演习中得到实现。然而,这些研究主要是通过建立指标体系,静态地评估研究对象的韧性,或者仅构建测度框架,而通过韧性演进曲线对石油供给韧性的研究几乎没有。

通过对上述文献进行梳理发现,韧性理论在能源问题方面的应用并不多,散见于能源研究的各个子研究领域中。此外,已有的能源韧性方面的研究,也仅提出了研究框架或者可行的指标体系,少数定量研究中的测度方法也并不具有普适性。

1.2.3 石油系统韧性的公共政策研究

在我国石油资源的发展过程中,有关石油资源发展的公共政策对于石油的安全起到了至关重要的作用。经过对石油资源公共政策文献的梳理发现,从韧性角度研究石油系统的公共政策的文献几乎没有,因此,本书分别从石油风险管理的公共政策研究和韧性治理的公共政策研究两个层面梳理相关文献。

在石油风险管理的公共政策研究方面,相关研究主要是针对现实存在的问题,提出相应的政策设计建议。张小琳[110]通过修正层次分析法对我国石油贸易风险问题展开了研究,建议我国积极开展国际能源合作,尽可能地分散油源地,保持与能源贸易国的友好关系。Zhang[111]认为在我国的能源政策方面,应该加强中亚和蒙古的油气贸易,提升中国在传统制造业出口的竞争优势,进而提升其在国际油气贸易中的地位。Yuan 等[112]建立综合量化评估框架,从供应链角度识别原油进口中断对下游石油供应安全的影响,研究表明,中国西南和东部沿海地区容易受到潜在石油供应中断的影响,而中国西北地区则享有较高的供应安全性,因此建议对我国供应保障薄弱的云南、安徽、上海等地区给予更多关注和投资,提高石油供应基础设施的弹性和灵活性,持续推进石油下游产业改革,提高能源供应效率。Zhao 等[113]采用政治、经济、社会稳定、资源和环境风险等指标来评价中国与"一带一路"沿线国家的油气资源合作,并采用改进熵的优劣解距离法(TOPSIS)对 28 个项目进行排名,通过聚类分析将合作风险分为四个级别(从非常高到非常低),并为降低不同的风险等级提供了合作建议。陈其慎等[12]通过梳理分析我国石油进口风险后,提出了具体的政策建议,他认为应该改善能源消费结构,提高非化石能源占比,同时巩固与石油贸易国的关系,并尽可能使进口来源多元化。

在韧性治理的公共政策研究方面,针对石油系统的研究目前仍少之又少,主要研究对象是城市或者社区。随着韧性理论的逐渐发展,韧性治理受到越来越多的关注。朱正威等[114]以疫情背景下的北京和黄石两个城市为例,分析了两个城市的韧性治理,研究发现即使两个城市在韧性治理方面有一定的成就,但仍在很多问题,并基于现有的问题提出了一套关于韧性城市治理的政策建议。王薇然等[115]研究发现,乡村整体韧性水平较以往有较大提升,但各类型村庄内不同治理主体的韧性及其整体韧性均呈现明显差异。石佳等[116]认为构建一个具有韧性的系统对于应对公共危机至关重要。

综上所述,我国石油系统韧性公共政策方面的研究总体比较少,且研究的角度也不尽相同,因此,从韧性视角对石油系统安全政策的研究亟待深入。

1.2.4　文献评述小结

通过对已有文献的回顾和梳理发现,能源问题的热度一直不减,重大突发事件与能源安全仍是在"十四五"期间的主要研究方向[117];同时,韧性理论的研究正处于方兴未艾的时期。近年来,我们面临的灾害风险正日益呈现鲜明的复合型特征,传统的灾害风险与应急管理模式已经无法对新形势下的灾害治理需求作出有效回应[118],对此,韧性的研究应运而生,且越来越多地被应用在各个领域;当前,城市韧性、区域韧性等问题的研究成果越来越多,但大都停留在理论或者案例研究阶段,实证研究鲜有。基于以上分析,本书将已有文献中的不足之处概括为以下几点。

1.2.4.1　韧性在能源领域的概念界定模糊

韧性在能源领域的研究是在吸收借鉴其他学科研究成果的基础上发展而来的,随着韧性内涵的不断丰富,能源韧性的相关概念以及定义仍处于众说纷纭的状态。尽管国内已有学者对能源韧性进行研究,但仍缺乏规范性,甚至存在"即使都是研究韧性,但关于韧性的含义却大相径庭"的现象。未来的能源系统韧性研究需要在外延界定上做出突破。这一方面依赖于对现有能源系统韧性概念的概括、整合和提炼;另一方面需要把能源系统韧性概念与其他概念加以分离,使其在能源领域的应用能够独当一面、独树一帜。

1.2.4.2　能源安全问题中的能源韧性视角研究不足

能源韧性的研究致力于解决能源安全问题。实际上能源安全问题的研究成果众多,已经形成了比较完整的研究体系,其研究范式和理论体系、相关结论也比较丰富。从石油能源安全方面的文献来看,石油进口来源国风险、进口来源多元化评价、影响进口安全的因素等文献数量已经非常多,但从韧性的视角研究能源安全问题的文献却较少。实际上,从韧性的视角研究能源安全问题,研究结果会更加直观和精确。在当前国内外错综复杂的形势下,能源问题也更加复杂。如何在"黑天鹅"漫天飞舞的时代保障能源安全,实现能源自主供给,是今后能源安全的重点研究内容,但已有的研究无法与当前形势下的能源安全问题相匹配。因此,开展能源韧性研究势在必行。

1.2.4.3　韧性测度方法中定量评价的研究较少

目前,韧性实证研究方法比较单一,现有研究大多采用侧重于描述性的定性研究方法,或仅给出能源韧性量化框架,定量研究严重不足,缺乏一套完整的能源韧性测度体系。在城市韧性的研究领域,韧性的测度往往依赖于指标的选取和指标体系的构建,属于定性分析与评价,而事实上,能源韧性的研究要发展和深化,需要借助数学模型等定量测度的方法,才能使研究结论更加具体,从而支撑理论研究的发展。本书将原因概括为以下三点:一是韧性的含义因研究而不同;二是部分研究数据获取较为困难;三是在韧性研究的起步阶段,对其框架的研究属于研究的必经之路。当前,学者们也更加注重采用定量方法解决韧性相关问题,通过定量方法研究韧性的文献也在不断涌现,但能源系统韧性的量化是否存在具有一般适用性的方法还没有定论,多数学者只是给出了适用于有限研究对象的韧性量化方法。因此,寻求具有普适性、可比性的能源系统韧性量化方法,是深入研究必须面临和解决的难题。

1.2.4.4　石油系统韧性的公共政策研究匮乏

目前对韧性的研究还处在如何将韧性融入各个领域的阶段,但实际上,公

共政策的制定也是发展韧性石油系统必不可少的一环,科学有效地制定韧性公
共政策,是实现韧性治理的重中之重[119]。通过对韧性相关公共政策时空演进
机理分析,综合把握韧性政策的变迁规律,建立一个高效、协同的政策机制,是
实现韧性提升的必由之路。可见,在能源韧性体系不断发展完善的阶段,同时
开展对相关公共政策的分析,是构建有韧性的石油系统、保障能源安全的因应
之道。

综上所述,本研究试图回答我国石油系统对进口短缺冲击的应对能力问
题,解决对石油系统韧性的测度与提升问题,是对已有文献的重要补充,是将韧
性理论引入能源安全问题研究中的一个尝试,旨在寻找提升我国石油系统韧性
的政策优化建议,最终促进我国石油资源的整体能源安全和供应保障。

1.3　研究内容

1.3.1　相关概念界定

1.3.1.1　进口短缺风险

对于石油进口,IEA 规定石油供应量比正常水平减少 7% 或以上时,就意味
着出现了供应中断[120]。进口短缺风险在文中被概括为自然风险和人为风险导
致的石油进口量的减少,分别对应自然灾害等原因造成的短期供应短缺和由国
际冲突等造成的长期供应短缺两种情形。

1.3.1.2　石油能源系统

石油能源系统实际上是指石油和能源系统。根据能源种类的不同,能源系
统包含了煤炭、天然气、石油以及非化石能源系统四类[121]。由此可以看出,石
油系统是能源系统的一部分,石油的进口短缺不仅影响石油系统的供给,也会
影响能源系统的供给,本书以石油进口短缺为起点,在大量分析石油进口短缺
发生时石油系统韧性的基础上,进一步推演到该短缺发生时能源系统韧性。具
体的,无论是石油系统还是能源系统都包含生产、进口、进口运输、储备和消费
等各个环节。

1.3.1.3　石油能源系统韧性

根据前文对韧性的梳理,由于学科、研究对象的差异,韧性并没有也无法具
有统一和明确的定义。正如 MacAskill 等[122]在分析了韧性定义的不同解释后
指出,要确定严格一致的韧性定义并不实际,甚至不可实现,原因在于研究对象

所处的环境对韧性的内涵要求存在差异。因此,本书融合了最初以及经历发展后的韧性理论思想,结合现有能源系统韧性的研究,将石油能源系统韧性界定为:石油能源系统对任何不期而至的突发事件或灾害造成的冲击或压力的承受、抵抗、从中恢复以及适应的能力,这种能力既反映了系统终结风险状态的能力,同时也体现了系统应对冲击的过程。

1.3.1.4　脆弱性

脆弱性概念及内涵经历了由一元到多元、由简单到复杂的变化过程。最早,脆弱性被认为是系统由于灾害等不利影响而遭受损害的程度或可能性,主要应用于自然灾害和气候变化等自然科学研究领域,随后,社会科学领域引入脆弱性概念,认为脆弱性是系统承受不利影响的能力[123]。本书延续了脆弱性在社会科学领域的内涵,根据韧性理论中韧性演进曲线的下降阶段,即系统在受到冲击后系统性能的下降过程,将脆弱性定义为:石油进口网络承受节点被随机或蓄意移除的能力。当石油进口网络中的节点被移除后,该系统将失去部分结构性质或者石油进口运输量,当进口短缺发生后,网络性能迅速下降,则脆弱性升高;反之成立。

1.3.1.5　短期和长期

本文从短期和长期两个视角刻画韧性曲线,对短期和长期的界定参照经济学中的定义。在经济学中,短期是指生产者来不及调整全部生产要素的数量,至少有一种生产要素的数量是固定不变的时间周期。长期是指生产者可以调整全部生产要素的数量的时间周期。本书将短期的含义概括为:由自然灾害等事件导致的进口短缺的时间长度,也对应书中随机攻击事件发生的时间长度,一般在一年以内。比如,飓风对出口国产量的影响一般仅有 $10 \sim 15$ d。在该时间段内,无法实现勘探开发新的油井、非常规油技术突破或者实施能源替代、提高能源效率等措施。将长期的含义概括为:由国际冲突等事件导致的进口短缺的时间长度,也对应文中蓄意攻击事件发生的时间长度,一般在一年以上。例如两伊战争,对世界石油供给的影响长达 8 年之久。在该时间跨度内,可以实现勘探开发新的油井、非常规油技术突破或者实施能源替代、提高能源效率等措施。

1.3.2　研究内容

本书以能源安全为主旨,以韧性为理论,对于进口风险导致的后果、受损系统的恢复、恢复后系统的适应能力进行了详细的模拟分析,此外,还对有关提升能源系统韧性的政策进行了梳理。具体研究内容包括以下几方面。

1.3.2.1 剖析石油系统结构,研判系统潜在风险

以韧性理论对系统进行研究的首要步骤就是识别系统中可能存在的风险,本书把石油系统看作一条完整的石化产业链,对该产业链的上、中、下游涉及的主要环节进行分析。主要内容包括:对我国原油生产能力的分析,对进口来源国风险以及构成比例的分析,对原油进口路线布局和风险的分析,对国内原油战略储备体系的梳理,以及对下游炼化和消费能力的分析等。通过搜集、梳理和剖析历史数据,分别从自然和人为角度系统性地扫描了该产业链可能存在的风险点,收集系统发出的风险信号,以期为尽早发现预警信号、率先思考应对方案提供有力依据。

1.3.2.2 模拟系统降级阶段,比较分析系统脆弱性

为了通过对系统实施压力测试的方式,审视和判断在不同的压力情景下,系统是否能够正常运行,本书借助复杂网络模型,测度了系统在降级阶段的脆弱性。首先,本书将现实的石油进口路线中途经的进口来源国、关键岛屿和海域,以及国内的石油接受站抽象为网络节点,结合卫星航运数据,构建石油进口网络。其次,以随机攻击和蓄意攻击两种方式移除网络节点,对移除节点后的网络结构、仍然能够进口的石油量进行测度、比较和分析。通过危机下的系统脆弱性测度,发掘进口网络中的潜在漏洞,计算漏洞对系统性能的破坏程度,有利于持续优化系统结构。

1.3.2.3 模拟系统韧性演进曲线,测度系统的韧性

系统的韧性曲线是计算系统韧性的重要工具,该曲线既反映了系统的降级阶段,更重要的是体现了在同一程度的降级之后系统的恢复能力。为了通过模拟得到系统的韧性曲线,我们利用了系统动力学处理非线性关系以及延迟的优势,在详细梳理和计算了进口短缺后可能的恢复路径、恢复能力、石油系统在危机下要保持运行的需求底线之后,再将国家关于石油供应中断的应急预案中提出的四种中断程度及上一阶段压力测试中得到的系统性能下降程度分别纳入系统动力学模型,模拟了短期和长期视角下石油系统的韧性曲线,并对不同情景下的韧性进行测度。此外,影响系统韧性的因素众多,为了识别影响系统韧性的关键性因素,通过引入"韧性弹性"概念,测算不同因素的变化对系统韧性的影响。

1.3.2.4 模拟系统的学习和适应能力,对系统布局未来的能力进行分析

一个具有韧性的系统,当危机逐渐结束,系统性能得以恢复之后,危机产生的影响会继续影响该系统,原有的系统结构、运转模式和常规形态也应该被打

破,系统进入了学习和适应的阶段。在该阶段,如果系统再一次经历了同等程度的进口短缺,那么,具有韧性的系统应当表现得更好。为了测试石油系统的学习和适应能力,我们在长期视角下石油系统韧性的系统动力学模型中设置了同种进口短缺发生在不同时期、同种进口短缺连续发生 2 次和 3 次的情景,并对结果进行了分析。

1.3.2.5　模拟能源替代对能源系统韧性的影响,优化能源替代组合

恢复石油系统性能的能源替代措施不仅影响石油系统的供需,更会对整个能源系统产生影响,为了探究石油进口短缺对能源系统的影响,我们进一步将模型做了推演,测度了能源系统的韧性,并根据煤炭和新能源对石油的替代能力以及替代能力变化,分两个时间段,探究了能够提升能源系统韧性的能源替代组合,并通过模型计算了提前恢复系统性能需要增加的额外产能供给量,以期使研究更符合现实,结论更具有普适性。

1.3.2.6　梳理相关能源政策,搭建一套提升能源系统韧性的政策体系

决定系统韧性的看似是诸如储备体系、压缩能力、能源替代等一系列措施,实际上是国家关于能源的一系列政策措施的综合作用。因此,提升系统的韧性,还应当从国家能源政策入手。首先,基于对相关能源政策的发展历程的梳理,以时间发展或者内容分类为导向分析了政策的演化路径;其次,通过目前各类能源发展状况评估了政策效果;最后,根据政策效果以及实证研究结论,针对性提出了提升我国能源系统韧性政策的相关建议。

1.4　研究方法和思路

1.4.1　研究方法

1.4.1.1　文献研究法

文献研究法是通过对已有文献的搜集、查阅和分析等,全面掌握当前研究问题已做的和未做的工作,得出自己的研究结论的一种研究方法,是开展学术研究工作的重要前提。根据本书的研究目标,对于韧性概念的界定、测度方法、研究框架等的了解需要通过搜集、梳理和总结大量的文献,为韧性的研究做好分类别的分析工作。

1.4.1.2　对比分析法

对比分析法是对比具有关联的指标,从数量、速度、大小或其他方面进行比

较的研究方法。在本书中我们大量地使用了该方法,比如,在测度系统的脆弱性时,通过对比 2011—2020 年的数据,分析各种策略对系统脆弱性的影响;在韧性曲线的模拟部分,也是通过设置不同的恢复路径,对比分析不同措施对系统韧性的影响。通过对比分析法,可以更清晰地看出结果的差异,而这种差异更有助于优化决策。

1.4.1.3 复杂网络模型

复杂网络模型是将研究对象网络化,通过研判该网络的特征分析其经济学含义的一种研究方法。本书借助复杂网络模型对系统进行压力测试,测度系统的脆弱性。即通过搜集石油进口海关数据与石油进口路线等数据,构建石油进口的逻辑网络图,并对该网络进行压力测试,实证分析了石油进口网络应对风险的能力。

1.4.1.4 系统动力学模型

系统动力学方法是把与研究相关的所有变量纳入系统中,并将其赋予详细的因果关系和数量关系,模拟分析系统中各变量之间的关系。该模型具有一个明显的优点,可以处理非线性关系和延迟关系,对于本书研究复杂的石油及能源系统提供了极大的帮助。本书借助该模型刻画了系统的韧性曲线,测算了不同情境下的系统韧性。

1.4.2 研究思路

本研究的核心思路是将韧性理论与我国能源安全问题相结合,通过韧性具有的特点来判断能源系统抵抗风险的能力。首先,通过剖析系统的结构,系统性地扫描系统各个阶段可能存在的风险。其次,通过压力测试的方式,模拟对系统施加随机攻击和蓄意攻击后系统的反应,测度系统的脆弱性。接着,根据韧性曲线的规律,对系统的研究进入系统的恢复阶段,在该阶段,先是确定恢复路径和恢复能力,然后根据恢复机制的不同,将系统韧性测度模型分为短期视角下和长期视角下两种,分别测度各种恢复路径下的系统韧性值,并通过"韧性弹性"的概念,识别影响韧性的关键因素;由于在长期视角下的系统模型中涉及了能源替代的措施,为了推演该模型,探究了不同的能源替代组合(煤炭、天然气、非化石能源)对能源系统韧性的影响,继续构建了能源系统韧性模型。最后,梳理了有关于能源韧性的相关政策及政策效果,搭建了一套提升能源韧性的政策体系。研究技术路线图如图 1-4 所示。

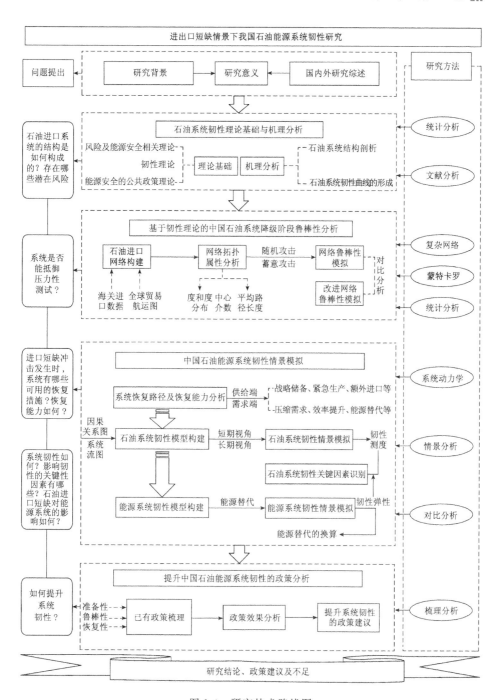

图1-4 研究技术路线图

1.5　研究创新点

本书的主要创新点是用韧性理论研究能源安全问题,具体包含以下几个方面:

(1)以韧性理论为依据,提出并界定了"石油能源系统韧性"和"韧性弹性"的概念及测度,并用以研究石油短缺风险对我国能源安全的影响。一方面,作为研究能源安全的新视角,石油能源系统韧性区别于可持续性、可靠性等概念,与以往多数以静态的视角评价能源安全的研究不同,韧性研究是从系统应对风险的准备、降级、恢复和适应四个阶段,刻画了我国石油系统受到进口冲击后的响应行为,有助于更加直观和详细地从全过程描述我国能源安全问题。另一方面,"韧性弹性"是用以观察影响能源安全的因素对系统韧性的影响程度,即韧性的变化率/影响因素的变化率,将成为指导和判断影响我国能源系统安全的关键因素的重要指标。

(2)给出了对我国石油进口网络进行"压力测试"的方法和改进的分析路径。通过实证描述了我国石油供给系统的网络,模拟该网络在各种风险冲击下性能受影响的过程,审视和判断了我国石油供给系统是否做好了应对风险的准备。通过随机和蓄意攻击两种方式移除网络中的节点,模拟我国石油进口网络遭受自然灾害或国际冲突导致的禁运情景下可能出现的后果,挖掘了网络的潜在漏洞;通过分析风险的发生原因,新增网络的节点或边等应对风险的路径,从而定向改进其网络的脆弱性。

(3)刻画了不同合理情景下我国石油能源系统的韧性曲线,模拟了我国石油能源系统在面对各种风险冲击时性能的动态响应行为,拓展了保障我国能源安全的量化研究。一方面,构建了能够刻画石油能源系统韧性曲线的系统动力学模型,展示了不同短缺程度、恢复路径、策略组合下的系统韧性,识别了影响系统韧性的关键性因素,实现了石油能源系统韧性的实证研究。另一方面,测算了不同能源替代组合下的能源系统韧性,分 2026—2035 年和 2036—2045 年两个阶段,给出了可能的提升能源系统韧性的能源替代组合方案;此外,测算了提前恢复系统性能对能源替代组合的要求,为提升能源系统韧性提供实证支持。

(4)根据韧性理论和实证研究,结合当前国际形势诸多不可预见性,在梳理已有和能源韧性相关政策的基础上,提出了构建韧性能源系统的政策体系。已有的能源政策有力地保障了经济社会发展和民生用能需求,但在预测预警平台的分散失焦、规划与现实的差距、管理机制的漏洞以及错综复杂的国际国内形势下,构建具有韧性的我国能源系统还应当做出以下改进:进一步创建我国能源系统韧性预测预警平台,创建我国能源系统的风险压力测试平台,创建和完善短期和长期能源供应短缺的应急预案体系,创建提升能源系统韧性的能源替代优化路径指南;创建一个能够从全过程提高我国能源系统韧性的组织管理体系。

第 2 章
石油系统韧性的理论基础与机理分析

2.1　石油系统韧性的理论基础

　　石油系统韧性旨在研究系统在遭受风险境遇时的应对能力,而如何制定和实施相关政策以提升系统韧性是韧性研究的根本落脚点。因此,基于系统韧性研究的要点,本章主要从风险相关理论和韧性理论两个方面阐述相关理论。

2.1.1　风险及能源安全相关理论

2.1.1.1　风险及风险管理理论

　　从词义角度来看,"风险"一词在早期主要用于航海业,意为可能发生的危险,这里"危险"特指触礁事件或自然灾害等,后在不同的领域(商业、经济、环境、金融、信息技术、健康、保险等)展开应用,意为遭到破坏或损失的机会。由于"风险"一词在不同的实践领域有不同的研究需求,其定义无法达成一致。目前,学术界比较通用的"风险"定义之一是:不确定性对目标的影响。为了解决有关风险带来的一系列问题的一整套方法和理论被称为风险理论。风险理论的主要内容有:风险管理理论、损失分布理论、破产理论、效用理论及其应用等。

　　风险管理的意识由来已久,"防患于未然""防微杜渐""千里之堤毁于蚁穴",这些带有深刻哲理的传统管理思想,是前人对于过失、祸乱以及风险隐患的总结概括。直到 20 世纪中期,风险管理才成为一门真正的学科。现代风险管理思想最早起源于美国,1956 年拉塞尔·格拉尔在《哈佛经济评论》发表了一篇论文,题目是《风险管理——成本控制的新时期》,在这之后,风险管理被广为传播。之后,风险管理理论迅速发展,美国、英国、法国、德国、日本等国家先后建立风险管理协会,并将风险管理的研究进一步推向国际交流范围。当前,风险管理已经成为一门成熟的管理学科,主要关注风险的发生规律并控制风险。识别并管理风险的主要手段有风险衡量、评估和决策等。

2.1.1.2　能源安全理论

能源系统风险管理是风险管理理论在能源领域的应用。实际上,能源系统安全是一个风险管理问题,也就是把供应中断和长期不利的市场趋势降低到可接受的水平[124]。

能源安全的概念并不是一成不变的,随着时代发展的需求,该概念被提出以来便不断地被丰富和发展。对能源重要性的认识源于第二次世界大战,而能源安全的概念真正被国际社会所接受是在 20 世纪两次石油危机之后。

1974 年 OECD 成立了 IEA,首次对能源安全提出了明确的概念,认为能源安全具体是指可获得、买得起以及持续的能源供应。21 世纪以后,对世界而言,不论是经济、政治还是能源格局已经与之前大为不同。能源安全的内涵虽然仍以保证能源供应为核心,但能源供应中断的风险不再仅是战争、政治对抗,而且也包括非中断性的能源价格暴涨、自然灾害以及大规模地利用化石能源对气候环境产生破坏性的影响等非常规风险。于是,能源安全的含义从传统安全转向了综合能源观,被赋予了多样性、持续性、经济性、环境兼容性、全球性等新的内涵。

战争和冷战时期,能源安全的主要研究内容是如何保障国家军事和经济发展所需要的能源供应,尤其是石油供应。在二战中石油供应问题是影响战局的一个关键因素,于是石油储备基地的基础设施、输油管道等在国际冲突中常常作为被袭击的对象。因此,早期能源安全方面的主要研究是如何保障能源生产、加工、储备和运输的安全。和平发展时期,贸易和经济全球化进程加快,于是战争带来的禁运等供给风险逐渐被市场、价格等经济风险所替代。能源安全研究的主题也逐渐被油价、市场稳定等问题所取代。到了工业化时期,经济社会快速发展,对能源的需求大幅度增长,引发了对于能源替代和提升能源效率方面的能源安全研究。此外,工业革命以来,化石能源生产和消费对环境造成了一定的破坏和影响,随着全球气候变化的严峻,能源安全理论的研究范围进一步扩展,由单独强调安全供应向与使用安全、环境安全并重方向转变。

2.1.1.3　能源地缘政治理论

作为政治地理学中的组成部分,地缘政治是透过地理因素分析国家政治的一门学科。1897 年,"国家有机体"论、"生存空间"被一位名为弗里德里希·拉采尔(Ratzel Friedrich)的德国地理研究学者首次提出。但真正的"地缘政治"概念是由瑞典的一名地理学家鲁道夫·契伦提出的。他认为地缘政治的含义是地理环境与政治关系的交互[125]。传统意义上的地缘政治有空权论、海权论、德国地缘政治和陆权论。该套理论发展至今,也形成了现代地缘政治理论:多极论和整合论、文明冲突论、分裂世界论、单极论。

　　国际贸易全球化背景下,能源地缘政治理论的作用愈发突出。能源地缘政治是指能源输入国或者输出国因为某种或者多种因素被人为地停止或减少能源输入和输出,从而造成重大经济损失及其他国家主权与政治等方面的损失[126]。从能源本质来看,其并不具备政治属性,应当同其他物品一样遵循经济市场规律,但这种资源的稀缺性以及分布的不均衡性使得其具备了地缘政治属性。能源的商品地缘属性决定了能源贸易不仅是经济行为,其空间的流动势必与国际政治关系密切相关[127]。能源尤其是石油的发展史,实际上是一部各大势力不断斗争与合作的历史。即便是在新能源方兴未艾的今日,以油气为代表的能源博弈仍然经常发生。尤其是 2022 年爆发的俄乌冲突事件,对能源的影响立竿见影。

　　围绕能源资源、市场、运输通道的角逐和竞争,是能源地缘政治研究的重要内容。地理的分离与贸易的联系使得国际重要战略通道成为能源地缘政治博弈的筹码,能源进口通道的安全,是目前国家能源安全中最直接的地缘政治表现[128]。自古以来,大国博弈的焦点从未离开过对马六甲海峡、霍尔木兹海峡、苏伊士运河等海上战略运输通道的控制权,但这些重要的海上运输通道都有美国海军部署[129]。在目前既定的地缘政治格局下,我国的能源安全仍然存在着很多变数[130]。

　　总之,尽管能源安全的概念内涵已经随着时代的变迁和世界格局的变化而不断更新,但油气资源的占有权、贸易权、运输安全、控制权、消费和投资等,仍然是国家决策中需要优先考虑的问题,传统能源风险并没有因为新型能源风险的出现而消失,油气资源仍是能源安全的焦点问题。

2.1.2　韧性理论

　　"韧性",起初只是一个在机械制造领域用来描述钢材硬度和延展性的简单词汇。在 Holling 将"韧性"应用在生态领域并被赋予更复杂的内涵之后,"韧性"逐渐被诸如经济学、工程学、社会学、灾害学等不同领域借鉴和引用,在经过了漫长的概念发展和演化之后,其概念内涵、研究对象、研究方法、理论框架等也都随之得以不断的补充和扩展,一套丰富的韧性理论得以形成。

　　韧性理论之所以能够被众多学科领域所运用,在于风险几乎无处不在,对风险的防范和应对,是人类社会发展过程中从未停止探索的课题。具有韧性的系统能够在承受外部风险时,自主激活自身可利用的资源、优势和技能等,进行结构重组,以吸收扰动,更快地摆脱系统所处的不利状况,以便将风险引起的损失降到最低。因此探索和构建具有韧性的系统在风险管理中至关重要,而韧性理论也被称为风险管理中一种新的风险应对文化。

由于韧性理论的应用领域非常广泛,韧性的研究对象也千差万别。以系统的能动性来划分,研究对象小到木材或者钢铁等静态物质,大到种群、物种和生态系统等自然系统,甚至是复杂的人类社会系统。在韧性理论漫长的形成与发展过程中,具有代表性的理论研究主要集中在心理学、生态学、灾害风险管理、城市与区域等领域。在心理学领域,韧性理论主要研究人们在遭受创伤性经历,比如战争、意外或重大疾病后是否能够恢复健康或者如何恢复健康,主要理论有儿童发展理论与家庭理论。心理韧性的研究得出两条最重要的结论:一是韧性是普遍存在于各个系统中的[131],二是韧性不仅是个人的内在品质,还可以被激发并利用以应对困难[72]。在生态学领域,韧性的研究包含了各种生态系统,主要用来探究系统如何抵御扰动并从中恢复[132]。生态韧性的关键贡献在于让我们认识到韧性不仅仅意味着面对风险或者扰动系统保持持久或稳定的能力,同时也意味着系统结构的重组,这种重组的出现可能会使系统达到一个新的平衡[133]。总而言之,韧性理论的研究对象和研究内容可以根据不同领域的研究需求做出适时变化,韧性理论的这种普遍适用性也是其能够得以不断丰富的根本原因。

在韧性理论中,系统在抵御风险或危机时一般具有四个典型的阶段,分别是准备阶段、吸收阶段、恢复阶段和适应阶段。该系统具有很多相应的韧性特征,这些特征往往是组成韧性定义中的关键点,也是构成该系统韧性测度的指标体系。国家地震工程研究中心提出了一种关键基础设施韧性的特征,并将其总结为 4Rs,分别是鲁棒性(robustness)、冗余性(redundancy)、智慧性(resourcefulness)和快速性(rapidity)[134]。具体的,鲁棒性是指系统能够承受特定水平的压力或破坏而没有明显的功能退化或损失;冗余性关注的是与系统组件功能相似的可用备用资源,如果发生显著的功能退化或损失,则需要激活它们以满足功能需求;智慧性反映的是调动和运送材料、金钱、信息、技术和人力资源,以优先诊断和解决问题的潜力;快速性是指及时恢复系统功能并实现目标的能力[135]。此外,还有一些在韧性定义中常见的特征,比如容错性(fault-tolerance)、灵活性(flexibility)、生存性(survivability)、敏捷性(agility)、快速性/时效性(rapidity)、多样性(diversity)等。如上所述,韧性具有不同的阶段和特征,实际上,这些特征是在系统抵抗危机的不同阶段分别体现的。在系统的准备阶段,与之匹配的主要是准备性;在吸收阶段,与之匹配的主要是鲁棒性;在恢复阶段,与之匹配的主要有冗余性、智慧性、快速性;在适应阶段,与之匹配的主要有学习性、灵活性等。为了更清晰地展示韧性的阶段和特征的关系,本书绘制了韧性阶段和主要韧性特征图示,如图 2-1 所示。

准备性

通过采取一系列措施来预测冲击,为应对冲击做准备,以避免或抵抗冲击带来的负面影响和损失

鲁棒性

系统能够承受特定水平的压力或破坏而没有明显的功能退化或损失

适应性

冲击发生后,系统从冲击中学习并在下一次冲击发生时,具有更强的能力以应对不断变化的环境

冗余性

与系统组件功能相似的可用备用资源,如果发生显著的功能退化或损失,则需要激活它们以满足功能需求

准备阶段 preparation · 吸收阶段 absorption · 韧性 resilience · 适应阶段 adaptive · 恢复阶段 recovery

图 2-1 韧性理论中的韧性阶段和主要特征

开展韧性测度的研究,需要梳理全局观、系统观、动态观。韧性理论的研究方法目前多以定性为主,也有少量实证和模拟研究。在定性研究中,大多数学者是依据研究对象的韧性特征,建立庞大而详细的指标体系,为下一步韧性测度提供参考。在实证研究中,具体的实证研究方法包括回归分析、投入产出分析、统计分析等方法;模拟研究方法包括系统动力学模型、蒙特卡洛模拟等。在众多的韧性研究方法中,有一种方法得到了学界的普遍认可:系统在抵御风险或危机时,系统性能的变化形成了一条韧性曲线,根据该曲线与横坐标轴围成面积与初始性能和横坐标轴围成面积的比值计算系统韧性。目前,虽然该方法得到了认可,但通过该方法实现了韧性测度的研究少之又少,主要原因是纵坐标的变量,也就是系统性能指标选取具有一定难度;另外,系统运行的动态性与复杂性使得韧性曲线的刻画有一定的困难。

综上,韧性理论由来已久,在漫长的演化和发展过程中,被很多领域应用,逐渐形成一门跨学科的研究。在能源领域,人类目前面临着前所未有的能源挑战,从能源系统发展的实践来看,我国正处于各种问题层出不穷的时代,表明我国能源系统在应对风险时表现出极大的脆弱性,应对这些能源挑战仅仅依靠能源自然科学和能源工程技术远远不够,而韧性理论在能源领域的应用能够指导能源系统的发展。因此,开展能源韧性研究,一方面能够继续扩展韧性理论,另一方面也为能源安全保障提供了新的研究思路。

2.1.3　政策过程理论

从世界角度来看,美国经过多年发展经历了三代理论演进。第一代政策过程理论是"阶段启发理论",具有代表性的有七阶段理论,是由 Lasswell 在 1956 年提出的。该理论将完整的政策过程分解为七个阶段,比较清晰地划分了政策过程的阶段,但是其弱点也较为明显:整体性缺失、各阶段互动性不足、忽视外部因素影响、对现实解释力较弱等。

经过政策科学的进一步演进与发展,在 21 世纪之初产生了第二代政策过程理论,标志性著作是萨巴蒂尔的《政策过程理论》,其中介绍了七种理论,分别是多源流理论、间断均衡理论、政策反馈理论、倡议联盟框架、叙事政策框架、制度分析与发展框架、政策创新与扩散理论,限于篇幅,仅阐述以下四种理论:

政策反馈理论是指既有政策塑造政治和决策的关键方面的各种方式。从理论渊源来看,政策反馈理论源于历史制度主义,虽然过往的政治学和政策学都强调政策可能会随着实践的推移重塑政策和决策。但直到 20 世纪 80 年代末和 90 年代初,严格意义上的政策反馈概念才形成。历史制度主义者关注公共政策的时间维度,因此政策反馈理论的核心关注是:"政策一旦产生,如何重塑政治,以及这种转变又如何影响随后的决策?"。从研究路径来看,现有政策反馈理论研究的核心内容包括国家建设和公共政策、利益集团动员、锁定效应和政策变化、私人项目的政策反馈、从政策学习到社会建构。

倡议联盟框架是一个概念性工具,用来解释政策子系统在很长时间内的政策稳定性和政策变迁。在 20 世纪 80 年代末,首先由美国学者萨巴蒂尔和詹金斯-史密斯提出。该框架认为,政策变迁是因为政策子系统在受到比较稳定的变数以及外部事件影响后的变化过程以及结果。倡议联盟框架的分析单位是政策子系统。

叙事政策框架有四个构成要素,分别是情景、角色、情节和寓意。

政策创新与扩散理论包含创新和扩散两重含义,创新是指无论其他组织是否已经采纳,政府首次采纳该政策;扩散是指创新的政策被传播的过程。政策扩散的动机有模仿、学习和竞争等。

总而言之,相对于第一代理论,第二代政策过程理论概念化进一步提升,具有完整的理论框架,提高了现实解释力,但也存在着缺乏对框架的评估准则、缺乏普遍解释力、对单一框架的研究限制了理论整体发展等缺陷。

在过去的十几年,西方学者已经将政策过程理论推向第三代,且已经产生了一些代表性成果,诸如美国《政策研究期刊》曾发表四期特刊,提出了六种理论,并将其视为第三代政策过程理论。相较于前两代政策过程理论,第三代理论更加关注理论的概念性、清晰度和解释力,并且受到布鲁明顿学派的影响,尝试通过治理科学与政策科学的融合提出新的理论。

2.2 石油系统韧性的机理分析

2.2.1 石油系统结构剖析

对石油系统结构进行分析,是开展石油系统韧性模拟的前提。实际上,石油系统也是一条完整的石化产业链,是把获取的原油通过加工、运输、销售等流程,最终送达消费者的手中,实际上是实现了把原油转变为可以使用的成品油的过程。该过程涉及的主要行业有采掘业、加工转换业、运输业、批发零售业等。一般来说,该供应链被分为上游、中游和下游。上游一般包括原油的寻找、采收和生产,被称为石油的勘探和生产,是石油供应的物质基础和起点,具体包括地下或者水下油田的勘探、钻井及原油开采等工作环节。石油系统的中下游涵盖石化产品的生产、运输与销售。基于上述分析,石油资源的丰裕状况、结构与分布对石油供给系统的构建具有重要影响,为进一步展示石油系统的组成部分,本书绘制了石油系统的主要组成模块,如图 2-2 所示。

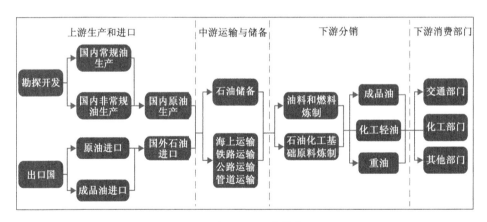

图 2-2 我国石油系统结构图

2.2.1.1 石油的国内勘探、开采和生产模块

在国内石油勘探方面,主要分为陆上和海上石油资源开发。目前,我国共有六大油气区,分别是东部油气区、中部油气区、西部油气区、南方区、青藏区和

海域区,油气资源总量比较丰富。但我国的石油资源分布不均,主要分布在东部、西北和海域,分别拥有 38.7%、27.4% 和 26.1% 的石油资源,合计占我国石油资源总量的 92.2%[126]。2020 年以来,虽然受到新冠肺炎疫情、低油价等不利因素影响,油气勘查投资下降、工作量减少,但我国的石油勘探依然有较多的成果显现。2020 年,全国油气完成勘查投资 710.24 亿元,同比下降 12.0%;完成探井 2 956 口,进尺 839.42 万 m,同比分别增长 2.1% 和 2.9%;石油新增探明地质储量 13.22 亿 t,同比增长 17.7%,2018 年以来保持持续增长[136](图 2-3)。截至 2020 年 12 月,全国已探明油田 771 个,累计探明石油 422.00 亿 t。非常规油气勘查方面,松辽盆地北部古页油平 1 井在青一段获日产油 38.1 m³,英页 1HF 井青一段获日产油 36.1 m³,陆相页岩油勘探取得重大突破。四川盆地川东南复兴地区涪页 10HF 井在侏罗系东岳庙试获日产油 17.6 m³ 的工业油气流,实现侏罗系陆相页岩油气新领域勘探的重大突破。在国内石油开发与生产方面,我国的石油产量长期处于稳定状态,原油生产量从 2010 年的 2.03 亿 t 增长到 2015 年的原油生产峰值 2.15 亿 t 后,缓步下降到 2019 年的 1.91 亿 t。自 2020 年起,在多重压力下,国内油气产量依然不降反增,2020 年石油产量为 1.95 亿 t,连续两年稳步增长,同比增长 2.1%。根据《中国石油消费总量控制和政策研究项目综合报告(2019)》,预计经过努力在较长时期中国可维持每年 2 亿 t 左右的产量水平,但成本明显高于中东地区石油开采国家。

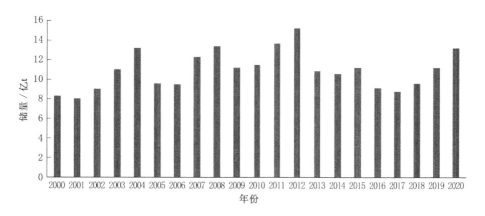

图 2-3　2000—2020 年全国石油新增探明地质储量

2.2.1.2　石油的进口、油源地选择和运输路径模块

如前所述,1993 年之后我国原油进口量日益增加。2001—2020 年,我国原油进口量从 0.60 亿 t 上涨至 5.42 亿 t,年平均增速为 12.3%;对外依存度从

2001 年的 24.7％上涨到 2020 年的 73.0％。如图 2-4 所示,原油进口金额也从 2001 年的 116.61 亿美元增长到近年来最高的 2 392.22 亿美元(2018 年进口金额最高)。此外,根据我国海关总署数据,2020 年,我国进口原油 5.42 亿 t,创历史新高。在进口金额方面,2020 年中国原油进口金额为 1 763.21 亿美元,累计下降 27.3％。

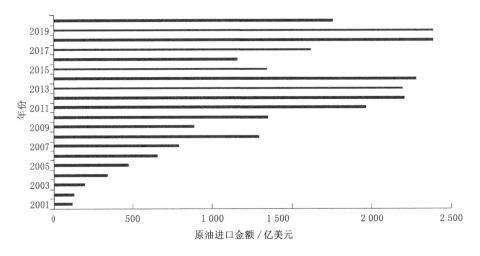

图 2-4　2001—2020 年中国原油进口金额

从进口来源地的变化来看,进口国分布越来越广,而且进口地范围也在不断扩大,同时相对供应稳定地区的数量也在增加。从进口量分布状态来看,均匀程度也有所提高,说明中国的石油进口战略对进口国安全的考虑已见成效。2020 年,我国石油进口国约为 50 个。从图 2-5 可以看出,2020 年我国的石油进口中,沙特阿拉伯进口居首位,进口量占总进口量的 15.66％,其次是俄罗斯(15.41％)、伊拉克(11.08％)、巴西(7.78％)、安哥拉(7.70％)、阿曼(6.98％)、阿联酋(5.75％)、科威特(5.07％)、美国(3.64％)、挪威(2.34％)等;2020 年从进口来源地前 10 的国家进口石油占总进口量的 81.41％,这表明尽管我国石油进口来源地数量众多,但主要的进口来源国数量并不是很多。由于国内石油开发整体已经进入低品位资源勘探开发阶段,预计我国新增石油消费将主要依赖进口,石油进口依存度还将不断上升。从近年来主要油源地来看,其中多数国家在政治和经济上容易受到外部环境的干扰。石油对外依存度越高,我国的经济稳定性越容易受到影响。

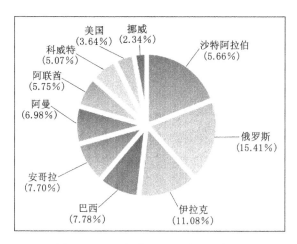

图 2-5　2020 年中国原油进口国前 10

　　从国外进口的运输通道来看,国内石油进口的 90% 采取海上运输方式,而海上运输的船只中,90% 是国外油轮。我国海运通道主要分为 4 大通道,分别是中东运输通道、中非运输通道、亚太运输通道、中美运输通道。这 4 条运输通道包括 9 条运输航线,跨太平洋、印度洋和大西洋,连接了 40 多个国家和地区。

　　为了缓解对海上运输通道的过度依赖,提升运输安全,我国目前已经形成东北、西北、西南方向的管道运输(见表 2-1)。其中,在东北方向,起始于俄罗斯远东管道斯科沃罗季诺分输站,经过俄边境加林达计量站穿越黑龙江,最后抵达我国大庆的是中俄原油管道,其输送能力为 1 500 万 t/a。西北方向连接中亚的哈萨克斯坦、乌兹别克斯坦、土库曼斯坦三国,其中,中哈原油管道起于哈萨克的肯基亚克,经阿塔苏抵达中国境内阿拉山口,年输油能力达 2 000 万 t/a。西南方向管道连接缅甸,起自缅甸马德,贯穿缅甸南北,抵达中国瑞丽,输送能力为 2 200 万 t/a。具体管道和铁路线路名称、途经区域、投产时间和运输能力等详见表 2-1。

表 2-1　中国进口石油跨国长输管道汇总

序号	区域	管道名称	途经地区	管道详情
1	东北方向	中俄原油管道	俄罗斯—黑龙江—内蒙古—大庆	2011 年 11 月 1 日投入运营。管道全长 999.04 km,俄罗斯境内 72 km,中国境内 927.04 km;年输油量 1 500 万 t
2		中俄原油管道二线	黑龙江漠河—大庆	2018 年 1 月 1 日投入使用。管道全长 941.80 km;年输油量 1 500 万 t

表 2-1（续）

序号	区域	管道名称	途经地区	管道详情
3	西北方向	中哈原油管道	哈萨克肯基亚克阿塔苏—中国境内阿拉山口	2009 年 7 月完成。全长 2 798 km；年输油量为 2 000 万 t
4	西南方向	中缅原油管道	缅甸马德岛—中国云南瑞丽	2013 年 5 月 30 日竣工。原油管道缅甸境内全长 771 km，国内全长 1 631 km；管道的设计能力为 2 200 万 t/a

2.2.1.3 国内管道运输模块

目前，我国油气管网保障体系基本形成，覆盖我国 30 多个省、区、市和特别行政区，在保障国家能源安全方面发挥了巨大作用。根据原油运输的流程，原油在开采之后到被运输之前，仍需要经过必要的加工和处理，以减少运输过程中必要的能量消耗和生产费用。原油需要从井口通过一级半布站或者二级、三级布站到达联合站，经过油气计量、原油脱水、原油稳定等过程，才能达到远距离运输的要求。石油的远距离运输有很多种方式，其中管道运输是陆地及近海流体输送的主要方式。从建设的油气管道里程情况来看，2001—2020 年间，我国的油气管道里程的数值呈现增长趋势，如图 2-6 所示。根据《2020 年度油气

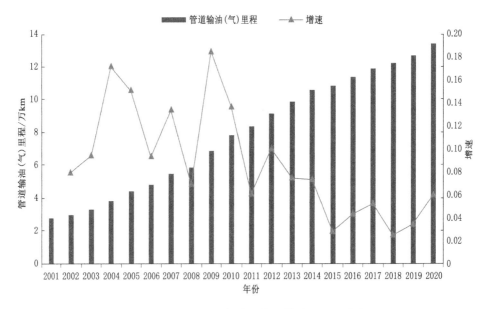

图 2-6　2001—2020 年中国输油管道里程及增速

管道行业发展报告》,2020 年全球新建油气管道约 8 000 km,其中,我国新建管道里程最为显著,油气管道里程数达 13.42 万 km,同比增长 6%,约占全球新增里程的 50%。截至 2021 年 4 月,中国原油管道共 98 条,总长 25 430 km,总吞吐能力为 2 300 万桶/d。从地缘分布来看,中国的原油管道主要依托上游油田、原油进口来源以及下游炼油厂形成了几大区域性的网络。在东北至华东方向,中国石油已建成从中俄边境至河北省的输油管网;中国石化已建成自唐山曹妃甸以南的华北、华东和华中地区的输油管网。在中国西北和西南方向,我国石油分别建成从中哈边境至兰州一线、从中缅边境至昆明一线的输油管网。此外,亦建成延长石油在陕西省境内的地方国有管网、中国海油主导的海域管网、中国石化在两广地区较小规模的沿海管网。近年来山东省的民营炼油企业亦正在加速该山东境内的民营输油干线建设等。

2.2.1.4　石油储备模块

当前,我国油品储存采用的是企业存储、商业存储和国家存储结合的多途径存储方式。企业存储主要为满足企业生产经营而设置,如油田原油库、石化企业储运系统油库等;商业储存是为满足企业商业销售需要而设置,如广州新白云国际机场油库;国家储存是为了应对能源危机,保证国家政治稳定而设置的。我国自 2003 年建设国家战略原油储备库。2004 年,国家石油战略储备基地一期正式建立,战略储备量为 1 200 万 t,约等于我国 30 d 的净进口量。因一期库存饱和,且我国原油对外依存度仍在快速上升,进口原油已经占到我国原油需求量的一半,为进一步保障能源安全,2009 年我国筹备建设国家石油储备基地二期,共新建八大储备基地,新增储备能力 2 680 万 m³,其中包括广东湛江和惠州、甘肃兰州、江苏金坛、辽宁锦州及天津等地。第三阶段计划产能为 1.5 亿桶(2 000 万 m³),将于 2023 年完工。随着三期工程的完成,我国即将达到 90 d 石油储备量。

2.2.1.5　我国石油炼化模块

石油的炼化加工是在炼化厂将所有原油转化为各种消耗品的过程。炼化厂从储存设施接收石油后,利用各种化学分离和反应过程将原油转化为可用的产品,如燃料油、柴油、喷气燃料和多种必不可少的制造原料。根据 BP 2020 数据,我国的炼化产能从 2001 年的 3.2 亿 t/a 上涨到 2020 年的 8.9 亿 t/a。其中,2001—2014 年,炼化产能直线上升,2014—2016 年,炼化产能出现小幅波动,2017 年之后,产能继续稳步上升。从数据可以看出,中国炼化产业快速发展,取得了显著成就,在世界炼油工业中占有举足轻重的地位。但在全球化、可持续发展和地摊经济的大背景下,国内炼油产业依然面临巨大的挑战。一方面,我国炼油产能过剩的局面难以根本改变。据卓创资讯数据统计显示,2020 年,我国共计新建及改扩建炼厂 31 家,炼油产能合计 3.6 亿 t。其中:主营单位 10 家,炼油产能共计 1.28 亿 t,占比 36%;独立炼厂 21 家,炼油产能共计 2.32 亿 t,占比 64%。由此可见,未来炼油产能扩展以独立炼厂为主。在众多千万吨级大型炼化项目先后获批的同时,近几年国家淘汰落后产能步伐加快,玉皇盛世、滨阳燃化等在内的 9 家独立炼厂将在未来四年内陆续进行整合,共计产能 0.3 亿 t/a。随着一些规模小、效率低的炼厂被关闭,目前几大国有公司的单场规模已今非昔比,规模效益显著增强,但民营厂的规模依然落后。另一方面,炼化产业除了产能过剩以外,结构性过剩问题更加突出。目前,炼化行业产能过剩主要表现在成品油以及基础化学品等方面,高端石化产品则呈现出短缺的现象。

2.2.1.6 石油的终端零售模块

按照石化产业链的流程,炼化加工后的成品油在离开炼油厂后,会被运输到包括加油站、机场等在内的最终销售点。2020 年,我国共消费汽油和柴油 3 亿 t,销售渠道主要是加油站,汽油消费的 90% 和柴油消费的 70% 是通过加油站。据隆众资讯数据统计,截至 2020 年,我国境内加油站总数达 119 000 座。但销量上,两大主营销量占据 70% 以上,其余不足 30% 的销量贡献者是中海油中化外资及民营加油站。近几年,地方炼厂大力发展加油站零售终端,扩张零售市场,并且部分炼厂明确把布局终端作为战略发展的方向之一,已经具备较大的零售规模。截至 2020 年底,加油站初步形成规模的地方炼厂有陕西延长、京博石化、万通石化、东明石化、富海集团、汇丰石化等,地方炼厂企业加油站数量超过 300 座的为延长壳牌、京博石化和富海集团。

2.2.1.7 石油的消费模块

2020 年,受新冠肺炎疫情影响,石油消费量创纪录地减少了 910 万桶/d,降幅为 9.3%,为 2011 年以来的最低消费量。2020 年,我国石油消费总量约 7.02 亿 t,占全球石油消费总量的 16.07%,占我国一次能源消费总量的 20%。2012—2020 年,我国一次能源消费增速明显放缓,年均增速为 3%,但石油消费仍快速增长,年均增速达 4.78%,与 1991—2011 年期间石油消费增速的大起大落和较高的年均增速(6.8%)相比,石油消费增速进入平稳期,如图 2-7 所示。1993 年以后,我国石油对外依存度逐渐攀升,2020 年已经成为世界第一大石油进口国。2008—2018 年,全球石油消费总量增加了 5.2 亿 t,其中 49% 的消费量增加来自中国,到 2030 年,预计中国仍将消费全世界石油增量的 40% 左右。中国已经成为驱动全球石油消费增长的主要动力,成为重塑全球石油市场格局的重要角色,但同时,也正面临着石油供应安全的挑战。

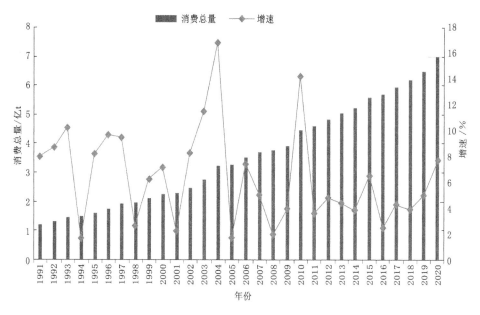

图 2-7　1991—2020 年我国石油消费总量与增速

中国汽车和化工产业尚处于快速发展阶段,2017 年中国人均石油消费量为 0.4 t,低于全球平均水平(0.6 t)。未来,随着我国人均收入的提高,人们满足美好生活的愿望逐步实现,加之我国以制造业立国没有太大变化,即使考虑到节油、替代以及效率提升,我国的人均石油消费量仍有一定的增长空间。

在全球变暖的气候压力下,二氧化碳减排成为限制化石能源消费的"天花板"。全球不同国家纷纷通过技术进步、大力发展可再生能源,不断提高化石能源利用效率,降低对其依赖性。我国石油消费同样面临提高效率、节能减排的趋势。我国单位 GDP 石油消费强度呈现不断下降的趋势,虽然高于世界平均水平,但与发达国家相比,差距较大。石油消费强度与国家经济发展阶段、产业结构变化有关。随着第三产业比重的提升,石油消费强度不断降低。目前我国第三产业比重为 50.5%,预计 2030 年将上升至 60% 以上,石油利用效率还有较大提升空间。

石油主要用作交通燃料和工业原料。基于油流图的石油消费各部门构成,2017 年我国石油消费 5.89 亿 t,交通部门占 57.7%,石化(工业原料)部门占 15.3%,工业、生活消费、建筑业、农业、批发零售业分别占 12.1%、6.9%、5.2%、1.1%、0.4%,其他占 1.3%,详见图 2-8。

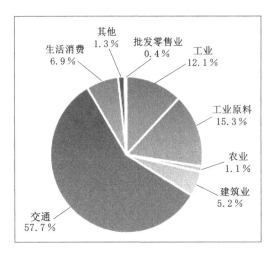

图 2-8　中国石油消费结构

　　交通和化工领域长时间占据石油消费的绝对主导地位,且这一趋势将愈加明显。2000 年以来,汽车保有量的快速增长带动交通运输用油比重快速提高至 2017 年的 57.7% 以上。化工用油是石油消费增长最快的领域之一,随着国内大量乙烯、对二甲苯(PX)、丙烷脱氢(PDH)等装置的建设投产,化工用油占石油消费比重已提高至 15.3%。由于发电及工矿企业用油被天然气大量替代,工业用油逐年下降。随着基础设施建设的发展,建筑用油需求量逐渐增加。受农机电气化替代,农业用油比重降至 1% 并相对平稳。除以上领域消费石油以外,还有 5% 左右的石油在运输和加工过程中损失或炼厂自用。

　　石油产品种类多、用途广,主要产品有石油燃料、石油溶剂与化工原料、润滑剂、石蜡、石油沥青、石油焦等六种。其中,石油燃料又包括汽油、柴油、液化气和燃料油等。汽油多用于交通运输,煤油多用于航空。柴油涉及行业较多,包括中大型商用车、农用车、农业机械、铁路运输、内河船舶、电力调峰、建筑机械、工矿企业等。液化气除了用于居民生活用燃料,还用于工业燃料和原料,以及少量作为液化石油气(LPG)汽车燃料。燃料油主要用作船用燃料,其次用于工业、发电、供热或制气燃料,其余作为炼厂原料进行再加工。

2.2.2　石油系统进口短缺风险分析

　　石油安全作为国家安全的一部分,是国家安全在能源领域的体现,石油安全问题至今无法破解,也很难一劳永逸地解决。本书将进口短缺的风险源归结于自然风险和人为风险两方面。

2.2.2.1　自然风险

自然风险主要是指因自然界的不确定的变化现象所导致的危害经济、社会活动、物质生产或生命安全的风险[137]。对石油供给产生影响的自然风险主要包括地震、海啸、飓风以及海上运输中遇到的极端天气和复杂的航道条件等。这些自然风险都有可能对海上过往的船只造成极大的危害,由此引发石油的供应短缺甚至中断。

飓风是最常见的对石油供给造成影响的因素之一。2020 年 9 月,美国遭飓风"艾达"的侵袭,侵袭地区 88% 的海上采油作业暂停,100 多个钻井平台闲置,输油管道、炼油厂和海港关闭,根据美国安全和环境执法局(BESS)公布的数据,飓风影响原油产量高达 153 万~172 万桶/d,约战美国原油产量的 13%~15%,约占全球原油产量的 1.6%~1.8%,比美国历史上发生的所有的热带风暴带来的同期损失都高。

海啸并不像飓风那样频繁,但海啸带来的负面影响要远大于飓风。2022 年 1 月 15 日汤加火山大喷发后引起了海啸,而运输石油的意大利航运公司表示,当时油轮 Mare Doricum 正在秘鲁最大的炼油厂拉帕姆皮拉(La Pampilla)卸货,码头的水下管道破裂,即使工作人员立即关闭阀门并通知了秘鲁当局,最终还是导致了秘鲁海域附近 6 000 桶石油泄漏,污染了秘鲁海滩 180 万 m² 土地,受污染海洋面积达 713 万 m²。

除了季节性的飓风和无法避免的极端天气灾害之外,实际上,石油运输过程中途经的岛屿、海峡的自然地理条件也是影响石油供给的重要因素。在我国的石油进口路线中,存在着众多地理环境艰难的海域,比如苏伊士运河、曼德海峡、英吉利海峡、直布罗陀海峡、马六甲海峡等。

苏伊士运河位于亚洲、非洲、欧洲交接地带的要冲,连接红海和地中海,全长约 190 km,全球约 12% 的海上贸易的会经过苏伊士运河。然而,运河的大部分航道十分狭窄,1870—1884 年,多达 3 000 艘船只搁浅在运河,河道屡屡断航。之后尽管埃及多次拓宽运河,其航道宽度似乎还是追不上轮船变大的速度。2016 年 4 月 28 日,一艘名为 153514DWT 的船只不幸搁浅在苏伊士运河并造成运河停航,导致其后 8 条船只滞留;2017 年 5 月 23 日,一艘名为 NEW LEGEND 的原油运输船搁浅在苏伊士运河,使航道交通遭受部分影响;2019 年 4 月 21 日,名为"APL DANUBE 号"的集装箱船在苏伊士运河搁浅,导致交通陷入停滞;2021 年 3 月,世界上最长的货轮"长赐号"不慎搁浅,导致苏伊士运河整整堵塞了 6 d。

如此繁忙狭窄的水域不止苏伊士运河,还有亚洲和非洲的自然地理分界线——曼德海峡,被称为"世界的心脏",据统计,每天通过曼德海峡的石油运输量高达 50 万 t,一旦曼德海峡出现堵塞,会直接影响世界经济运转。而曼德海峡在古代被称为"泪之门",原因是海峡风力较大,航道中多暗礁,海底沉船无数。由此可见,经过该水域的船只需要面临多大的风险。

其他如此危险的海域还有很多,限于篇幅,这里就不再一一阐释。总之,每个国家都是地理的"囚徒",从哪里获取能源最终都与自然地理特征相关,同样,每个国家都无法逃离自然风险带来的风险损失。

2.2.2.2　人为风险

人为风险主要是指人的活动带来的风险。在能源安全领域,可能的人为风险具体包括但不限于:由于国际间的竞合关系导致的利益冲突,从而影响到石油资源在全球范围内正常的流动秩序;由于海盗、人为失误等造成的海上钻井平台爆炸,以及游船触礁等事故造成的短期原油供给短缺;油源地本身的风险;等等。

(1) 国际冲突方面

博·黑恩贝克在《石油与安全》一书中提出,石油安全将取决于世界石油体系中不同的利害集团,包括石油生产和输出国(简称产油国)、石油输入和消费国(简称消费国)以及跨国石油公司所采取的政策的性质。这三个集团推行各自的政策,它们之间就会出现合作与竞争的复杂模式[138]。由此可以看出,在由国际冲突导致的进口短缺事件中,风险源主要是产油国、消费国以及跨国石油公司,风险行为包括大到发动战争、实施禁运、采取能源制裁,小到产油国或消费国的抱团取暖、加强统一战线等,这种风险行为会以国际关系为风险链进行传导,最终对风险对象产生影响,导致一定的风险度和风险损失。历史上,争夺石油资源或以石油资源为武器的军事冲突、战争数不胜数,在历次的突发性石油短缺事件中,全球范围的三次石油危机造成的损失巨大、影响深远。1973 年第一次石油危机,美国工业生产总额下降了 14%;第二次石油危机造成即使石油充足的情况下油价仍居高不下的后果;在第三次石油危机中,国际油价在 3 个月时间内从 14 美元/桶暴涨到 42 美元/桶,导致全球的 GDP 增长率下降 2%。因此,只要人类还将石油、天然气等化石能源作为主体能源,只要石油资源分布不均衡性持续下去,只要国际间争夺能源的欲望还存在,只要国家安全是主权国家关心的核心问题,石油安全所面临的供给风险问题就将伴随国家安全而持续地存在。

(2) 人为失误风险方面

由于石油勘探开采本身就具有一定的风险性,而进口石油需要进行远距离海上运输,因此,石油从生产端到消费端,由人为失误导致的突发事故可能出现在任何环节。1988 年 7 月英国北海阿尔法海上钻井平台爆炸,1989 年 3 月"埃克森·瓦尔德兹"游轮触礁导致原油泄漏,2010 年墨西哥湾发生漏油事件等。这些突发事件给全球石油供给带来了巨大的影响,导致了 30 万～230 万 t/d 的石油短缺量。

（3）海盗风险方面

自人类开始有海上活动起,便有了海盗。在石油进口的必经之地中,海盗高发点众多,例如亚丁湾水域、霍尔木兹海峡、西非几内亚湾海域等。2021 年,亚洲发生了 82 起持械劫船案件,其中,新加坡海峡发生了 49 起劫船案件,占 2021 年亚洲劫船案件的 60%,较 2020 年的 34 起增长了 44%。根据 HiFleet 网站的卫星航运数据[139],2022 年 2 月 14 日至 5 月 13 日,全球范围内共发生 18 起海盗事件,其中 10 起发生在新加坡海峡附近。

（4）油源地稳定供给风险方面

油源地的国家风险指数以及潜在出口能力等是影响进口国进口的重要因素。国家风险指数反映了一国是否安全,石油进口国的风险是威胁石油供给安全的直接因素,进口国国家风险的增加可能引起石油供给的减少甚至中断[140]。潜在出口能力反映了出口国是否有充足的石油资源对外出口,对我国而言,具有较高的潜在出口能力的国家才是未来石油进口过程中的主要合作伙伴;如果一国具有高的潜在出口能力,但不安全,那么我国的石油进口战略中对这种类型的国家需要慎重考虑。

综上,通过分析石油进口中可能存在的自然风险和人为风险发现:自然风险是具有一定的不可抗拒性的,自然地理的双重制约确实给进口石油制造了无法抗拒的重重障碍,但随着人类科技、技术的发展,越来越多不利的地理条件正在被克服;在人为风险中,国际冲突的风险由于各方利益冲突,自古便没有停止过,本书将这种风险概括为是由人类的欲望引起的、具有普遍性的、伴随人类发展的一种风险。

2.2.3　进口短缺风险下韧性曲线的形成

韧性曲线的刻画是测度石油系统韧性步骤中最关键的部分。根据对已有文献的归纳总结,本书将一般韧性曲线在图 2-9 中展示,该图包含了系统性能在风险冲击下的四个阶段,分别是准备阶段（S1）、降级阶段（S2）、恢复阶段（S3）、适应阶段（S4）。

2.2.3.1　韧性曲线的准备阶段

如图 2-9 所示,系统的准备阶段（$t_0 \sim t_1$）发生在系统性能下降之前,在该阶段,往往对系统具有冲击性的事件已经开始发展,但没有对系统形成实质性的威胁。以城市系统为例,即便一些表面看起来可以正常运行,但实际上一些潜在的风险正在积累,比如圣保罗因为缺乏城市韧性,在诸如工业化推迟等风险的作用下,遭受了巨大了社会变化[141]。Ultramari 等[141]认为,即使是潜在且缓慢的动态破坏,也并不一定比直接、清晰可见的破坏伤害力小。在上述例子中,从不良事件的发生到该事件真正产生影响的过程称为系统的准备阶段。如果系统能够在危机真正到来之前积极地监测与扫描可能存在的风险,收集风险信号,及时发现征兆,建立预警机制,尽早把握预警信号并率先思考应对方案,那么也许可以避免更多不必要的损失,而该系统也可以称为一个有韧性的系统。

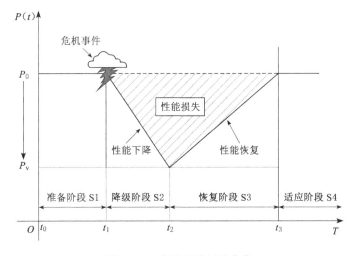

图 2-9　一般性系统韧性曲线

2.2.3.2　韧性曲线的降级阶段

系统降级阶段意味着风险已经真正到来,风险对系统的冲击导致系统的性能出现下降。以石油系统为例,影响石油系统性能的因素比较多,且涉及的面很广,海啸、地震、台风等自然灾害,以及金融危机、局部武装冲突等一直都是石油系统面临的主要风险,这些风险可能会从石油的进口量、进口成本、价格等方面对系统的稳定性造成冲击。2021 年 5 月,美国最大的成品油管道运营商科洛尼尔管道运输公司遭到黑客攻击,号称"能源大动脉"的输油管道被迫关停,导致南卡罗莱州部分地区的加油站出现燃油短缺,当地人们在加油站外排长队购买燃油。同年 9 月,由于运油卡车司机短缺,汽油、柴油等燃油难以及时运至加油站,民众恐慌抢购,导致英国各地加油站也出现了"油荒"。以上事例反映对系统造成影响的都是随机性风险,并没有造成能源危机,但短暂的石油短缺足以反映系统在降级阶段的表现。

影响系统降级程度的因素除了风险冲击力度,当然最重要的还是系统本身对风险冲击的"吸收"能力。"吸收"能力是指系统在承受风险冲击的时候,能够通过内部组织结构消纳一部分系统损失,或者减缓系统性能下降的速度。根据周园等[142]对提升韧性的分析可知,提升系统吸收能力的关键性因素有敏捷的响应能力、指挥协作能力、动员沟通能力。这三种组织能力能够保障系统尽可能地减少性能下降。2018 年,美国对伊朗实施能源制裁,受制于禁运的影响,我国从伊朗的原油进口量大幅下降,但当年我国的原油进口量不降反增,并没有受此禁运的威胁,成功地消纳了禁运风险给系统带来的冲击。

2.2.3.3　韧性曲线的恢复阶段

韧性曲线的恢复阶段是系统为应对风险采取了措施以应对危机,使系统性能恢复到可以正常运行的状态。一般可以通过政策调控、启动应急预案等途径使系统性能得以恢复。对于不同的研究对象或者系统,其恢复措施不尽相同。以石油系统为例,如果发生石油进口短缺事件:在短期,可能的恢复措施有原油战略储备、煤制油、压缩消费等;在长期,主要的措施有能源替代、效率提升等。

在众多恢复措施中,能够快速、高效而不影响正常生产生活的措施还是系统资源的"冗余性"。冗余关注的是系统、机制或元素的备用性,如果系统发生显著的退化或功能损失,能够被激活以用来补充损坏的系统、机制或者元素足够充分的话,则系统可以及时应对危机。即使建立储备体系会增加系统冗余性从而带来更高的成本,但在难以预测外部环境的压力下,却是面临危机时维持生存的利器。

此外,恢复性也有大小之分,衡量恢复能力的指标还有"快速性",也就是系统性能恢复的快慢程度决定了系统的恢复性,如图 2-9 中的 $t_2 \sim t_3$ 的长度则可以用来反映系统恢复快速性。有的系统在经历了灾难后可以缓慢恢复,而有的系统则可以迅速恢复到正常状态,显然,后者具有更强的韧性。当然,同一个系统,不同的恢复措施组合,也会影响系统的韧性。Zhang 等[143]以上海地铁网络为例,研究了该网络的韧性,研究表明,不同的恢复措施组合,系统的恢复时间和成本均不同。

2.2.3.4　韧性曲线的适应阶段

韧性曲线的适应阶段也可称为学习阶段,主要包含两重含义:一是在该次危机逐渐结束,系统性能得以恢复,危机产生的影响并不限于前三个阶段,系统从危机中学习了经验,开始向更长期延伸,原有的系统运行模式和常规形态可能会被改变,此时,系统正处于适应阶段;二是在第二次危机到来之后,通过对第一次危机的学习,系统具有比第一次时更好的应对危机的能力。

以上四个阶段组成了一条完整的韧性曲线,分别讲述了危机的潜伏、危机的爆发、危机的应对和对危机的学习四个状态,对于理解韧性、构建韧性模型具有重要的理论意义。

2.3　本章小结

为了更好地对石油及能源系统韧性加以研究,本章对韧性相关理论和石油系统韧性的机理进行了梳理和分析。具体的,在风险及能源安全相关理论中,本书分别梳理了风险及风险管理理论、能源安全理论以及能源地缘政治理论,在韧性相关理论中分别梳理了韧性的概念、应用领域和韧性测度等方面的理论,在公共政策制定方面分析了政策过程理论。

在机理分析部分,本章分别从石油系统结构剖析、石油系统进口短缺风险分析和进口短缺风险性下韧性曲线形成三个部分展开:首先,对石油上、中、下游涉及的进口、生产、炼化、运输、销售等环节一一展开分析;其次,分别从自然因素和人为因素两个层面分析了石油在进口过程中存在的风险源、风险行为、风险对象,并通过案例的方式展示了风险对象遭受的风险损失;最后,分别从准备阶段、降级阶段、恢复阶段和适应阶段阐述了韧性的形成过程、影响韧性的因素,以及如何提升韧性等。

第3章

我国石油系统降级阶段脆弱性评估

本章基于韧性理论、韧性曲线的形成以及前文对石油系统结构的剖析和风险源分析,在构建石油进口的物理和逻辑网络后,对该网络的拓扑性质进行研究,然后选取两种风险发生模式,模拟石油系统遭受自然灾害或禁运等情景下的降级过程,研究系统的脆弱性。

3.1 石油进口的复杂网络模型构建

3.1.1 复杂网络概述

迄今为止,复杂网络并没有统一的界定。钱学森给出了复杂网络的定义:具有自组织、自相似、吸引子、小世界、无标度中部分或全部性质的网络。波尔兹和赖尔登将其界定为随机图过程[144]。2020年我国的油源地约50个,主要的进口运输方式是海上运输,主要的海上运输路线有七条,但这些运输路线错综复杂,同一油源地与国内港口之间可能有多条路线,而且随着全球贸易一体化程度的加深以及进口来源多元化的政策倡导,更多的线路不断地被开发。从出口国到途经的关键岛屿、运河、海峡,再到我国不同的接收港口,众多的经济体和复杂的运输路线使得我国石油进口路线构成了一个典型的复杂网络。因此,本书构建了石油进口的复杂网络模型,对石油进口短缺时,该网络的动态变化过程进行研究。

3.1.2 石油系统进口网络构建

石油进口网络分为实际网络(也称物理网络)和抽象得出的逻辑网络两种,逻辑网络建立在实际网络基础之上。实际网络是根据实际的航线绘制在地图上的可视化网络。目前,海上油轮运输是我国进口石油最主要的运输方式[145-146],据IEA预测,到2035年我国进口石油的85%以上需要通过海运方式实现[147],一般来说,我国石油海上进口路线可以归纳为中东航线、非洲航线、东南亚航线和拉美航线。

根据物理网络,我们选择出口国、关键海峡、运河、港口作为逻辑网络的节点,选择主要航线作为网络的边,构建一个有向的逻辑网络,命名为 G,其中 $G=(V,E)$,V 中包含所有的节点,E 中包含所有的边。为了在 Gephi 软件中绘制出上述逻辑网络,我们假设 $\langle v_i, v_j \rangle$ 是定点 v_i 到 v_j 的边,$\langle v_i, v_j \rangle \in E$,于是如下矩阵 A 被建立[式(3-1)];根据矩阵 A,我们得出了 2011—2020 年的中国石油进口逻辑网络。

$$a_{ij} = \begin{cases} 1, & \langle v_i, v_j \rangle \in E \\ 0, & \text{其他} \end{cases} \tag{3-1}$$

3.1.3 网络拓扑属性

(1)度和度分布。节点 v_i 的度 k_i 是指与该节点连接的边数,度的计算方法见式(3-2)。式中,i 与 j 指网络中的节点,N 指网络中所有的节点,a_{ij} 指节点间的航线数量。节点度的含义是:度越大,该节点在网络中的某方面的重要性越强[148]。

$$k_i = \sum_{j=1}^{N} a_{ij} \tag{3-2}$$

度分布是表示节点度如何分布的一种指标[149]。定义 $P(k)$ 是度数为 k 的节点在网络中的占比,从而刻画网络的分布函数。然而,许多实际网络尤其是大尺度的网络体系,其度分布符合幂律形式,即满足式(3-3)。幂律分布具有无标度性,因此具有幂律分布的网络称为无标度网络,无标度特性反映了网络中度分布的不均匀性[150]。通常,在符合指数范围为 2~3 的无标度网络中,大部分节点的度很低,少部分节点的度很高[145]。

$$P(k) \propto k^{-\gamma} \tag{3-3}$$

其中:k 是节点的度;γ 是幂律指数,γ 的值越大,网络的幂律性越好。

(2)介数中心度,又称为介数。从局部角度来说,节点的度可以很好地测度节点的重要性,但是从全局角度来看,介数反映了节点或者边在整个网络连通方面的作用和影响力[151]。例如:一个节点的度虽然很低,但它有可能是连接两个团体的重要节点,移除该点会导致网络的性能大幅下降;反之,如果一个节点的度很高,但在网络连通性方面有很多可以替代的点,移除该点可能并不会对网络性能造成影响[152]。节点介数(B_i)被定义为网络中所有最短路径的集合中通过该节点的最短路径数量[153]。公式定义如下:

$$B_i = \sum_{\substack{1 \leqslant j < l \leqslant N \\ j \neq i \neq l}} \left[N_{jl}(i) / N_{jl} \right] \tag{3-4}$$

其中：N_{jl} 是节点 v_j 和节点 v_l 之间最短路径数量；$N_{jl}(i)$ 是节点 v_j 和节点 v_l 之间的最短路径经过节点 v_i 的数量；N 代表节点总数。

（3）平均路径长度。网络中任意两个节点之间的距离是指在连接两个节点的最短路径中包含的边的数量，用来描述网络中每一条 OD 对（origin-destination）之间的平均距离[153-154]。平均路径长度（L）表示任意两个节点之间的平均距离，计算公式如下：

$$L = \frac{1}{N(N-1)} \sum_{i \neq j} d_{ij} \tag{3-5}$$

其中：d_{ij} 是网络中节点 v_i 和节点 v_j 之间的距离；N 是节点总数。

3.1.4　网络中节点重要度排序

在复杂的石油进口网络中节点是异质的，因此需要通过节点重要度排序来进一步识别对网络影响较大的节点，并决定在蓄意攻击中的节点被移除的顺序。在以往的研究中，节点的重要度排序作为重要的一环，其指标的选取多种多样，一些学者选择单一的例如节点度作为节点重要度的衡量指标[155-156]，也有学者选择综合性指标，例如 Yang 等[154] 提出了基于两个指标（度和中介性）加权的评估指标；类似的，Liu 等[157] 也是通过加权不同指标（度和线路重要性）构建了节点重要性的排序方法。虽然指标不同是不可避免的，但根据文献发现：① 网络的拓扑结构特征（例如度和中介性）被选作节点重要度排序指标的次数较多，这是因为度和中介性很好地体现了网络的连通性，众所周知，网络是否连通对于网络性能至关重要。② 选取的指标要服务于所研究的内容，本书旨在研究进口石油线路的安全性，所以节点石油负载量是必不可少的指标之一。因此，我们提出了一种新的综合了网络拓扑性质和节点负载量的节点重要度排序指标。根据参考文献[158] 可知，每个指标有不同的权重，设置如下：

$$C_j = \delta_j \sum_{i=1}^{3} (1 - r_{ij}) \tag{3-6}$$

$$w_j = \frac{C_j}{\sum_{j=1}^{3} C_j} \tag{3-7}$$

$$CI_i = w_1 \deg(v_i)^* + w_2 B_i^* + w_3 I_i^* \tag{3-8}$$

其中：δ_j 是指标 j 的标准差；r_{ij} 是指标 i 和 j 的相关系数；w_j 是指标 j 的权重；CI_i 是节点重要度的综合指标；$\deg(v_i)^*$ 是节点 v_i 的度；B_i^* 是节点 i 的介数；I_i^* 是节点负载量。为消除指标之间数值的量级和量纲的差异，本书采用如下常用的标准化方法将指标转化为 0～1 之间的无量纲数值 x^*：

$$x^* = (x - x_{min})/(x_{max} - x_{min}) \tag{3-9}$$

其中：x 是实际值；x_{min} 表示 x 的最小值；x_{max} 表示 x 的最大值。

3.1.5 网络中节点失效模式

我国石油进口网络的脆弱性是通过网络中节点失效后，网络性能受到的影响来描述的。造成网络性能下降的因素有很多，如网络拓扑结构不合理、自然灾害、海盗及海上恐怖主义、海上交通事故、政治因素等[159]。从灾害学角度来看，不同的致灾因子对网络性能的影响截然不同[160]，为了区分突发事件的类型，在模型中实施随机攻击和蓄意攻击两种方式。

在进口网络中，随机攻击意味每个节点的失效概率一样，随机攻击捕捉的是随机事件对网络连通性的影响，一般来看是由于自然的不可抗力、人为操作失误等原因造成的，例如，1951 年 1 月伊朗油田国有化运动导致的石油工人罢工，2005 年 8 月的卡特里娜飓风，2008 年 9 月的古斯塔夫飓风，1988 年 7 月英国北海阿尔法海上钻井平台爆炸，1989 年 3 月的"埃克森·瓦尔德兹"游轮触礁导致的原油泄漏，2010 年墨西哥湾漏油事件等。这些突发事件给全球石油供给带来了巨大的影响，导致了 30 万～230 万 t/d 的石油短缺量。

在蓄意攻击模式下，根据节点重要性顺序对节点进行移除，最重要的节点将被首先移除。移除网络中最重要的节点后，计算网络中的各性能指标，然后移除网络中第二重要的节点，重复进行下去直到网络崩溃。蓄意攻击捕捉的是有蓄谋的事件对网络连通性的影响，如政治因素导致的恐怖主义袭击等。实际上，蓄意攻击作为一种军事制裁手段，在大国博弈中时常发生并且影响巨大。例如：苏伊士运河战争、六日战争、利比亚战争等，在交战的过程中通过封锁主要运输岛屿、运河使得敌方出现大规模石油短缺，当然，不仅是石油在运输方便受阻，产油国的产量也会受到影响而大幅下降。

3.1.6 石油进口网络脆弱性指标

网络的脆弱性是根据网络经历节点移除后的网络性能变化来判断的。具体的网络性能用可达性、网络效率、连通性等指标来表示[143,161-162]。根据已有文献，不同的指标反映网络不同方面的性能，因此，根据研究内容，本书选取平均路径长度（APL）和最大子图连通规模以反映网络的可达性和连通性。此外，针对石油进口网络的实际功能，选取了进口石油到达量作为测度网络可用性的指标。表示脆弱性的具体指标及其含义如下：

（1）可达性（accessibility）。参考已有文献[163]，本书将可达性定义为网络中目标对象从起始点到目的地的难易程度。当网络节点未被移除时，APL 越小，则网络的可达性越高，但当网络遭受攻击后，APL 越小，网络的可达性则越低。基于该原理，通过考察网络节点失效时网络中 APL 的数值，以此判断进口短缺对网络的影响。

（2）连通性（connectivity）。本书将连通性定义为网络的剩余工作能力。在石油进口网络中，当出现一些例如由大国博弈引起的禁运、运输线路破坏、出口国油库被恶意炸毁等冲击时，网络中的部分节点要被移除，但在剩余的节点中，如果仍有可以保障石油进口的连通子图，该子图中节点占全部节点的比例被用来反映网络的连通性[164]。

（3）可用性（availability）。针对石油进口网络的实际功能，本书将可用性定义为可以抵达目的地的目标对象的数量。网络的连通性反映了网络的剩余工作能力，但是由于节点具有异质性，不同的节点承担的负载不同，因此，即使相同的剩余工作能力，到达目的地的目标数量也不相同。例如，同样是中断一个节点，俄罗斯节点的中断带来的损失要远大于也门节点的中断。因此，风险冲击下仍然可以输送至国内消费节点的石油量是反映石油系统脆弱性的重要指标。计算方式如下：

众所周知，石油从国外出口国节点到国内接收节点经过的路径被称为 OD 对，每一条 OD 对中的任何节点的失效都会引起该 OD 对石油运输的失败，本书提取了所有的 OD 对，通过如下公式，计算出网络节点失效后，仍然可以被输送到中国的石油量：

$$y_i = \begin{cases} flow_i, & VF_j \bigcap VP_i \neq \varnothing \\ 0, & VF_j \bigcap VP_i = \varnothing \end{cases} \quad (i=1,2,\cdots,n) \tag{3-10}$$

$$Y_j = Y_0 - \sum_{i=1}^{n} y_i \mid VF_j, \quad (j=1,2,\cdots,m) \tag{3-11}$$

其中：$flow_i$ 是 OD 对 i 的工作负载；VP_i 是 OD 对 i 的节点集合（网络中有 n 条 OD 对）；VF_j 表示全部的失效节点，j 是失效的节点数（网络中有 m 个节点）；y_i 是 OD 对 i 在失效的节点集下的石油进口量；Y_0 是没有节点失效时网络中石油总进口量；Y_j 是节点失效后的石油进口量。

综上，根据上述对石油进口网络脆弱性指标的定义、解释和计算，列出网络脆弱性的各项指标，如表 3-1 所示。

表 3-1　石油进口网络脆弱性指标

一级指标	二级指标	三级指标	计算方式
网络脆弱性	可达性	平均路径长度（APL）	任意两个节点之间经过的节点数量的平均值
	连通性	节点剩余比例（NR）	具有工作能力的节点占网络原始节点的比例
	可用性	可得石油进口量（OR）	实际到达国内消费节点的石油供应量

在模拟计算上述提及的可达性、可得性和可用后三个指标后，根据 Goh 等[164]指出的脆弱性测度方法，通过上述阐述的指标综合计算网络的脆弱性。令 RV 为网络脆弱性，Acc 表示网络可达性，Con 表示网络连通性，Ava 表示网络可用性，则：

$$RV = \left(\frac{Acc_0 - Acc}{Acc_0} + \frac{Con_0 - Con}{Con_0} + \frac{Ava_0 - Ava}{Ava_0} \right) \qquad (3-12)$$

其中，分母右下角的数字 0 表示该指标在未遭受攻击之前的数值。

3.2　石油系统脆弱性模拟

3.2.1　石油进口网络的拓扑性质

2011—2020 年，中国石油进口网络的节点和边的数量以及网络的规模在不断变化，但研究期内的网络类型并没有发生变化。网络中各结构相关的实证结果如下：

（1）如表 3-2 所示，网络中节点度为 1 的节点占比在 40%～49% 之间波动；节点度为 2 的节点占比在 11%～19% 之间波动；随着节点度的增加，节点占比越来越小，在该网络中，大部分节点的度很低，极少数节点的度很高。为进一步了解网络中节点的度分布，本书绘制了带有拟合曲线的散点图（度分布图），并选取 2012 年、2015 年和 2019 年三个年份进行展示。如图 3-1 所示，石油进口网络大致服从幂律分布，其指数分别是 1.391、1.388、1.353，根据上文的定义，2011—2020 年间的石油进口网络全是"无标度网络"。但这该类型网络具有一个明显的特征：当度很高的节点被移除后，网络的性能会下降很多[165]，一般认为，无标度网络比随机网络在遭受蓄意攻击时，性能下降得更明显[155,165]，这是因为在随机网络中，各个节点的度的分布都很均匀，其被移除后对网络造成的影响相对较小[155]。

表 3-2 2011—2020 年石油进口网络节点度比例

年份	节点度										
	1	2	3	4	5	6	7	8	9	10	11
2011	0.41	0.17	0.14	0.08	0.11	0.00	0.02	0.00	0.00	0.02	0.00
2012	0.42	0.19	0.15	0.06	0.07	0.02	0.02	0.00	0.01	0.00	0.01
2013	0.40	0.18	0.15	0.08	0.08	0.01	0.02	0.00	0.01	0.00	0.01
2014	0.43	0.16	0.14	0.06	0.10	0.02	0.02	0.00	0.01	0.01	0.00
2015	0.43	0.12	0.19	0.08	0.08	0.01	0.03	0.00	0.01	0.01	0.00
2016	0.42	0.19	0.13	0.08	0.07	0.01	0.04	0.00	0.01	0.00	0.00
2017	0.46	0.17	0.12	0.10	0.04	0.01	0.03	0.00	0.01	0.00	0.00
2018	0.49	0.14	0.12	0.09	0.04	0.02	0.04	0.00	0.00	0.00	0.00
2019	0.46	0.13	0.16	0.08	0.07	0.01	0.01	0.00	0.01	0.00	0.00
2020	0.48	0.11	0.16	0.10	0.08	0.01	0.01	0.01	0.00	0.00	0.00

年份	节点度										
	12	13	14	15	16	17	18	19	20	21	22
2011	0.00	0.00	0.00	0.01	0.00	0.02	0.00	0.00	0.00	0.00	0.00
2012	0.00	0.00	0.00	0.00	0.04	0.00	0.00	0.00	0.00	0.00	0.00
2013	0.00	0.00	0.00	0.00	0.00	0.01	0.00	0.00	0.00	0.00	0.00
2014	0.00	0.00	0.00	0.00	0.02	0.01	0.00	0.00	0.00	0.00	0.00
2015	0.00	0.00	0.00	0.00	0.01	0.01	0.00	0.00	0.01	0.00	0.00
2016	0.01	0.00	0.00	0.01	0.00	0.01	0.00	0.00	0.00	0.00	0.00
2017	0.00	0.00	0.01	0.00	0.00	0.00	0.00	0.00	0.00	0.00	0.01
2018	0.00	0.01	0.00	0.01	0.01	0.00	0.00	0.01	0.00	0.00	0.00
2019	0.00	0.01	0.00	0.01	0.01	0.00	0.00	0.00	0.00	0.00	0.00
2020	0.00	0.01	0.00	0.01	0.00	0.00	0.00	0.00	0.00	0.00	0.00

（2）研究期间，APL 在 3.955 9~4.263 3 之间波动，呈波动中上升趋势，说明网络的效率在降低。当网络中节点没有遭受攻击时，APL 越长，表明进口路线越"远"（经过的节点数多），则网络效率越低。如图 3-2 所示，在 2012—2015 年，油源地数量的增长并没有使 APL 改变很多。根据对原始数据的分析发现，2013—2014 年，被替换的国家之间距离较"近"，例如，进口来源国古巴被替换为巴拿马、阿鲁巴岛等，同时又新增了一些距离中国较"近"的点，比如 2014 年新增了巴基斯坦。同理，2016—2020 年，随着进口来源国数量的减少，APL 反而

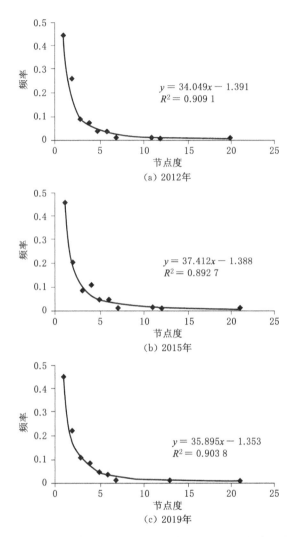

图 3-1　2012 年、2015 年和 2019 年石油进口网络度分布图

增加,说明一些距离中国较"近"的国家被删除了,或者新增的国家距离上一年度进口来源国较"远"。根据此结论进而观察原始数据发现,相比 2017 年,2018年的石油没有从距离中国较"近"的点,例如韩国、文莱、印度进口,而是新增了埃塞俄比亚、阿尔巴尼亚。因此,根据上述事例发现,平均路径长度和进口来源国数量在石油进口网络中并没有唯一确定的数量关系,也就是说,通过增加进口来源国能否改善系统脆弱性还需要进一步分析。

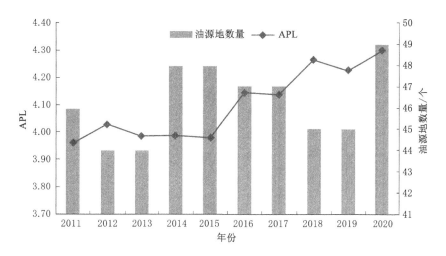

图 3-2　2011—2020 年间石油进口网络的 APL 和油源地数量

3.2.2　石油进口网络中节点重要度排序

根据 3.1.4 小节中关于节点重要度排序的计算方法,得出历年网络中每个节点的节点重要性指数(被表示为 CI),表 3-3 列出了 2020 年度我国石油进口路线中关键节点排序。

如表 3-3 所示,在 2020 年我国石油进口路线中关键节点排序中,海峡、岛屿和运河的排名靠前,国内石油接收点穿插在中间,排在后面的是进口来源国。台湾海峡是 2020 年石油进口网络排名第一的节点,新加坡海峡排名第二,随后是马六甲海峡和好望角等。这是因为上述这些海峡实际上是石油进口过程中多条路线的汇集点,承担了很高的石油负载量,同时其中心介数和度也相对较高,说明这些节点具有较高的节点关联关系,这使得它们成为远距离运输路线上的重要节点。在油源地的排序中,排序结果与 2020 年我国石油从不同国家进口量的排序类似,因为这些油源地在网络中的属性非常相似,其度和中心介数差异非常小(俄罗斯除外,因抵达中国的线路较多),因此排序的主要依据就是负载。

如前文所述,在蓄意攻击模式下节点是根据其重要性的顺序被移除的,表 3-3 只能反映节点在 2020 年的重要度,因此为了观察引起网络性能下降的节点是否变化,为了进一步了解网络中各节点重要度的变化,考察进口路线空间格局的演化,本书统计了 2011—2020 年进口路径中的 24 个岛屿、海峡、运河等节点排序的变化。总体来说,各节点排名波动幅度不大,但其波动幅度会随

表 3-3　2020 年中国石油进口路线中关键节点排序（前 30 名）

节点名称	度	介数	负载	标准化值			CI
				度 *	介数 *	负载 *	
台湾海峡	13	390.70	327.19	0.67	0.57	0.92	0.72
新加坡海峡	4	670.00	356.97	0.17	0.97	1.00	0.65
马六甲海峡	4	689.00	325.34	0.17	1.00	0.91	0.63
好望角	16	378.00	130.97	0.83	0.55	0.37	0.61
巴士海峡	15	289.30	24.89	0.78	0.42	0.07	0.45
霍尔木兹海峡	7	114.00	199.44	0.33	0.17	0.56	0.36
北京	5	7.33	288.48	0.22	0.01	0.81	0.36
阿曼湾	3	144.00	200.72	0.11	0.21	0.56	0.28
俄罗斯	6	0.00	71.49	0.28	0.00	0.20	0.18
大隅海峡	7	35.00	27.96	0.33	0.05	0.08	0.18
韩国海峡	7	23.00	32.52	0.33	0.03	0.09	0.18
苏伊士运河	6	108.00	20.00	0.28	0.16	0.06	0.17
山东	5	7.33	78.08	0.22	0.01	0.22	0.17
多芬海峡	4	76.00	34.16	0.17	0.11	0.10	0.13
亚丁湾	3	154.00	25.28	0.11	0.22	0.07	0.13
辽宁	5	7.33	32.89	0.22	0.01	0.09	0.13
直布罗陀海峡	5	56.00	9.28	0.22	0.08	0.03	0.12
曼德海峡	3	133.00	24.03	0.11	0.19	0.07	0.12
英吉利海峡	3	94.00	34.16	0.11	0.14	0.10	0.11
巴拿马运河	4	32.00	27.96	0.17	0.05	0.08	0.11
黑龙江	3	2.52	29.52	0.11	0.00	0.08	0.07
河北	4	6.33	1.92	0.17	0.01	0.01	0.07
天津	4	6.53	1.44	0.17	0.01	0.01	0.07
浙江	4	6.53	0.96	0.17	0.01	0.00	0.07
上海	4	6.53	0.31	0.17	0.01	0.00	0.07
津轻海峡	3	14.00	13.50	0.11	0.02	0.04	0.06
博斯普鲁斯海峡	3	34.00	0.73	0.11	0.05	0.00	0.06
北海	2	29.00	25.54	0.06	0.04	0.07	0.06
沙特阿拉伯	1	0.00	56.73	0.00	0.00	0.16	0.05
波罗的海	2	5.00	25.54	0.06	0.01	0.07	0.05

着排名的增加而增加。也就是说,排名靠前的节点,波动幅度最小;排名越靠后的节点,其波动性越大。原因是排名靠前的节点是运输过程中的必经之地,而排名靠后的节点主要是因为进口国家的变动导致路线的变动从而引起其排名的波动。具体的,以排名靠前的 7 个海峡为例,如图 3-3 所示,2011—2020 年,新加坡海峡等 7 个海峡的重要度排序波动非常小,其中,新加坡海峡、台湾海峡和马六甲海峡的排序只在第 1 名至第 3 名之间波动,好望角始终稳定在第 4 名,霍尔木兹海峡、阿曼湾和巴士海峡的排序则只在第 5 名至第 7 名之间波动。

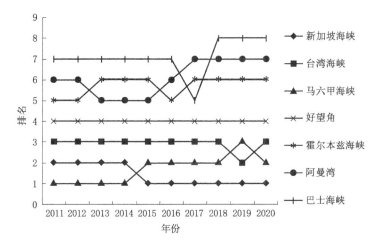

图 3-3　2011—2020 年节点排名变化曲线

3.2.3　随机攻击下石油进口网络脆弱性测度

根据构建的石油系统脆弱性模型、设定的两种节点失效模式(随机攻击和蓄意攻击)以及 3 种脆弱性指标(APL、NR、OR),本章节将利用 MATLAB 软件,通过将随机攻击这种冲击模式作用于石油进口网络上,对不同程度冲击情景下的网络性能下降过程进行模拟仿真,以计算石油系统脆弱性。

在随机攻击模式下,如图 3-4 所示,3 种脆弱性指标所表示的网络性能均呈现下降趋势,但在研究期内,这些下降的曲线几乎是重合的。为了更清楚地展示网络性能下降的过程,2020 年的结果用黑色的线。

对于网络的可达性来说,在图 3-4(a)中,横轴是节点失效比例,纵轴是网络的 APL。当网络中没有节点被移除时,网络的 APL 值是 4.136 3;当 85% 的节点被移除后,网络的 APL 已经无法被计算。当在网络中的节点以蒙特卡罗模拟的方式被移除后,网络的 APL 呈现在波动中下降的趋势,原因是网络中的节点在不断减少,两个节点之间的联系在不断地被删除,而波动的原因主要是失效节点的随机性,当网络中较"近"的路线被删除后,相对较"远"的路线被留下,使得 APL 有所反弹。研究期内石油进口网络中 APL 的下降曲线呈"凹"形,说明网络可达性下降速度比较快,当网络中有 30% 的节点失效被移除后,网络的可达性由初始的 4.2 下降至 2.665。可能的原因是,网络中的每一条 OD 对的可替代路线都很少或者没有,按照节点移除的规律,一条 OD 对之间的任何一个节点被移除后,其他节点也会连带被移除,导致网络可达性的快速下降。另

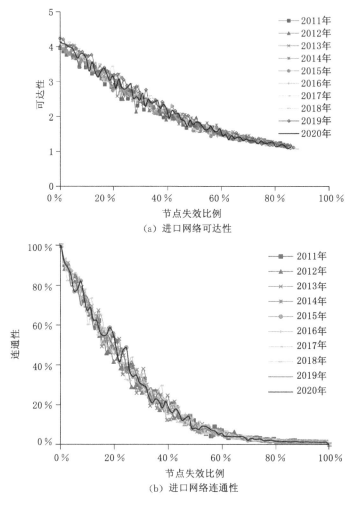

(a) 进口网络可达性

(b) 进口网络连通性

图 3-4　随机攻击模式下进口网络性能

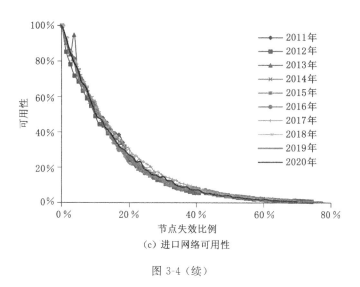

（c）进口网络可用性

图 3-4（续）

外,从历年网络可达性的比较来看,当网络未遭受冲击时,实际上是 2011 年的网络可达性最好,但随着时间的推移,可达性变差了。根据此结论,作者猜想应是一些距离较"近"的来源国被替代为距离较"远"的来源国。通过对比不同年份原始数据发现,研究期内,菲律宾、文莱、印度尼西亚、新加坡、泰国等距离我国较"近"的国家实际上在渐渐从我国石油进口国的名单上被移除。当网络中的节点逐渐被移除,研究期内的网络可达性下降趋势和速度变化很小,没有表现为过高或者过低的脆弱性。

对于网络的连通性来说,如图 3-4(b)所示,当节点随机失效后,网络中剩余节点数量小于网络初始节点数量与失效节点数量之差,使得性能曲线表现为"凹"形,这是由于某个节点的失效还会引起网络中其他节点的失效。在 2020 年的网络中,节点随机失效的结果如下:20%的节点失效,网络中剩余节点比例约为 55%;40%的节点失效,网络中剩余节点比例约为 18%;60%的节点失效,网络中剩余节点比例约为 6%。因此,在节点移除的过程中,网络性能下降的速度并不是均衡的,而是加速的。这说明网络中各节点的关联度高,备选路线少。但如果移除节点后,网络性能下降曲线为凸曲线,则说明该网络脆弱性低[166]。另外,从历年网络连通性的比较来看,其连通性数值变化几乎重叠,说明研究期内网络的脆弱性变动很小。

可达性和连通性两个指标都是从网络性能的角度来描述网络脆弱性的,而可用性描述的是节点失效后,可以抵达我国的石油量,这是网络脆弱性测度中

最关键的一个指标。由图 3-4（c）可以看出：2020 年的石油进口量初始值为
5.42 亿 t，5％的节点失效后，可到达我国的石油量仅剩 75％；10％的节点失效
后，可到达我国的石油量仅剩 48％；68％的节点失效后，可到达我国的石油量下
降为零。由此可见，我国的石油进口网络是比较脆弱的。此外，我们发现，可用
性在下降的过程中波动要明显小于可达性和连通性，这表明节点的失效对网络
进口量的影响更明显。另外，从历年网络可用性的比较来看，2019 年的网络可
用性实际上在研究期内是比较差的，而 2017 年的网络可用性在大部分情况下
是略高于其他年份的。通过追溯原始数据推测这可能是因为 2017 年的进口来
源国是历年来最多的，结合可达性的结论发现，虽然增加进口来源国数量并不
一定增强可达性，但是可以增强可用性。

综上，在石油进口短缺发生时，我国的石油进口网络脆弱性较高，在部分网
络节点失效后，网络性能（可达性、连通性和可用性）下降的速度在不断增加。

值得指出的是，为了确保上述指标的可信度和稳定性，在采用随机攻击模
式时，APL 和 NR 的计算都是模型运行 50 次得出的平均值，而 OR 是模型运行
500 次得出的平均值。这是因为相同的失效节点比例可以有不同的节点组合，
会导致不同的下降结果，因此需要模型的多次运行达到指标的稳定值。限于技
术原因，前两个指标在 50 次运行时达到稳定，而第三个指标运行 500 次的结果
更稳定。

根据脆弱性测度公式[式（3-12）]，本书计算了随机攻击下的网络脆弱性。
表 3-4 列出了通过可达性、连通性、可用性三个指标综合计算得出的各年份在节
点失效比例为 5％、10％和 30％三种情境下的脆弱性数值。通过对比发现，无
论节点失效比例为多少，脆弱性最低的都是 2017 年，而脆弱性最高的是 2012
年。实际上，即使是最大与最小值的差异也很小，一方面是因为随机攻击对网
络本身造成的影响有限，另一方面主要是因为研究期内网络的拓扑结构并没有
发生变化。

表 3-4　2011—2020 年随机攻击模式下的网络脆弱性数值

失效比例	年份									
	2011	2012	2013	2014	2015	2016	2017	2018	2019	2020
5％	0.158	0.189	0.157	0.178	0.164	0.168	0.131	0.167	0.17	0.143
10％	0.301	0.349	0.292	0.315	0.301	0.280	0.275	0.345	0.293	0.289
30％	0.646	0.669	0.64	0.659	0.636	0.657	0.609	0.668	0.671	0.614

3.2.4　蓄意攻击下石油进口网络脆弱测度

石油作为"黑色的金子""工业的命脉",既是一种重要的能源,也被多次当作武器,自古以来,围绕其拥有权发生的战争、禁运、经济纠纷等不计其数。2011 年的利比亚战争、2015 年的也门战争,以及 2019 年美国对伊朗实施的石油禁运制裁等表明,除了自然灾害外,网络中节点的失效有可能是蓄意攻击造成的。

对于网络的可用性来说,首先分析 2020 年进口短缺发生(蓄意攻击)时该网络的可用性。如图 3-5(a)所示,当节点重要度排名第一的台湾海峡被移除后,网络的可达性从 4.30 变为 2.28,呈现断崖式下降。在蓄意攻击模式下,网络比在随机攻击模式下表现得更脆弱。此外,研究期内的脆弱性曲线在下降时表现为阶梯式,这是因为移除了一些重要度相似的节点,或者移除了一些已经失效的节点[167]。对比随机攻击和蓄意攻击模式下的网络 APL 可以发现,随机攻击发生时,网络中 85% 的节点被移除后引发了网络的彻底崩溃,但是蓄意攻击时,引发网络崩溃的临界值是 55% 的节点被移除。其次,从历年网络可达性的比较来看,整体趋势都呈现快速下降以及"阶梯式"的趋势,但由于可达性下降时的波动使得各年份的曲线相互交织,哪一年的网络具有绝对的优劣势几乎无法被辨别。

对于网络的连通性来说,首先,分析 2020 年进口短缺发生(蓄意攻击)时该网络的连通性。如图 3-5(b)所示,网络中前三个最重要的节点被移除后,仍能保持工作的节点占总节点的 86%。类似的,同网络的可达性一样,网络的连通

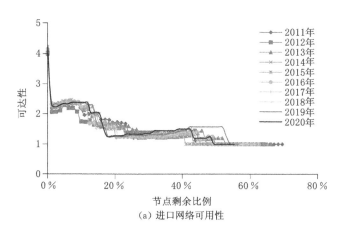

（a）进口网络可用性

图 3-5　蓄意攻击模式下进口网络性能

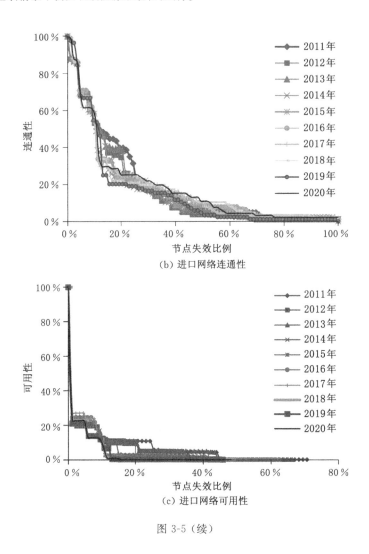

（b）进口网络连通性

（c）进口网络可用性

图 3-5（续）

性在下降过程中也表现为阶梯状，这是因为移除了已经失效的节点。当移除网络中 30％的失效节点时，网络中仅有 30％的节点在工作；当失效节点比例达到 60％时，该网络彻底崩溃。通过蓄意攻击的结果来看，连通性在蓄意攻击模式下的下降速度同样比随机攻击模式更快、更大。其次，通过对比历年网络的连通性发现，2019 年的网络连通性相对较差，而 2011 年、2012 年和 2013 年的网络在节点失效比例为 10％～25％时表现为较低的脆弱性。

网络的可用性见图 3-5（c）。首先分析 2020 年进口短缺发生（蓄意攻击）时该网络的可用性。通过对比蓄意攻击模式下的网络可达性、连通性发现，网络的可用性在蓄意攻击之后下降的幅度最大,速度也最快,呈现断崖式下降。在第一个节点被攻击之后,剩余进口量由原来的 100% 直线降至 22% 左右;在大约 48% 的节点被移除后,剩余进口量几乎为 0。这与随机攻击模式下的结果形成鲜明对比,再次说明了蓄意攻击对我国石油进口安全的影响之大,以及我国石油进口网络脆弱性高。其次,通过对比历年网络的可用性发现,研究期内的前期的网络脆弱性是低于后期的。

为了与随机攻击模式下的脆弱性进行比较,这里的节点失效比例仍选取 5%、10% 和 30%,结果汇总在表 3-5 中。与随机攻击情景下的脆弱性(表 3-4)相比,当节点失效比例相同时,网络抵抗蓄意攻击的能力弱于随机攻击。这说明由国际冲突导致的禁运等事件会比飓风等自然因素造成的风险更具损坏力。综上,基于 2011—2020 年的石油进口数据,本研究发现我国的石油进口网络面对冲击时脆弱性高。

表 3-5　2011—2020 年蓄意攻击模式下的网络脆弱性数值

失效比例	年份									
	2011	2012	2013	2014	2015	2016	2017	2018	2019	2020
5%	0.508	0.516	0.508	0.501	0.490	0.493	0.487	0.513	0.520	0.511
10%	0.620	0.636	0.590	0.589	0.586	0.607	0.602	0.608	0.610	0.608
30%	0.823	0.812	0.816	0.824	0.813	0.834	0.822	0.825	0.841	0.828

3.3　基于新建网络的石油系统脆弱性模拟

3.2 节的结果与分析表明,2011—2020 年,我国石油进口网络脆弱性很高而且没有大的改善。但就当前形势来看,我国石油对外依存度越来越高,国际环境比以往更为复杂,因此构建具有较低脆弱性的石油进口网络对保障我国能源供给安全至关重要。

3.3.1　石油进口网络改进策略

已有的文献中对于改善网络脆弱性做出了很多努力,例如增加出口国数量、开辟新的航道、加强国际合作等[42,168-169],但这些措施的效果通常并没有被量化,或者被独立地量化,因此接下来我们尝试将上述可能的措施加入已经建立好的石油进口网络中,构建一个改进的网络,并模拟该网络的在脆弱性,将改进后的网络命名为"新网络",3.2 节中已经构建的网络称为"旧网络"。

具体的,改进的网络构造如下:首先,增加了一条北极航线,该航线从北欧出发到白令海峡,与经过巴拿马和苏伊士运河的传统航线相比,可以节省至少 40% 的航程[43]。此外,对我国等进口国家来说,可通过北极航线就近从俄罗斯、挪威等北极国家进口石油资源,减少对中东等地的石油依赖,这意味着同时还可以规避马六甲海峡、苏伊士运河等危险水域。其次,在"一带一路"背景下,增加了瓜达尔港,通过该港口从陆路进入我国,可以把绕经马六甲海峡的石油运输路程缩短 12 000 km。最后,在改进网络中还增加了巽他海峡、龙目海峡、胶漂港的石油负载量以减轻马六甲海峡的石油负载。本书假设新增节点和路线承担了被替代节点负载的一半,例如马六甲海峡负载约为 360 Mt,在增加了新的节点后,马六甲海峡负载是 180 Mt,而其他节点共同承担负载 180 Mt。

3.3.2 "新网络"的脆弱性

3.3.2.1 随机攻击模式下新网络的脆弱性测度

通过构建改进的石油进口网络,并以旧网络进口数据为依据重新计算各节点工作负载,模拟随机攻击下新网络的脆弱性,结果如图 3-6 所示。其中,对网络可达性而言,对比旧网络和新网络的结果,新网络在遭受冲击后其下降曲线更加平稳,且初始 APL 值显著小于旧网络初始 APL 值。这说明新网络的可达性高于旧网络,因为当网络中没有节点失效时网络的 APL 越小,网络可达性越好。另外,在节点失效后,APL 变化越小,说明网络拓扑结构越稳定。当随机攻

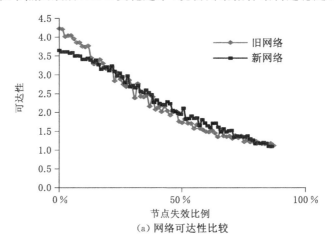

(a)网络可达性比较

图 3-6　随机攻击下新网络和旧网络性能变化比较

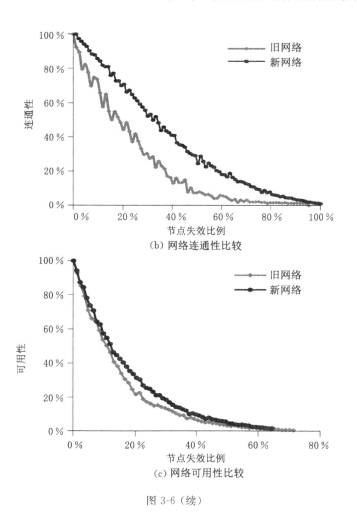

（b）网络连通性比较

（c）网络可用性比较

图 3-6（续）

击发生后,从网络中剩余节点比例来看[图 3-6(b)],新网络在遭受冲击后其下降曲线不再和旧网络重合,而是明显高于旧网络。这说明新网络在进口短缺发生时具有较强的连通性,即相比旧网络,在新网络中,如果移除相同的节点,网络的 APL 变化较小。再看可到达我国的石油进口量,同样的,在随机攻击发生后,新网络中到达我国的石油进口量高于旧网络。

　　总体来说,随着失效节点的增加,网络的性能势必呈现下降的趋势,但是下降的幅度却因为网络的结构变得不同。为了进一步对比新、旧网络在脆弱性方面究竟改善了多少,我们计算了随机攻击下节点失效比例为 5%、10% 和 30% 时网络的脆弱性,结果如表 3-6 所示。通过对比发现,当失效节点比例是分别是

5％、10％和30％时,新网络要比旧的网络脆弱性分别改善39％、32％、30％。由此可以看出,随着失效节点的增多,改进网络表现出更低的脆弱性。

表3-6　随机攻击模式下的网络脆弱性比较

失效比例	Acc 旧	Acc 新	Con 旧	Con 新	Ava 旧	Ava 新	R 旧	R 新	脆弱性改善
5％	0.044	0.02	0.176	0.071	0.291	0.218	0.170	0.103	39％
10％	0.116	0.065	0.343	0.156	0.498	0.426	0.319	0.216	32％
30％	0.436	0.185	0.726	0.444	0.873	0.788	0.678	0.472	30％

3.3.2.2　蓄意攻击下改进网络的脆弱性测度

蓄意攻击是根据节点重要度依次移除节点,因此首先计算出新增节点的负载、度和中心介数,然后得到新网络中各节点的排序结果,最后刻画并展示蓄意攻击下新网络的脆弱性曲线(图3-7)。如图3-7(a)所示,新网络的初始可达性值显著小于旧网络的初始可达性值,另外,旧网络在第一个节点被移除后,网络的可达性迅速由4.22下降至2.28,而新网络在遭受冲击后其曲线是在第11个节点被移除后,网络的可达性才开始大幅下降;整体来看,新网络遭受冲击后其曲线大部分是高于旧网络的,这说明新网络的可达性比旧网络更好。从网络剩余节点比例来看[图3-7(b)],在20％的节点失效以前,新网络中剩余网络比例是高于旧网络的,这表明蓄意攻击的前期,新网络比旧网络结构更稳固。但在蓄意攻击的后半段,新网络中的剩余节点比例少于旧网络,这是因为新网络中新增加了一些节点,在一些旧的节点失效后,新增的节点也会失效,失效节点比

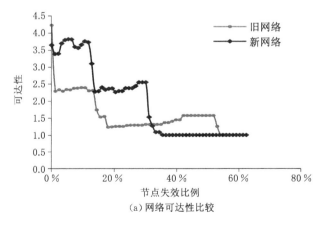

(a)网络可达性比较

图3-7　蓄意攻击下新网络和旧网络性能变化比较

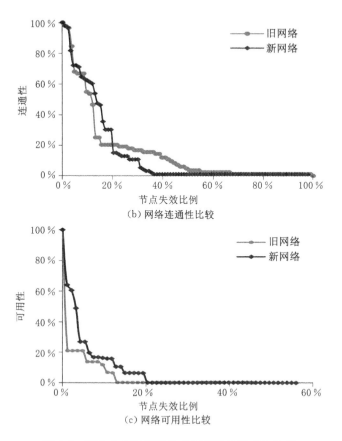

（b）网络连通性比较

（c）网络可用性比较

图 3-7　蓄意攻击下新网络和旧网络性能变化比较

例增大,所以剩余节点比例减小。值得注意的是,如图 3-7（c）所示,在蓄意攻击下,新网络和旧网络在遭受冲击后两条性能曲线之间有明显的间隔,且新网络的性能曲线高于旧网络,说明新网络在保障石油进口量方面效果显著。

　　总体来说,通过改善网络的结构,网络的脆弱性降低了,但是在面对蓄意攻击时,网络的脆弱性依然表现为断崖式下降,这与网络本身的性质有关。为了进一步对比新网络比旧网络在脆弱性方面究竟改善了多少,本书同样计算了蓄意攻击下节点失效比例为 5％、10％ 和 30％ 时网络的脆弱性。如表 3-7 所示,通过对比发现,当失效节点比例分别是 5％、10％ 和 30％ 时,新网络要比旧网络的脆弱性分别改善 28.96％、27.12％、15.82％。由此可以看出:一方面,随着失效节点的增多,新网络表现出更低的脆弱性;另一方面,与随机失效的情况相比,新网络在节点失效比例为 5％ 和 10％ 时,更能够抵抗蓄意攻击。

表 3-7　蓄意攻击下的网络脆弱性比较

失效比例	Acc 旧	Acc 新	Con 旧	Con 新	Ava 旧	Ava 新	RV 旧	RV 新	脆弱性改善
5%	0.448	0.000	0.321	0.28	0.791	0.732	0.52	0.323	28.96%
10%	0.435	0.000	0.464	0.376	0.932	0.837	0.61	0.404	27.12%
30%	0.691	0.332	0.833	0.892	0.998	0.999	0.841	0.741	15.82%

3.4　本章小结

本章借助复杂网络理论,首先厘清了实际的石油进口网络和逻辑网络,然后利用随机攻击和蓄意攻击两种移除节点的方式模拟自然风险和人为风险,对2011—2020年的石油进口网络脆弱性进行研究,此外还构建了新的石油进口网络以期验证网络结构的改进对改善脆弱性的作用。

通过研究得到以下结论:首先,我国的石油进口网络脆弱性高,在应对冲击时,网络的可达性、连通性、可用性下降明显,其中,蓄意攻击对网络的摧毁程度强于随机攻击。以2020年的网络为例,节点失效比例分别为5%、10%和30%时,蓄意攻击模式下网络性能下降至48.9%、39.2%和17.2%,随机攻击模式下网络性能下降至85.7%、71.1%和38.6%;对比来看,蓄意攻击造成的影响比随机攻击多36.8%、31.9%和21.4%。其次,对比2011—2020年的石油进口网络发现,历年油源地数量以及路线并不是唯一的,但研究结果表明进口网络类型仍是"无标度网络"。2011—2020年我国石油进口网络的脆弱性曲线几乎重合,没有哪一年有比较低的脆弱性。最后,新增的北极路线、瓜达尔港、龙目海峡等节点和边,即使没有改变网络的无标度特征,但是网络的脆弱性有了大幅改善。以旧网络与新网络性能对比,新网络在随机攻击模式下,当失效节点比例分别是5%、10%和30%时,比旧网络性能分别改善39%、32%、30%,在蓄意攻击模式下,比旧网络性能分别改善28.96%、27.12%、15.82%。

第4章

我国石油系统恢复阶段恢复性分析

上一章节分析了由于石油进口短缺导致的系统性能的下降阶段,本章节主要分析系统性能的恢复阶段。石油系统性能的恢复主要采取两大措施:增加供给和减少消费。因此,本书接下来分别从供给端和消费端来分析系统恢复能力的来源,这有助于明确石油系统需求,进而理清石油系统恢复的构建思路。

此外,一方面,由于进口短缺的类型不同,系统的供给功能从开始损失到完全结束持续的时长不尽相同。一般来说,系统中组件的随机失效持续时间一般较短,而蓄意攻击导致的组件失效时间则相对较长。另一方面,恢复措施起效的时长也不一样,例如,原油的战略储备可以快速投放至市场,以避免油价的波动;而要想通过海上油田技术进步等措施来填补短缺的石油,往往需要10年或者更久。两种恢复措施的效率不同,耗费的动员时间差异较大,这样划分既可以更加有效地找到合理的恢复方式,又有助于优化石油系统的安全。基于上述分析,本章分别从供给端和需求端两个方面考虑短期和长期视角下的石油系统恢复路径及恢复能力。

4.1 短期进口短缺风险下石油系统恢复路径

4.1.1 供给端

如前文对石油进口风险的分析,石油进口短缺事件随时可能发生,这对于保障能源安全而言是很大的挑战。为最大限度地预防和减少石油供应中断造成的危害和损失,建立供需应急调控机制,提高石油供应可靠性和应对石油供应中断事件的处置能力,保障全国经济社会正常运行,根据各省市颁布的《石油供应中断应急预案》,短期可操作性较强的措施有原油储备的释放、石油企业紧急增产、成品油紧急进口、财税价格政策等。

4.1.1.1 原油储备的释放

当发生突发石油供应短缺或中断事件时,原油战略储备的释放可以有效缓解油价波动、平抑市场。我国的石油储备包括战略原油储备和商业原油储备。战略原油储备是国家主导的、强制性的；商业原油储备是石油企业由于经营需求采取的储备措施。对于一国而言，原油战略储备是必不可少的，对于稳定国民经济和政治安全至关重要。2021 年 8 月 29 日飓风"艾达"登陆美国路易斯安那州，造成电网大面积瘫痪，逾百万用户断电，墨西哥湾沿岸地区的油气生产也被迫中断，汽油供应出现短缺。美国能源部从战略石油储备中释放 150 万桶原油，交付给埃克森美孚公司位于路易斯安那州的炼油厂，确保该地区炼油厂可以继续运营，避免能源供应中断。

4.1.1.2　石油企业紧急增产

在石油进口短缺发生后，政府等相关部门可以采取动员机制使石油生产企业增加产能。具体的，首先需要通过动员获取更多的原油，可以通过加大原油的勘探开发力度或者直接调用原油储备的方式实现，继而组织炼化企业紧急生产成品油，及时投放至市场，保障居民用能需求。

实际上，通过石油企业紧急增产来增加供给相当于给原有的国内生产提速。特殊时期，国内石油增产也是补充石油短缺的有效手段之一。2020 年年初，COVID-19 肆虐全球，中国石油、中国石化、中国海油三大石油集团全力以赴，为抗击疫情紧急增产保供，其中，中石油公司累计为火神山和雷神山医院提供了 300 t 柴油，湖北分公司为武汉方舱医院提供了 10 000 L 柴油。除此之外，在我国历次的"油荒"事件中，企业紧急增产都是平抑油价、解决危机的首要措施，是应对进口短缺的重要措施之一。

4.1.1.3　成品油紧急进口

我国的成品油贸易计划性强、过程手续复杂，所以在少量进口短缺事件中，一般不采取该措施，但在石油进口大规模短缺时，成品油紧急进口作为补充缺口的辅助手段作用很大[170]。2021 年，蒙古国向我国紧急进口汽油，以缓解国内燃油短缺现象。多年来，蒙古国燃油供应完全依靠进口，其中超过 90% 从俄罗斯进口。由于俄罗斯成品油供应商内部需要进行维修，加之疫情影响，2021 年 9 月该供应商只能为蒙古国供应 1.7 万 t 汽油。截至 2021 年 9 月 16 日，供应商仅向蒙古国提供 7 400 t AI-92 号汽油，同时表示 9 月将无法再向蒙古国继续供应燃油。为满足国内市场燃油需求，蒙古国国内 5 家燃油进口公司同我国签订了紧急燃油进口协议，以缓解进口短缺现象。

4.1.1.4　财税价格政策

通常来说，在市场中，产品供给量和需求量都会因为价格的变化而变化。

油价和供需关系也不例外。因此,可以采取一些财税价格政策以压缩石油消费,鼓励石油生产。根据《国家石油供应中断应急预案》,在石油资源短缺时,可以按照国家规定对石油及相关企业实施临时应急财政税收政策,依法给予税收优惠和提供临时财政援助,稳定或增加生产供给能力,保证企业进口原油的资金周转和生产经营活动正常进行;对石油替代能源生产企业、销售系统及车辆、船舶改造提供支持。依据价格法等有关法律、法规及有关要求,落实国家采取的价格紧急措施,有效调整石油消费行为。

4.1.2　需求端

需求端的恢复路径主要是通过压缩需求、能源替代和减少成品油出口等措施减少石油的消费,或者调整石油的用途,以保障供需平衡。

4.1.2.1　需求压缩

保障石油资源的供需平衡,"开源"和"节流"同样重要。当石油供给出现短缺甚至"油荒"时,可以通过压缩需求或者限制消费的政策来缓解供需压力。具体的路径如下:政府采取各种形式的宣传教育工作,积极引导公众或者企事业单位将石油民用量予以缩减,以增加石油供给,稳定供需。除此之外,按照国家抑制消费的方案,根据石油供应中断的程度等具体情况,采取相应措施抑制石油消费,如鼓励使用公共交通设施、要求合用车辆、提供免费公共交通工具、限制非公务和非生产经营性驾车、限制燃油供暖或制冷、限制加油站服务时间、限制每日销售量、限制顾客一次加油量、限制娱乐和旅游用成品油消费、缩短每周工作时间以及提高成品油价格等,并密切监测措施效果和发展态势,根据实际情况及时调整措施力度和范围。

经历了 20 世纪 70 年代的石油危机后,看到降低石油对外依存度的重要性后,美国颁布并实施了一系列有关措施来应对可能的石油危机,其中一条很重要的措施是限制石油的消费,实践证明,这些政策和措施在稳定石油工序方面取得了显著的成效。

4.1.2.2　能源替代

能源替代在解决能源相关问题方面是重要的举措之一[171]。与一般能源替代的功能不同,这里提出的能源替代路径,是在某种能源资源突发短缺的情况下,在应急期间,通过使用其他能源实现功能替代,避免市场异常波动。由于这里将能源替代策略设定为短期视角下的措施,因此,该能源替代的效果较为受限。例如:电动汽车、天然气汽车或者甲醇等汽车对燃油汽车的替代比例可能会比较小;根据《国家石油供应中断应急预案》,按照应急石油供应保障顺序,优先并且在短期内能实现的燃料替代的交通工具应当是国家党政机关、武装部队、救灾抢险应急指挥中心等部门使用的,居民日常私家车的能源替代可以在长期实现,在短期实现替代的难度较大。同样的,在化工、工业、居民生活等领域,也可以使用电力设备暂时替代燃油设备等措施来减少石油的消费。此外,煤炭作为我国能源的保障性力量,在突发性石油短缺时,发展煤制油产业,是我国建设能源应急能力可行的特色办法。

4.1.2.3 减少成品油出口

在石油供应中断应急响应时,应按照国家、省的要求对市内炼油企业出口进行控制,防止应急状态下成品油资源外流,保障成品油市场正常的经营秩序。2019 年 9 月 14 日,沙特阿拉伯境内两处石油基地遭受无人机的侵袭,导致原油产量减少 570 万桶/d,占其石油日总产量的 50%,也是全球石油日总产量的5%,损失巨大。面对这种紧急情况,尽管沙特阿拉伯在我国原油进口中的占比较大,但此事件对我国的原油供应并不会造成重大影响。有专家认为"即使沙特的石油设施中断超过一个月,我国只要暂时中断成品油出口,就能弥补沙特阿拉伯的缺口"[172]。类似的,2005 年我国出现油荒,国家发展和改革委员会、财政部、商务部等 5 部门共同颁布文件,要求从 9 月 1 日到 12 月 31 日,国家控制成品油出口,要求汽、柴油等成品油不再出口。可见减少成品油出口对于应对紧急情况是非常有效的措施。

4.2 长期进口短缺风险下石油系统恢复路径

长期进口短缺往往是由国际冲突等蓄意攻击造成的,该种类型的事件对进口短缺国来说,发生的概率虽然不大,但伤害力度较大。例如,发生在 2022 年的俄乌冲突事件,目前已经持续数月。德国计划在 2022 年秋季之前摆脱对俄罗斯煤炭的依赖,在 2022 年年底前摆脱对俄罗斯石油进口的依赖,最终在 2024年夏季前摆脱对俄罗斯天然气进口的依赖。这表明长期进口短缺风险下的系统性能恢复路径不能仅仅依靠短期的紧急生产和原油战略储备,还需要进一步采取适合解决长期进口短缺问题的措施。

4.2.1 供给端

在长期视角下,石油系统的恢复路径与短期视角下有诸多相似之处,短期可以采取的措施在长期来看也是有效的,比如原油储备的释放、减少成品油出口以及财税价格政策等。由于这些措施的恢复机制相同,下文不再赘述,仅讨论与短期视角下恢复机制不同的措施:提升国内油气勘探开发力度。

根据 2020 年 6 月我国出台的《关于做好 2020 年能源安全保障工作的指导意见》,要求既要稳定老油气田的生产,也要加大非常规油气的勘探开发力度。与短期视角下恢复路径中的石油企业紧急增产不同,在长期视角下,石油企业的紧急增产侧重于以技术突破为抓手的国内常规和非常规石油资源的勘探开发。其中,非常规石油作为最现实的接替能源,其资源量比常规油气更丰富,且资源的连续分布范围更广,是能源供应保障的支柱性技术[173-175],对于延长石油工业生命周期至关重要[176]。基于上述分析,非常规石油资源的开发和利用技术的突破将被作为长期进口短缺风险下的主要恢复措施。

4.2.2　需求端

同供给端的恢复措施类似,在需求端,也有一些措施既适用于短期也适用于中长期,比如需求压缩和减少成品油出口政策。与短期恢复路径不同的是能源替代、结构优化和效率提升政策。因此本书接下来重点阐述与短期不同的政策下的系统恢复路径。

4.2.2.1　能源替代

在短期,能源替代政策受限于成本和技术可行性,其作用效果非常有限。但在长期,能源替代无论是在常态下的能源发展路径还是在危态下的应急措施都有着举足轻重的作用。能源替代可以抑制石油对外依存度的攀升,在常态下降低进口短缺的风险,在危态下减少石油消费。在常态下,能源替代速率按照一定比例稳步前行;在危态下,可以通过提升能源替代速率来缓解危机。

具体替代路径如下:以交通和石化两大用油部门为例,在交通领域,可以推进油改氢、油改电、油改气,并同步推广电力汽车应用,适时推进氢能汽车应用。在货运和长途汽车领域,鼓励采用 LNG 动力汽车,适时发展氢能汽车。在水上交通领域,结合船舶动力技术发展,在短途客运船舶领域逐步推进油改气、油改电,在货运船舶及其他工作船领域,开展 LNG 动力船舶试点,并适时推广。在化工领域,推动化工原料的多元化、轻质化和非油化工艺发展。乙烯、丙烯、对二甲苯等初级化工产品都有若干种原料工艺路线,用石油来生产只是其中一个工艺选择。以乙烯为例,原料可以是石脑油、加氢尾油等石油产品,也可以使用天然气或煤炭经气化及合成等工艺制成,还可以由乙烷等轻烃裂解制成。根据 2019 年《中国石油消费总量达峰与控制方案研究》,随着大型炼化一体化项目在 2020 年前后启动新一轮投资后,国内石脑油路线乙烯产能有望在 2020—2030 年间逐步回归,预计到 2030 年前后,国内石脑油路线产能份额将稳定在 67% 左右。但随着国内供需再平衡以及新投资周期中新技术选择的增加,如原油制烯烃、天然气制烯烃、新一代生物乙醇制烯烃等技术的逐步成熟,国内乙烯产能路线中石脑油份额将再度下降,预计 2050 年国内乙烯产能将达 6 500 万〜7 000 万 t,其中石脑油和原油制烯烃路线份额将下降至 60% 左右。

4.2.2.2 效率提升

目前,我国石油资源利用效率仍然较低,单位 GDP 能耗是主要发达国家的 2〜4 倍。提升石油资源利用效率,推广节能设备和技术,能够在满足用户需求的同时减少石油消费。

具体效率提升路径如下:同样以交通和石化两大用油部门为例,在交通领域,继续加大机动车的燃油经济性标准。此外,还可以通过提升卡车制造和装备水平、发展甩挂运输、优化物流组织管理实现更大幅度的减油。在化工领域,推动石化行业结构的改革。第一,大力推进供应侧结构性改革,重点做好去产能、淘汰落后产能等工作。针对全国现存接近 1 亿 t 产能的小炼油厂,以及 30 万 t 以下产能的乙烯生产装置等,加快淘汰小规模、工艺老旧和低端产品产能。第二,建立炼油产能交易的市场化机制,允许产能指标的跨省交易,从而鼓励优势企业开展兼并重组,集中产能优势,发挥规模效益。第三,针对市场出现的"低端过剩、高端短缺"的结构性问题,加大研发和资金投入力度,推动工业产品向科技含量高、智能化、信息化、节能环保等方向升级。鼓励企业延长产业链、发展品牌经济、走高端差异化发展路线,提高产业发展层次及产品附加价值。以高质量清洁成品油、高品质润滑油、高性能添加剂、智能型钻井采油装备、特种橡胶、高速高里程轮胎、功能型化纤和碳纤维等功能材料为重点,塑造差异化工业产品结构。

4.2.2.3 结构优化

在常态下,石油产业的结构优化是指通过整合利用所有资源,以达到提高石油资源开发利用效益的目的。从我国的石油消费结构看,交通部门明显占主体,石化部门为次,因此,石油产业的优化应该从改变交通部门和石化部门用油结构做起。在交通领域,通过优化货运结构,实施公转铁,不断提高铁路、水运等高效方式在货物运输中的比重,降低交通运输油品需求;在化工领域,减少化工产品及下游商品出口规模可以有效控制石油增长,进而从源头上节约石油,增强原油供应安全。根据我国石油和化学工业规划院的报告,2017 年我国从国外进口了约 2 500 万 t 乙烯、1 000 万 t PX 等化工产品,折合需石油接近 8 000 万 t;然而出口的塑料制品、橡胶轮胎、纺织物等石化下游产品造成的石油间接出口量超过 1.3 亿 t,核算下来石油"账户"仍有 5 000 万 t 左右的"赤字"。

相反,我国可以采取进口石化产品替代进口石油,既可减少大规模化工生产投资的搁浅成本,避免化工产业过度集中造成的环境污染,又可扩大国际贸易,推动多边共赢的局面。未来,应着力优化中国进出口贸易模式和商品结构,减少高载能、低附加值产品出口,从而减少出口商品携带的"隐含能源"及"隐含石油"。

4.3　石油系统恢复能力分析

对系统恢复阶段恢复性的分析除了恢复路径外,还应当包含对具体恢复能力的测算,因为具体的数值是模型得以模拟的前提,因此该部分分别对国家原油战略储备能力、企业紧急生产能力、减少成品油出口能力以及需求压缩能力进行核算。

4.3.1　国家原油战略储备能力

国家原油战略储备是保障国家能源安全的重要冗余性资源。实际上,由于我国并未公开准确的原油战略储备数据,因此,根据国务院批准的《国家石油储备中长期规划(2008—2020 年)》(以下简称《规划》):第一期为 1 200 万 t,建成时间为 2008 年;第二期 2 800 万 t,建成时间为 2015 年末;第三期为 2 800 万 t,建成时间为 2020 年底。目前,本书以《规划》为依据,梳理了可以查明的原油战略储备库的名称、容量以及承办单位,详见表 4-1。根据目前可查的储备能力来看,目前我国的原油战略储备有 4 960 万 t,落后于规划库容。

表 4-1　我国原油战略储备基地及储备能力

序号	基地名称	库容 /万 m³	储备能力 /万 t	规划期 (承办单位)
1	宁波镇海石油储备基地	520	446	一期(中石化)
2	浙江舟山＋舟山扩建石油储备基地	750	644	一期(中石化)
3	青岛黄岛石油储备基地(地下)	320	290	一期(中石化)
4	辽宁大连石油储备基地	300	257	一期(中石油)
5	天津石油储备基地	1 000	858	二期(中石化)
6	鄯善石油储备基地	800	686	二期(中石油)
7	独山子石油储备基地	540	463	二期(中石油)

表 4-1（续）

序号	基地名称	库容 /万 m³	储备能力 /万 t	规划期 （承办单位）
8	惠州石油储备基地	500	429	二期（中海油）
9	兰州石油储备基地	300	257	二期（中石油）
10	锦州石油储备基地（地下）	300	257	二期（中石油）
11	江苏金坛石油储备基地	300	257	二期（中石油）
12	湛江石油储备基地	135	116	二期（中石油）
	合计	5 765	4 960	

4.3.2　企业紧急生产能力

如 4.1.1 章节所述，企业紧急增产是我国在面临"油荒"问题时采取的主要措施之一。根据 2015 年《国家发展改革委关于加强原油加工企业商业原油库存运行管理的指导意见》（下简称《指导意见》），合理设置了最低库存标准，要求所有以原油为原料生产各类石油产品的原油加工企业，均应储存不低于 15 d 设计日均加工量的原油[177]。2020 年，我国原油加工量为 6.74 亿 t，根据《指导意见》，各类石油产品的原油加工企业应储备原油 2 769 万 t。

4.3.3　减少成品油出口能力

根据国家统计局公布的数据，本研究绘制了 2011—2020 年我国成品油进口、出口以及净进口情况，如图 4-1 所示。我国成品油进口数量与原油进口趋势不同，整体表现为下降趋势。2011—2020 年我国成品油进口数量由 4 060 万 t

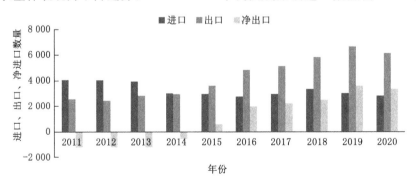

图 4-1　2011—2020 年我国成品油进口、出口、净进口数量

下降至 2 835 万 t,下降了 1 225 万 t。这主要是因为我国的炼油能力不断提高,最终导致产能过剩。成品油出口方面,2011—2020 年我国成品油出口数量呈现不断上升的态势,2019 年我国成品油出口量是 6 685 万 t,同比增长 14.1%,2020 年成品油进口量略有下降。我国成品油产能过剩问题日益严峻,出口已经是必然选择。因此,当我国出现石油供需缺口时,减少成品油出口是重要的补足措施之一。

4.3.4　需求压缩能力

根据前文分析,需求压缩能力对于研判石油供应中断风险具有重要的现实意义。本书将需求压缩能力定义为在保证国民经济运行和满足人民基本生活需求的前提下,可以减少的或者不必要的石油消费需求量。为了便于研究,我们从需求压缩能力方面,即需求底线的角度对需求压缩能力进行核算。这里,需求底线定义为在发生进口短缺等石油供应中断事件时,用来保障国计民生,具有刚需性且不可替代的消费量。这里的不可替代性主要是由于在经济和技术上同时不可行。具体核算步骤如下:

由于我国的能源平衡表中有些部门的能源消费量失真。例如,"交通运输、仓储及邮电通信业"只统计交通部门营运车辆用油,不统计其他部门和私人车辆用油等。因此,本书同时参考齐晔等主编的《2010 中国低碳发展报告》和韩文科编著的《中国 2020 年温室气体控制目标的实现路径与对策》中的数据拆分方法,以及世界银行的经验公式,对我国能源平衡表终端消费量的数据进行拆分,以拆分后的数据进行核算,具体拆分详见下文。

汽油消费方面,首先根据国家统计局分行业汽油消费数据,2019 年,汽油消费总量为 13 627.97 万 t;其次根据汽油消费结构,交通运输、仓储和邮政业汽油消费总量为 6 244.92 万 t。此外,根据数据拆分标准,工业部门消费 95% 的汽油,农业消费 100% 的汽油,居民生活消费 100% 的汽油,批发、零售和住宿餐饮业消费 95% 的汽油,计入交通运输。重新核算后的交通部门汽油消费量为 10 857.72 万 t,占汽油消费的 79.6%。当我国石油供应遭遇中断时,理论上应考虑削减私人汽车出行,保留公共交通和公务用车。据统计,全国汽车保有量达 2.6 亿辆,其中,私家车保有量达 2.07 亿辆,占比 79.6%。因此,理论上汽油的需求底线是汽油消费的 63.3%(约 8 626 万 t)。

在煤油消费方面。根据国家统计局分行业煤油消费数据,2019 年煤油消费总量为 3 950.23 万 t。当国家石油供给中断后,理论上考虑保留农林牧渔业的农业机械和短途运输所用的煤油消费、航空货运煤油消费和航空军用煤油消费。其中,国家统计局公布 2019 年农林牧渔业煤油消费 10.95 万 t。根据前瞻产业研究院《中国航空煤油行业市场需求前景与投资规划分析报告》可知,航空军用消费航空煤油 97 万 t。航空货运消费航空煤油方面,航空煤油总量消费以交通运输、仓储和邮政业煤油消费总量 3 689.21 万 t 为标准,再根据 2019 年航空客运和货运里程比(0.35∶0.65),计算得到航空货运消费航空煤油消费量为2 398 万 t。合计煤油的消费需求底线为 2 505.95 万 t。

在柴油消费方面,根据国家统计局分行业柴油消费数据,2019 年,柴油消费总量为 14 917.95 万 t。此外,根据数据拆分标准:工业部门消费 35% 的柴油,居民生活消费 95% 的柴油,批发、零售和住宿餐饮业消费 35% 的柴油,计入交通运输。2019 年,交通部门柴油消费量为 10 957.32 万 t,农林牧渔业柴油消费量为 1 475.05 万 t。当国家石油供给中断后,理论上考虑保留农林牧渔业的农业机械和短途运输所用的柴油消费和货运交通的柴油消费。合计柴油的消费需求底线为 12 432.37 万 t。

在燃料油消费方面,根据国家统计局分行业燃料油消费数据,2019 年,燃料油消费总量为 4 690.34 万 t。当国家石油供给中断后,理论上考虑保留农林牧渔业的农业机械和短途运输所用的燃料油消费和货运交通的燃料油消费,分别为 1.19 万 t 和 2 025.31 万 t,合计燃料油的消费需求底线为 2 026.5 万 t。

综上所述,在面临石油供应短缺的突发事件时,通过剔除非必需的成品油消费,保留以农林牧渔业、非私家车、货运公路交通、航空军用、航空货运为主的交通运输和仓储领域等油品消费,核算得到 2019 年我国成品油消费的需求底线约为 2.56 亿 t,约占总消费量的 69%,具体核算数据及过程见表 4-2。

表 4-2 2019 年我国成品油消费需求底线核算

成品油类型	消费领域	消费量/万 t
汽油消费	总量	13 627.97
	非私人汽车用油	8 626.51
煤油消费	总量 3 690.23	—
	农林牧渔业	10.95
	航空军用	97.00
	航空货运	2 398.00
柴油消费	总量	14 917.95
	农林牧渔业	1 475.05
	货运交通	10 957.32

表 4-2（续）

成品油类型	消费领域	消费量/万 t
燃料油消费	总量	4 690.34
	农林牧渔业	1.19
	货运交通	2 025.31
需求底线合计		25 591.33

4.4　本章小结

　　本章对系统恢复阶段具体的恢复路径和恢复能力进行了分析和测算,为第 6 和 5 章系统模型的构建和模拟提供了前提条件。具体的,在系统恢复路径方面,首先,由于恢复机制的不同,本书分别从短期和长期的视角分析了可能的恢复路径,再将所有的恢复路径分为供给端和需求端两类分别进行分析,包括恢复路径的形成、具体操作方式以及历史上的相关案例。在系统恢复能力测算方面,分别对石油战略储备能力、企业紧急增产能力、减少出口石油能力进行数据搜集和汇总,并且通过保留必要的石油消费需求的方式对需求压缩能力进行详细的测算,尽管该种测算方式不具有唯一性,但在紧急情况下,仍具有一定的科学性和参考意义。

第 5 章

短期视角下我国石油系统韧性

在前两章中,我们分别分析了我国石油系统在面对进口短缺这种冲击时系统性能下降阶段所表现的脆弱性和恢复阶段可能的路径及恢复能力,主要关注的是分阶段的系统性能。本章关注的是系统在受到进口短缺影响后,系统性能变化的全过程。首先,根据国家、各省市石油供应中断应急预案选取了短缺事件等级和部分应急响应措施;然后通过第 4 章核算的恢复能力,分别模拟了四种短缺程度下的系统韧性曲线,并根据该曲线对韧性实现测度;最后,借鉴经济学概念引入"韧性弹性"概念,识别对系统韧性影响最关键的因素,以期为提升石油系统韧性提供政策建议。

5.1 短期石油系统韧性系统动力学模型构建

系统动力学作为一种系统仿真方法,能够轻松处理非线性、多反馈的量化分析问题[178-179]。因此,本章依据对石油系统结构及其潜在风险的分析,结合各方面的历史数据,对我国石油系统进行建模分析,以实现石油系统韧性的测度。

5.1.1 系统边界确定

在系统建模前,需要考虑哪些因素应该纳入模型中。现实与模型的接近固然重要,但如果为了使现实与模型过度匹配而纳入了非常多的影响因素,那么该模型会变得过于庞大而忽视了要研究的问题。因此,在构建系统动力学模型之前,首先要明确划分系统边界。根据本书的研究目标,在供给系统中包含供给、储备供给和企业紧急增产模块,在需求系统中包含需求压缩模块。

5.1.2 子系统

根据 5.1.1 章节的系统边界,本书进一步将我国石油系统模型分为以下四个子模块:供给子模块、储备供给子模块、企业紧急生产子模块和需求压缩子模块,通过分析各子模块的边界和主要变量,绘制其因果关系图如图 5-1 所示。

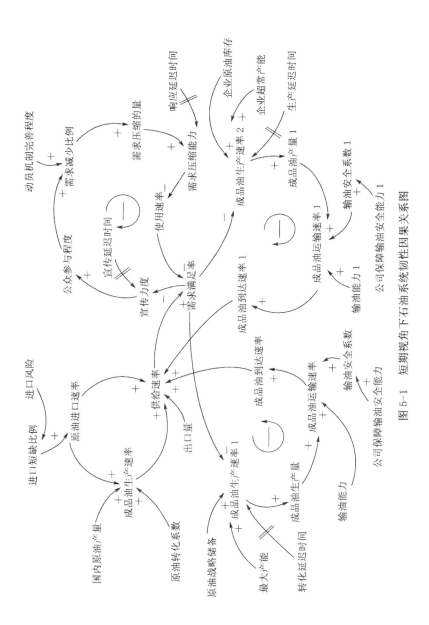

图 5-1　短期视角下石油系统韧性因果关系图

（1）供给子模块。根据本书的主要研究内容,在供给子模块中,主要考虑进口风险、进口的原油和成品油、生产的原油以及原油与成品油之间的转化等关键因素对成品油供给速率的影响。其中包括一条主要的因果关系路径:进口短缺比例→原油进口速率→成品油生产速率→供给速率→需求满足率。

（2）储备供给子模块。一般来讲,石油的储备包括战略储备和商业储备两种形式[180],在该模块中,储备产生的供给仅指战略储备。由于突发事件时,原油无法被直接使用,所以储备供给子系统主要研究将原油转化为成品油并将其运输到目的地的过程。其中包括一条主要的负反馈回路:成品油生产速率1→成品油生产量→成品油运输速率→成品油到达速率→供给速率→需求满足率→成品油生产速率2。

（3）企业紧急增产子模块。应急成品油紧急短缺时,政府相关部门还可以采取动员机制等措施,释放企业生产潜力,使生产企业增加产能。其中包括一条主要的负反馈回路:成品油生产速率2→成品油产量1→成品油运输速率1→成品油到达速率1→供给速率→需求满足率→成品油生产速率2。

（4）需求压缩子模块。为了提高可用成品油量,保障供给,在必要时需要采取相关动员措施,积极引导公众或者企事业单位将成品油用量予以缩减,以增加成品油的供给量。可能的措施有:使用其他能源例如电能、氢能、生物质能等来替代,或者自愿减少使用,例如可通过使用公共汽车、公共自行车等途径减少石油的消耗。这一子模块中消费速率的减小主要受宣传力度、公众的自愿参与程度、动员机制完善程度、需求减少比例的影响。压缩需求而减小消费速率包括一条反馈回路:宣传力度→公众参与程度→需求减少比例→需求压缩的量→需求压缩能力→使用速率→需求满足率→宣传力度。

5.1.3 系统存量流量图及方程设定

我国石油系统韧性模型设定的关键在于建立和确定模型中每个变量之间的数量关系。根据图 5-1 的因果关系图,本书运用计量分析、统计分析等方法确定各指标之间的相互关系,并利用 Vensim 软件绘制出短期视角下石油系统韧性存量流量图,如图 5-2 所示。

5.1.3.1 供给子模块

成品油 1(RO1)由生产速率(PR)决定。生产速率(PR)由中国生产原油(DPCO)、原油成品油转化系数(CCCO)和进口速率(IR)共同决定,其函数方程如下:

$$RO1.K = RO1.J + PR.JK * DT \tag{5-1}$$

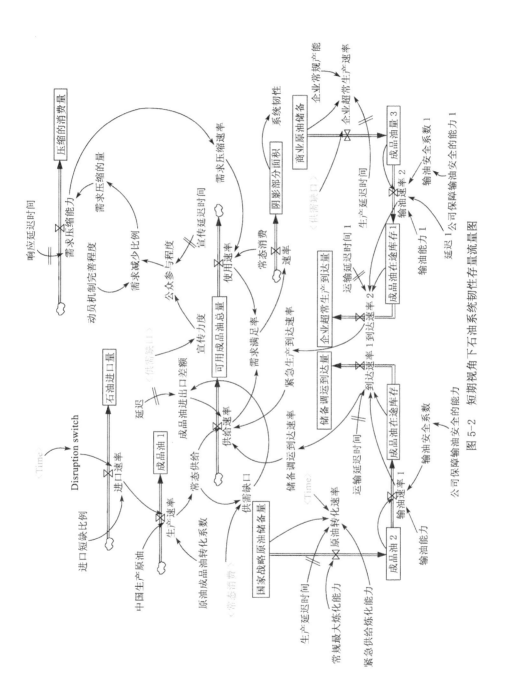

图 5-2 短期视角下石油系统韧性存量流量图

$$PR = (IR + DPCO)/CCCO \tag{5-2}$$

其中：$RO1.K$ 表示成品油 1 在时刻 K 的值；$RO1.J$ 表示成品油 1 在时刻 J 的值；$PR.JK$ 表示 PR 在 JK 时间区间内的值；本书设置 $DT=1$。

石油进口量（IO）由进口速率（IR）决定。进口速率（IR）由进口短缺比例（ISR）和 Disruption switch（DS）共同决定，其函数方程如下：

$$IO.K = IO.J + IR.JK * DT \tag{5-3}$$

$$IR = \text{IF THEN ELSE}(Disruption\ switch = 1, 139 * (1 - ISR), 139) \tag{5-4}$$

$$DS = \text{IF THEN ELSE}(Time \geq 31 : \text{AND} : Time \leq 120, 1, 0) \tag{5-5}$$

其中：式（5-5）中 $Time$ 表示的数字表示进口短缺的起止时间，即短缺时间的长度，可根据不同情景的设定更改。

5.1.3.2 储备供给子模块

国家原油战略储备量（COR）受原油转化速率（COCR）影响。原油转化速率（COCR）由原油战略储备量（COR）、生产延迟时间（PDT）、常规最大炼化能力（CMRC）、紧急供给炼化能力（ESRC）、需求满足率（DSR）共同决定，其函数方程如下：

$$COR.K = COR.J - COCR.JK * DT \tag{5-6}$$

$$COCR = \text{DELAY FIXED}(\text{IF THEN ELSE}(Time \geq 31 : \text{AND} : COR > 0,$$
$$CMRC * ESRC, 0), PDT, 0) \tag{5-7}$$

其中：式（5-7）中 $Time \geq 31$ 实际上就等同于需求满足率小于 1。

成品油 2（RO2）由输油速率 1（TR1）和原油转化速率（COCR）决定。输油速率 1（TR1）由成品油 2（RO2）、输油能力（TOC）、输油安全系数（SFTO）、公司保障输油安全的能力（CASTO）共同决定，其函数方程如下：

$$RO2.K = RO2.J + (TR1.JK - COCR.JK) * DT \tag{5-8}$$

$$TR1 = \text{IF THEN ELSE}(RO2 > 0, TOC * SFTO, 0) \tag{5-9}$$

$$SFTO = 0.1 * CASTO \tag{5-10}$$

成品油在途库存（SROT）由输油速率 1（TR1）和到达速率 1（AR1）决定，储备调用到达量（ART）由到达速率 1（AR1）决定。到达速率 1（AR1）由运输延迟时间（TDT）、成品油在途库存（SROT）、输油速率 1（TR1）共同决定，其函数方程如下：

$$ROT.K = SROT.J + (AR1.JK - TR1.JK) * DT \tag{5-11}$$

$$AR1 = \text{DELAY1}(\text{IF THEN ELSE}(SROT > 0, TR1, 0)TDT) \tag{5-12}$$

$$ART.K = ART.J + AR1.JK * DT$$

5.1.3.3　企业超常生产子模块

商业原油储备(CCOR)受企业超常生产速率(EAPR)影响。企业超常生产速率(EAPR)由企业常规产能(ECC)、生产延迟时间(PDT)、供需缺口(GSD)共同决定,其函数方程如下:

$$CCOR.K = CCOR.J - EAPR.JK * DT \tag{5-13}$$

$$EAPR = DELAY\ FIXED(IF\ THEN\ ELSE$$

$$(GSD > 0; AND; CCOR > 0, ECC * 0.35, 0), PDT, 0) \tag{5-14}$$

其中:式(5-14)中的数字 0.35 根据不同情景设定,进口短缺比例越大,该数字越大,反之成立。

成品油量 3(RO3)受企业超常生产速率(EAPR)和输油速率 2(TR2)影响。输油速率 2(TR2)由成品油 3(RO3)、输油能力 1(TOC1)、输油安全系数 1(SFTO1)、公司保障输油安全的能力 1(CASTO1)共同决定,其函数方程如下:

$$RO3.K = RO3.J + (TR2.JK - EAPR.JK) * DT \tag{5-15}$$

$$TR2 = IF\ THEN\ ELSE(RO3 > 0, TOC1 * SFTO, 0) \tag{5-16}$$

$$SFTO1 = 0.1 * CASTO1 \tag{5-17}$$

成品油在途库存 1(SCOT1)受输油速率 2(TR2)和到达速率 2(AR2)影响,企业超常生产到达量(EAPAQ)受到达速率 2(AR2)影响。到达速率 2(AR2)由运输延迟时间 1(TDT1)、成品油在途库存 1(SCOT1)、输油速率 2(TR2)共同决定,其函数方程如下:

$$SCOT1.K = SCOT1.J + (AR2.JK - TR2.JK) * DT \tag{5-18}$$

$$AR2 = DELAY(IF\ THEN\ ELSE(SCOT1 > 0, TR2, 0)TDT1) \tag{5-19}$$

$$EAPAQ.K = EAPAQ.J + AR2.JK * DT \tag{5-20}$$

5.1.3.4　需求压缩子模块

压缩的消费量(CC)是需求的压缩能力(DCC)的积分函数。压缩消费延迟时间是响应延迟时间(RDT);需求的压缩能力(DCC)是需求压缩的量(DC)的一阶延迟函数;需求减少比例由公众自愿参与程度(DPP)、动员机制完善程度(MMP)决定,本书假设居民自愿放弃使用石油资源的最大比例(M1)为 0.3,公众自愿参与程度(DPP)受宣传力度(DP)的影响,延迟时间为宣传延迟时间(PDT),宣传力度(DP)受供需缺口(GSD)的影响,以上函数方程如下:

$$CC.K = CC.J = DCC.JK * DT \tag{5-21}$$

$$DCC = DELAY1(DC, RDT) \tag{5-22}$$

$$DCC = C * M1 \tag{5-23}$$

$$M1 = MIN(DPP * MMP, 0.3) \tag{5-24}$$

$$DPP = \text{DELAY FIXED}(DP * 0.8, PDT, 0) \tag{5-25}$$

$$DP = \text{IF THEN ELSE}(GSD > 0, 0.4, 0) \tag{5-26}$$

其中:公众自愿参与程度(DPP)的取值范围为$(0,1]$,动员机制完善程度(MMP)的取值范围为$[1,10]$,参数C是指居民正常消费量。

5.1.3.5　系统韧性的测度模块

系统韧性(SR)由阴影部分面积(SA)决定,阴影部分面积是指"韧性演进曲线"与时间轴围成的面积;阴影部分面积(SA)由速率(R)决定,速率(R)由需求满足率(DSR)决定,其函数方程如下:

$$SR = SA/T \tag{5-27}$$

$$SA.K = SA.J + SA.JK + R * DT \tag{5-28}$$

$$R = \text{IF THEN ELSE}(DSR = 1, 0, DSR) \tag{5-29}$$

5.1.4　模型参数设置及数据来源

本研究的基础参数设定主要根据 2019 年我国原油、成品油供需情况而设定。短期视角下中国石油系统韧性模型参数设置如表 5-1 所示。此外,模型的初始时间、结束时间、步长设置如下:Initial time=1,Final time=365,Time step=1 Day,Unit of time:Day。其中,对于短期视角下的石油系统模型的时限,本研究基于以下案例考虑:一是 2005 年 7 月—8 月,我国广东省连续遭受"海棠""麦莎""珊瑚"三场台风的袭击,严重影响了油品的运输和靠岸,导致供应短缺。二是 2007 年 7 月—12 月,由国内成品油价格机制引起的国际国内成品油价格倒挂(国际成品油价格高于国内成品油价格)和国内成品油零售批发价格倒挂(国内成品油批发价高于零售价),导致全国多个省市出现成品油供应短缺。三是 2010 年 10 月—2011 年 3 月,地方政府为了完成节能减排目标,不得不拉闸限电,使得企业不得不用柴油发电,加上随之而来的季节性需求旺盛,导致油荒事件的发生。以上事件都是典型的短期供应短缺事件,一般是由自然灾害、季节需求旺盛、国内价格机制等造成,持续时长在 1～12 个月,因此,本研究根据案例设定模型步长为 365 d。

表 5-1　短期视角下中国石油系统韧性模型参数设置

属性	变量名称	数值	单位
状态变量	原油战略储备量	8 500	万 t
	企业常规产能	104.5	万 t
初始变量	可用成品油	0	万 t

表 5-1（续）

属性	变量名称	数值	单位
常量	中国生产原油	52	万 t/d
	原油进口	50 567	万 t
	原油出口	0.22	万 t/d
	原油成品油转化系数	1.6	无量纲
	成品油进出口差额	9.9	万 t/d
	成品油消费	90	万 t/d
	转化延迟时间	2	d
	常规炼化能力	235	万 t/d
	最大输油能力	112	万 t/d
	公司保障输油安全的能力	9	无量纲
	运输延迟时间	2	d
	企业常规产能	38 139/365＝104	万 t/d
	生产延迟时间	5	d
	运输延迟时间 1	2	d
	宣传延迟时间	10	d
	动员机制完善程度	0.8	无量纲
	响应延迟时间	15	d

表 5-1 中的数据主要来自《中国统计年鉴》《中国能源统计年鉴》《中国石油天然气集团有限公司年鉴》、国际贸易中心（ITC）、中国石油新闻中心（http://news.cnpc.com.cn/）、相关参考文献[181-184]及由此进行的推断。对于已获取的年度数据，本研究通过算术平均值和加权平均值等方法求取较具代表性的以 d、万 t/d 为单位的参数值，对于一些统计资料缺失的数据，本研究通过 SPSS 软件中中位数填补、回归填补以及专家估计法等方法推导生成。

5.1.5　模型测试

对模型进行测试是为了判断模型是否存在结构缺失、数据输入失误、不遵循现实规律等方面的错误。常见的测试类型有极端性测试、有效性测试、现实性测试、敏感性测试等，本研究选取极端性和敏感性两种测试方法同时对模型进行测试。

5.1.5.1 极端性测试

极端性测试是为了判断模型在极端参数情景下是否符合现实情况,是进行下一步仿真模拟的基础性工作。模拟结果如下:

从图 5-3 可以看出,当不发生进口短缺时,观察模型中储备调用到达量、企业超常生产到达量、到达速率 1(储备)、达到速率 2(企业紧急生产)、需求压缩能力以及需求满足率变化。当 Disruption switch 始终为 0 时,储备调用到达量、企业超常生产到达量、到达速率 1(储备)、达到速率 2(企业紧急生产)、需求压缩能力持续为 0,需求满足率持续为 1,这是符合现实情况的。本文同时对其他变量做了极端性检验,均通过检验,限于篇幅长度,不做逐一论述。

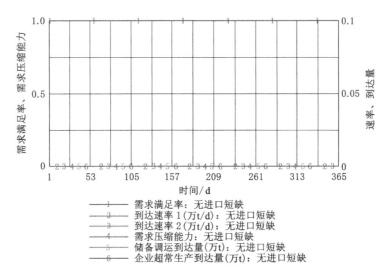

图 5-3　短期视角下石油系统模型极端性测试结果

5.1.5.2 敏感性测试

敏感性测试用以甄别当某一个变量在划定范围内变化时,其模型运行结果的变化情况。在一般情形中,即使该变量的改变会引起模型运行结果的变化,但不会影响结果的趋势或者走向,如果出现模拟结果大幅改变或者趋势变化较大的情况,则要检查该变量的设置是否正确。由于空间限制,以下仅汇报储备调用到达量对公司保障输油安全能力变化的敏感程度,测试结果如图 5-4 所示。设置"公司保障输油安全的能力"在[6,10]的范围内取值。如图 5-4 所示,由于公司保障输油安全能力的变化,储备调用到达量随时间的变化趋势一致。此外,针对其他变量同样进行了敏感性测试,没有出现过度敏感或不敏感的情况。

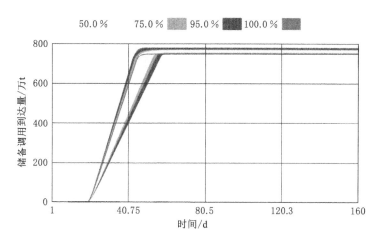

图 5-4   储备调用到达量敏感性测试结果

5.2   短期石油系统韧性情景模拟

5.2.1   短期石油系统韧性情景设置

通过上述构建的模型,结合国家、各省市石油供应中断应急预案中设定的供应中断比例和相应的恢复措施,共设定五类、16 种情景,汇总在表 5-2 中。

表 5-2   短期石油系统韧性模型情景设置汇总

一级分类	二级分类	三级分类	情景编号
一般石油供应中断事件（Ⅳ级）	无措施		①
	仅压缩需求	—	②
	仅企业紧急增产	—	③
	仅减少出口	—	④
	仅调用储备	—	⑤
	多举措并行	—	⑥
较大石油供应中断事件（Ⅲ级）	无措施		⑦
	多举措并行	—	⑧
重大石油供应中断事件（Ⅱ级）	无措施		⑨
	多举措并行	—	⑩

表 5-2（续）

一级分类	二级分类	三级分类	情景编号
特别重大石油供应中断事件（Ⅰ级）	无措施	—	⑪
	多举措并行	—	⑫
特别重大石油供应中断事件（Ⅰ级）	多举措并行	基准	⑬
		提升原油战略储备量	⑬
		降低原油转化系数	⑭
		提升需求压缩能力	⑮
		提升公司保障输油安全的能力	⑯

5.2.2 短期石油系统韧性测度

5.2.2.1 一般石油供应中断事件（Ⅳ级）

一般石油供应中断事件（Ⅳ级）：石油日均进口量比基期日均进口量减少20%以下，并持续 8 个月以上。

在该类情境下，根据石油供应中断应急预案中的规定，设定进口短缺比例为15%，持续时长为 9 个月，进口短缺自第 31 d 起至第 300 d 结束。

1. 情景①：无措施

该情景模拟了国家、各省市关于石油供应中断应急预案中的一般石油供应中断事件（Ⅳ级），但没有采取任何恢复措施来补充缺口。模拟结果呈现在图 5-5 中。由图 5-5 可以看出，系统的需求满足率自第 31 d 起断崖式下降，持续至第 300 d，直至进口短缺消失，需求满足率才重回到100%。同时，需求压缩速率、储备调用到达速率和紧急生产到达速率均为 0。该情景下，需求满足率的最低值为 0.88，计算得到的系统韧性值也是 0.88。

2. 情景②：仅压缩需求

该情景模拟了国家、各省市关于石油供应中断应急预案中的Ⅳ级响应措施：进行适当的节约石油的宣传教育、消费引导、舆论引导。模拟结果呈现在图 5-6 中。由图 5-6 可以看出，与无任何响应措施相比，该情景下的需求满足率得到了一定的恢复，通过查看 Vensim 软件内时间序列数据可以发现，经过 8 d 的宣传延迟之后，需求满足率逐渐恢复，说明通过宣传教育、消费引导的需求压缩在逐渐增加，直至稳定在每天压缩消费 3.27 万 t（占日常消费量的 3%），之后，系统的韧性曲线呈现水平状态，但系统性能没有恢复到 1。可见，在该设定情景下，仅通过压缩需求远不能应对Ⅳ级石油供应中断，但该措施使得系统韧性由无措施情景下的 0.88 变为 0.91,提升了 0.03。

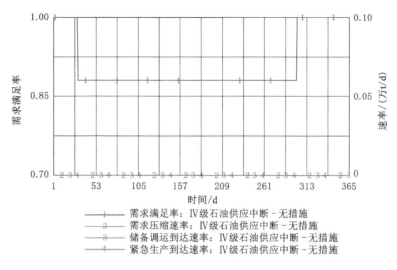

图 5-5   Ⅳ级石油供应中断-无措施情景模拟

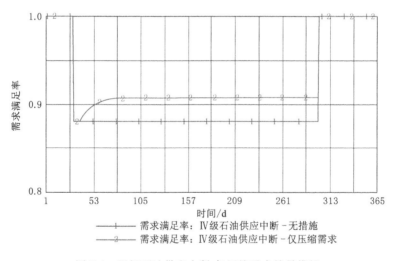

图 5-6   Ⅳ级石油供应中断-仅压缩需求情景模拟

3. 情景③:仅企业紧急增产

该情景模拟了国家、各省市关于石油供应中断应急预案中的Ⅳ级响应措施:增加企业紧急生产。模拟结果呈现在图 5-7 中。由图 5-7 可以看出,情景③与情景②类似,需求满足率在得到了企业紧急增产的补充后被部分恢复了,且恢复的结果优于情景①。查看 Vensim 中模型运行的时间序列数据可知,经过 12 d 的生产和运输延迟之后,需求满足率逐渐恢复,到第 22 d,系统需求满足率恢复至 1,说明企业紧急生产的措施及时补充了缺口。实际上,通过回顾历史上我国突发性石油短缺案例可以发现,在 2005 年、2007 年、2008 年和 2010 年的"油荒"事件中,中石油和中石化均采取了紧急增产的措施以平抑"油荒"。但在该情景中,由于企业的商业库存储备有限,在中断发生的第 118 d,需求满足率再次下降,这是因为商业库存已经消耗完毕,无法继续发挥恢复供给的功能。由此可见,在该设定情景下,仅通过企业紧急增产也不能应对Ⅳ级石油供应中断,但相比情景②,企业紧急增产比压缩需求更适合应对中断时间较短的石油突发事故。综上分析,通过计算,该措施使得系统韧性由无措施情景下的 0.88 变为 0.92,提升了 0.04。

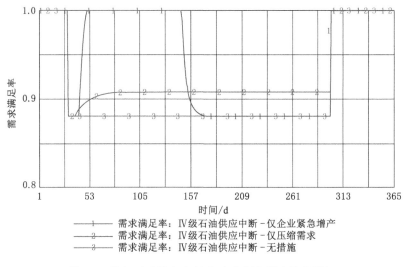

图 5-7 Ⅳ级石油供应中断-仅企业紧急增产情景模拟

4. 情景④:仅减少出口

该情景模拟了国家、各省市关于石油供应中断应急预案中的Ⅳ级响应措施:减少石油出口。由于该部分设定进口中断比例是Ⅳ级石油中断等级,因此,设定减少部分石油出口,减少原石油出口规模的 33%,模拟结果如图 5-8 所示。由图 5-8 可以看出,情景④与情景②、③相类似,与无任何响应措施相比,该情景下的需求满足率也得到了一定的恢复。通过查看 Vensim 软件内时间序列数据可以发现,经过 5 d 的延迟之后,需求满足率快速恢复,说明减少出口的措施及时补充了部分缺口,但由于情景设定最大的出口量有限,减少出口的数量不足以补充每天的进口短缺数额,因此之后的系统韧性曲线呈现水平状态,从图中可以看出曲线 1 的最终状态高于曲线 2,说明减少进口对系统的恢复能力在后期是高于压缩需求的。综上分析,在该设定情景下,仅通过减少部分出口也不能应对IV级石油供应中断,但该措施使得系统韧性由无措施情景下的 0.88 变为 0.91,提升了 0.03。

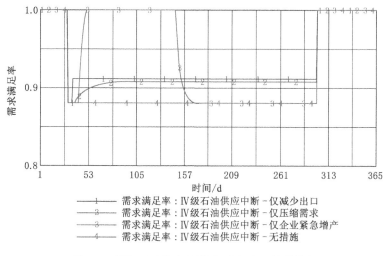

图 5-8　IV级石油供应中断-仅减少出口情景模拟

5. 情景⑤:仅调用储备

该情景模拟了国家、各省市关于石油供应中断应急预案中的IV级响应措施:视情况调用石油储备。本部分模拟的是仅调用储备的措施,模拟结果呈现在图 5-9 中。由图 5-9 可以看出,与无任何响应措施相比,该情景下的需求满足率得到了完全的恢复,且对比情景②、③、④,情景⑤仅调用储备是恢复速度和恢复能力最强的措施。通过查看 Vensim 软件内时间序列数据可以发现,经过 26 d 的延迟之后,需求满足率已经完全恢复至初始水平。这表明仅通过生产和调用国家原油战略储备,可以应对IV级石油供应中断情景,但从剩余原油储备量来看,该种情景消耗了大量的原油储备,因此,该情景运行至中断发生后的第 243 d,需求满足率再次下降,说明原油储备已经消耗殆尽,无法继续实现对缺口的补足功能。综上分析,在该设定情景下,仅通过调用储备虽然对石油中断事件有很强的恢复能力,但也无法完全应对该种中断事件,但该措施使得系统韧性由无措施情景下的 0.88 变为 0.98,提升了 0.1,已经使系统性能接近完全恢复,是情景②~⑤中恢复能力最强的情景。

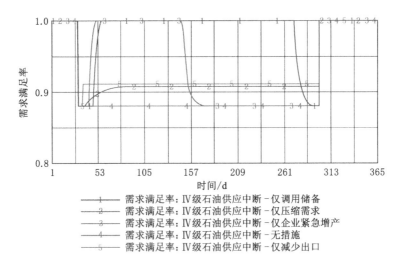

图 5-9　Ⅳ级石油供应中断-仅调用储备情景模拟

6. 情景⑥：多举措并行

该情景模拟了国家、各省市关于石油供应中断应急预案中的Ⅳ级响应措施中多种措施的组合。由于该预案明确指出调用储备要视情况而定，根据情景⑤发现，调用储备措施的恢复能力很强，仅靠该措施就几乎可以完全恢复系统满足率，因此，情景⑥先模拟除调用储备外的其他措施组合：压缩需求、减少出口和企业紧急增产。模拟结果如图 5-10 所示。由图 5-10 可以看出，在该情景下，

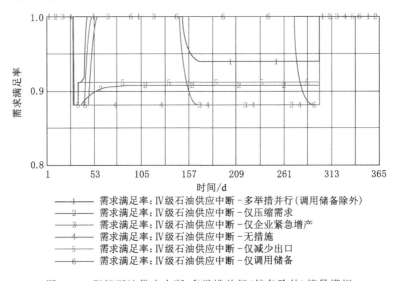

图 5-10　Ⅳ级石油供应中断-多举措并行(储备除外)情景模拟

系统需求满足率实际上没有得到完全恢复,最主要的原因是中断事件持续时间过长。通过查看 Vensim 软件内时间序列数据可以发现,从中断发生后的第 6 d,需求满足率开始恢复,到第 16 d,达到完全恢复状态,直到第 121 d,由于企业的商业储备消耗殆尽,系统满足率再次下降。此外,根据曲线 1 的恢复情况可以出,最先起到恢复需求满足率的措施是减少出口措施,接着是压缩需求措施,而起到关键作用的是企业紧急增产措施。在以上情景设定下,除调用储备外的多举措并行措施使得系统韧性由无措施情景下的 0.88 变为 0.96,提升了0.08,经使系统性能接近完全恢复。

根据多举措并行(调用储备除外)情景的模拟结果,系统性能并不能完全恢复,因此在设定的中断情景下,就需要调用储备,由于储备的生产、调用具有延迟性,根据未调用储备情景下,系统性能第二次下降是在中断发生后的第121 d,为了使储备对系统性能达到最好的恢复状态,推演出储备应在中断发生后的第 114 d 启动生产。在这种情景的设定下,需求满足率是可以完全恢复的(见图 5-11)。

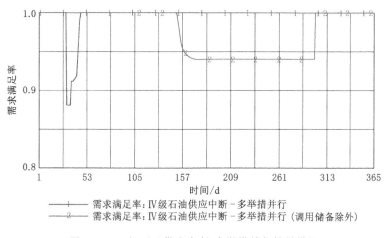

图 5-11　Ⅳ级石油供应中断-多举措并行情景模拟

综上所述,情景①～⑤分别剖析了一般石油供应中断事件(Ⅳ级)下各个措施的单独作用,情景⑥综合分析了组合措施下系统满足率的走势,测算了该情境下的系统韧性值。从结果来看,我国对于一般石油供应中断事件是有足够的能力应对的。

5.2.2.2　较大石油供应中断事件(Ⅲ级)

较大石油供应中断事件(Ⅲ级):石油日均进口量比基期日均进口量减少

20%以上,并持续6个月以上。在该类情境下,根据石油供应中断应急预案,假定进口短缺比例为30%,持续时长为7个月,自第31 d起,至第240 d结束。

1. 情景⑦:无措施

该情景模拟了国家、各省市关于石油供应中断应急预案中的较大石油供应中断事件(Ⅲ级),但没有采取任何恢复措施以补充缺口。模拟结果如图5-12所示。由图5-12可以看出,系统的需求满足率自第31 d起断崖式下降,持续至240 d,直至进口短缺消失,需求满足率才重回到100%。同时,需求压缩速率、储备调用到达速率和紧急生产到达速率均为0。此外,与情景①对比发现,情景⑦中需求满足率更低,为0.76,持续时间有所缩短,经过综合测度,该情境下的系统韧性值为0.76。

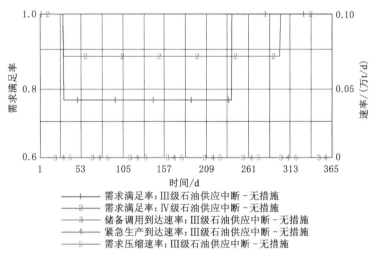

图5-12　Ⅲ级石油供应中断-无措施情景模拟

2. 情景⑧:多举措并行

该情景模拟了国家、各省市关于石油供应中断应急预案中的Ⅲ级响应措施中多种措施的组合。与同样采取多举措并行的情景⑥相比,在该情景下,由于石油供应中断等级的增加,本研究对相关参数进行了调整,在减少成品油出口方面,该情景进一步增加了减少出口的力度,减少原出口规模的52%,此外,同时增加了需求压缩力度、企业紧急炼化能力、管道运输能力。模拟结果如图5-13所示。由图5-13可以看出,在该情景下,系统满足率也是可以完全恢复的。通过查看Vensim软件内时间序列数据可以发现,从石油供应中断开始后的第6 d起,需求满足率开始恢复,到第30 d,达到完全恢复状态。根据调用储备情景下,系统性能第二次下降是在中断发生后的第 118 d,为了使储备对系统性能达到最好的恢复状态,推演出储备应在中断发生后的第 111 d 启动生产。在这种情景设定下,需求满足率是可以完全恢复的(曲线 1)。此外,根据曲线 1 的恢复情况可以看出,最先起到恢复满足率的措施是减少出口措施,接着是压缩需求措施,但起到关键作用的是企业紧急增产和原油储备的生产和调用措施,在以上情景设定中,多举措并行措施使得系统韧性由无措施情景下的0.76 变为 0.86,提升了 0.1。

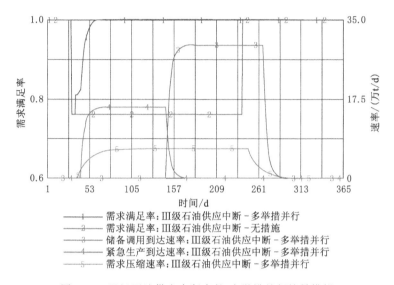

图 5-13　Ⅲ级石油供应中断事件-多举措并行情景模拟

5.2.2.3　重大石油供应中断事件(Ⅱ级)

重大石油供应中断事件(Ⅱ级):石油日均进口量比基期日均进口量减少40% 以上,并持续 3 个月以上,在该类情境下,仅考虑进口短缺引起的供需缺口。根据石油供应中断应急预案,假定进口短缺比例为 50%,持续时长为 4 个月,自第 31 d 起,至第 150 d 结束。

1. 情景⑨:无措施

该情景模拟了国家、各省市关于石油供应中断应急预案中的重大石油供应中断事件(Ⅱ级),但没有采取任何恢复措施以补充缺口。模拟结果如图 5-14 所示。由图 5-14 可以看出,系统的需求满足率自第 31 d 起断崖式下降,持续至第150 d,直至进口短缺消失,需求满足率才重回到 100%。同时,需求压缩速率、储备调用到达速率和紧急生产到达速率均为 0。此外,与情景①和⑦对比发现,情景⑨中需求满足率更低,为 0.6,持续时间有所缩短,经过综合测度,该情境下的系统韧性值为 0.6。

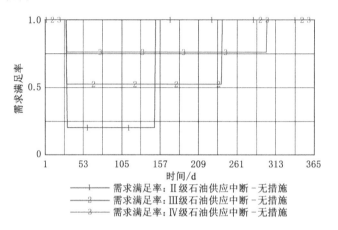

图 5-14　Ⅱ级石油供应中断事件-无措施情景模拟

2. 情景⑩:多举措并行

该情景模拟了国家、各省市关于石油供应中断应急预案中的Ⅱ级响应措施中多种措施的组合。与同样采取多举措并行的情景⑥和⑧相比,在该情景下,由于石油供应中断等级的增加,本研究对相关参数进行调整,在减少成品油出口方面,该情景进一步增加了减少出口的力度,减少原出口规模的 77%。此外,同时增加了需求压缩力度。由于不清楚何时调用储备,因此先模拟了多举措并行(调用储备除外)的情景,模拟结果如图 5-15 所示。由图可以看出,在该情景下,系统性能始终无法得到恢复,且在中断结束前的 3 d,商业储备已消耗殆尽,系统满足率在保持了长时间的水平状态后开始出现下降的趋势(曲线 1)。因此,在该种情景下,应保持从中断开始便筹划调用战略储备,模拟结果如图 5-16 所示。由图 5-16 可以看出,该情境下的需求满足率是可以完全恢复的。通过查看 Vensim 软件内时间序列数据可以发现,从中断开始后的第 6 d 起,需求满足率开始恢复,到第 20 d,达到完全恢复状态。此外,根据曲线 1 的恢复情况可以看出,最先起到恢复满足率的措施仍然是减少出口措施,接着是压缩需求措施、企业紧急增产和原油储备的生产和调用措施,但在该情景下,储备调用对系统性能的恢复起到了关键性作用,对比曲线 3 和 4 发现,调用储备对供给的最大恢复能力是 29.4 万 t/d,而企业紧急增产却一直是 15.6 万 t/d。这说明随着石油供应中断等级的增加,储备的作用越来越重要。更重要的是,该情景与情景⑧最大的不同是为了尽快恢复需求满足率,开始调用储备的时间大为不同,这说明随着石油供应中断等级的升级,储备对系统的恢复作用越来越重要,同样,消耗的原油战略储备也会越多。在该情景下,多举措并行措施使得系统韧性由无措施情景下的 0.6 变为 0.95,提升了 0.35。

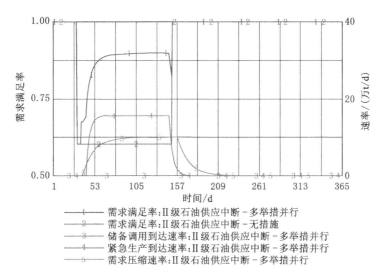

图 5-15　Ⅱ级石油供应中断-多举措并行(调用储备除外)情景模拟

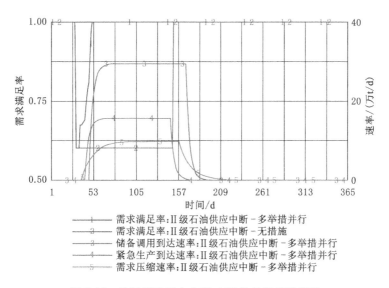

图 5-16　Ⅱ级石油供应中断-多举措并行情景模拟

5.2.2.4 特别重大石油供应中断事件(Ⅰ级)

特别重大石油供应中断事件(Ⅰ级):石油日均进口量比基期日均进口量减少60%以上,并持续2个月以上。在该类情景下,根据石油供应中断应急预案,本研究为了研判极端情景下我国石油供应中断的应急响应能力,假定进口短缺比例为100%,持续时长为3个月,自第31 d起,至第120 d结束。

1. 情景⑪:无措施

该情景模拟了国家、各省市关于石油供应中断应急预案中的特别重大石油供应中断事件(Ⅰ级),但没有采取任何恢复措施以补充缺口。模拟结果如图5-17所示。由图5-17可以看出,系统的需求满足率自第31 d起断崖式下降,持续至第120 d,直至进口短缺消失,需求满足率才重回到100%。同时,需求压缩速率、储备调用到达速率和紧急生产到达速率均为0。此外,与情景①、⑦和⑨对比发现,情景⑪中需求满足率更低,为0.2,持续时间有所缩短,经过综合测度,该情境下的系统韧性值为0.2。

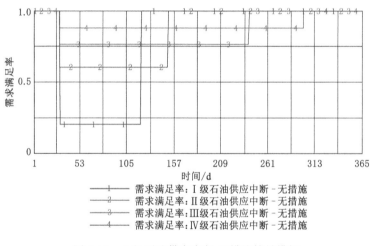

图5-17 Ⅰ级石油供应中断-无措施情景模拟

2. 情景⑫:多举措并行

该情景模拟了国家、各省市关于石油供应中断应急预案中的Ⅰ级响应措施中多种措施的组合。与同样采取多举措并行的情景⑥、⑧、⑩相比,在该情景下,由于石油供应中断等级的增加,已经达到了最高级别的石油短缺等级,本研究对相关参数进行调整,在减少成品油出口方面,该情景设置为完全停止石油出口,此外,同时提高了需求压缩力度和企业紧急炼化能力、企业超常生产速率以及管道输油能力。模拟结果如图 5-18 所示。由图可以看出,在该情景下,系统满足率也是可以完全恢复的。通过查看 Vensim 软件内时间序列数据可以发现,从中断开始后的第 6 d 起,需求满足率开始恢复,到第 22 d,达到完全恢复状态。但从第 66 d 至中断结束,需求满足率再次低于 1,这说明无论是商业储备还是战略储备都已经消耗殆尽,没有办法继续保持对缺口高速的补充功能。在该情景下,多举措并行措施使得系统韧性由无措施情景下的 0.2 变为 0.84,提升了 0.64。此外,由于该情景下的恢复措施不能够完全使系统性能得到恢复,因此,根据预案中 I 级响应措施提到的组织推广替代燃料,应当考虑使用替代性燃料对当前缺口予以补充,防止更长时间的进口短缺对宏观经济造成损害,在该情景下,经过多举措并行之后,仍有 1 744 万 t 的成品油缺口,换算为原油 2 790.4 万 t,根据热值换算,仍需要 5 580.8 万 t 原煤。

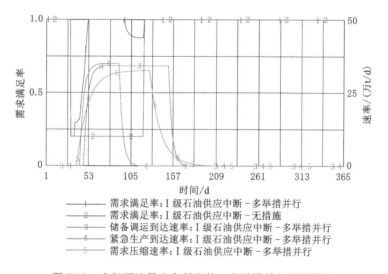

图 5-18　I 级石油供应中断事件—多举措并行情景模拟

　　综上所述,对情景①~⑫等关键情景的模拟,为应急预案的制定和政策建议的提出提供了一定的参考依据。

5.3　短期石油系统韧性弹性

　　借鉴经济学中"需求价格弹性"的概念、计算方式和经济学含义,本书引入了"韧性弹性"的概念,将其定义为:在一定时期内,系统韧性相对变动对其影响因素的相对变动的敏感程度。该定义用来研究影响系统韧性的因素中哪一种

最为重要,具体通过改变影响因素的参数并观察系统韧性的变化来进行判断。韧性弹性 β_x 的计算公式如下:

$$\beta_x = \frac{\Delta R/R}{\Delta x/x} \tag{5-30}$$

式中: R 表示系统韧性的初始值; ΔR 表示系统韧性的变化值; x 表示影响因素; Δx 表示影响因素的变化。如果影响因素变化时引起的韧性变化越大,说明该因素对系统韧性的影响越大。因此,韧性弹性的大小可以作为判断提升系统韧性有效性的参考性指标。

5.3.1 情景⑬:原油战略储备量对系统韧性的影响

为了便于比较分析,情景⑬选择Ⅰ级特别重大石油供应中断事件的进口短缺数据及其对应的应急响应措施,设定进口短缺比例为 100%,持续时间为 7 个月,自第 31 d 起,至第 240 d 结束。

根据官方数据,我国原油战略储备在 2017 年为 3 773 万 t,此外,根据《国家石油储备建设中长期规划 2008—2020》,2020 年实现原油战略储备量 8 500 万 t。本书将原油储备量的取值范围设定为 3 000~9 000,原油成品油转化系数以 1.6 计算,转化为成品油的范围是 1 875~5 625。限于曲线的清晰度(数值差距太小,曲线会接近重合,难以分辨),本书模拟了原油战略储备量(SPR)的初始值为 3 000 万 t、5 000 万 t、7 000 万 t、9 000 万 t 情况下对应的需求满足率,具体模拟结果如图 5-19 所示。

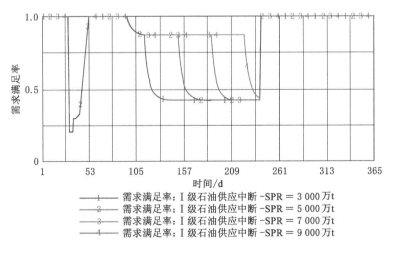

图 5-19　原油战略储备对系统韧性的影响

模拟结果表明,在较长时间的石油供应中断事件中,原油战略储备对系统韧性的影响至关重要,这是因为随着中断事件持续时间的延长,原油战略储备在不断地被消耗,而仅靠压缩需求、减少成品油出口和企业紧急增产无法完全补足出口,尤其当商业储备消耗殆尽后,最主要的恢复措施就是战略储备了。从图 5-19 可以看出,随着原油储备的增加,即使没有增加恢复的速率,但延长了需求满足率第二次开始下降的时间,增强了系统韧性。通过计算,SPR=3 000 万 t、5 000 万 t、7 000 万 t、9 000 万 t 时的系统韧性分别是 0.598、0.677、0.754、0.831,韧性弹性分别是 0.22、0.196、0.194。

5.3.2　情景⑭:原油转化系数对系统韧性的影响

由于情景⑭要研究原油转化系数对系统韧性的影响,其作用机制在于,同样比例的进口短缺,如果原油转化系数更小的话,则实际得到的成品油更多,因此,情景⑭的进口短缺比例不能延续情景⑬。这里,仍然选取Ⅰ级特别重大石油供应中断事件的进口短缺数据及其对应的应急响应措施,进口短缺比例为70%,持续时间为 7 个月,自第 31 d 起,至第 240 d 结束。

中石化数据表明,我国原油和成品油转化率约为60%,即炼化 1 t 成品油消耗 1.6 t 原油,而欧美国家的原油和成品油转化率约为80%,炼化 1 t 成品油消耗 1.2 t 原油。以此为依据,本书设置原油转化系数的取值范围为1.3~1.6,得到的需求满足率的模拟结果如图 5-20 所示,其中原油转化系数为 1.3、1.4、1.5、1.6。

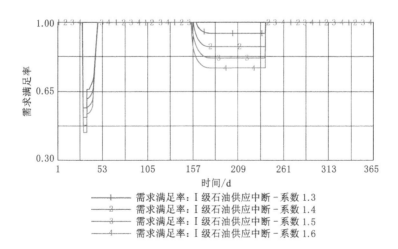

图 5-20　原油转化系数对系统韧性的影响

模拟结果表明,原油转化系数的改变对系统韧性的影响也很显著。原油转化系数越大,需求满足率下降的程度越大,对应的系统韧性也就越小。当原油转化系数分别为 1.6、1.5、1.4、1.3 时,对应的系统韧性值分别为 0.875、0.899、0.926、0.957,这表明原油转化系数与系统韧性之间呈现负相关。通过进一步计算,韧性弹性分别是 0.438、0.466、0.499。

5.3.3 情景⑮:需求压缩能力对系统韧性的影响

情景⑮的参数延续了情景⑭的参数:设定进口短缺比例为 70%,持续时间为 7 个月,自第 31 d 起,至第 240 d 结束。需求压缩能力的作用机理在于可以减少一定的消费量,使得供需尽快达到平衡。而需求压缩的途径一般包括需求响应和能源替代。其中,需求响应是指消费者临时性改变用油方式,比如乘坐或使用公共交通工具、减少不必要的出行等响应行为;能源替代是指消费者更换能源种类,比如购买新的电动汽车等行为。在第 4 章中,本研究核算了 2019 年度石油消费的需求底线为 68%,此外参考 2020 年新冠肺炎疫情期间石油消费的削减量(13%),这里,我们设定需求压缩能力的取值范围为 0.1~0.4。情景⑭得到的需求满足率的模拟结果如图 5-21 所示,其中需求压缩能力分别为 0.1、0.2、0.3、0.4。

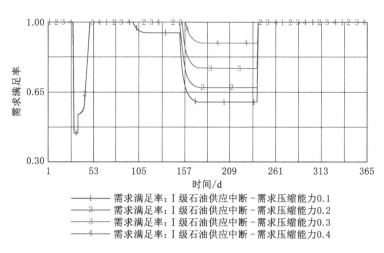

图 5-21 需求压缩能力对系统韧性的影响

模拟结果表明,需求压缩能力对长期石油供应中断更具有影响,从图中可以看出,在前期,需求满足率快速恢复时,曲线 1~4 有一些微小的区别,曲线 4 比曲线 1 的斜率更大,意味着曲线 4 对系统的恢复作用更强,但这种差别小至几乎无法区分,因为接下来系统的主要恢复能力很快被企业紧急增产和储备调用所取代,直到商业和战略储备消耗殆尽,方才再次体现出需求压缩能力对系统恢复的作用。除此之外,值得注意的是:曲线 1 和曲线 2、3、4 有明显的不同:曲线 1 在恢复系统满足率之后呈现出 2 次明显的下降,第一次是因为商业储备消耗殆尽,第二次是因为战略储备消耗殆尽;而曲线 2、3、4 在恢复系统满足率之后只有 1 次明显的下降,是因为战略储备被消耗完毕,这说明,曲线 2、3、4 中的需求满足率大到可以抵消商业储备消耗殆尽带来的负面影响。通过进一步计算,当需求压缩能力分别为 0.1、0.2、0.3、0.4 时,对应的系统韧性值分别为 0.787、0.833、0.876、0.929,对应的韧性弹性分别是 0.058、0.056、0.06。

5.3.4　情景⑯:公司保障输油安全的能力对系统韧性的影响

情景⑯的参数设定进口短缺比例为 70%,持续时间为 3 个月,自第 31 d 起,至第 120 d 结束。输油速率的增强取决于日最大输油能力、输油安全系数的综合作用,但短时间内,提高管道最大输油能力并不可行,但可以通过公司保证输油安全能力来提升输油安全系数。通过提高参数的值,模拟提高输油速率对需求满足率和系统韧性的影响。本书将公司保障输油安全的能力由 4 提高到 10,步长为 2,表示公司保障输油安全的能力逐渐提高直至能够完全保障输油安全,模拟结果如图 5-22 所示。

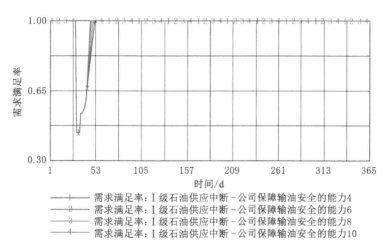

图 5-22　公司保障输油安全的能力对系统韧性的影响

模拟结果表明,在设定的情景下,公司保障输油安全的能力对系统的韧性影响不是很显著,具体表现为图 5-22 中曲线 1～4 几乎重合。为了找到曲线差距较小的原因,本研究尝试了公司保障输油安全的能力为 1、2、3 的情景,与能力为 4、6、8、10 的情景相比,差距是比较明显的。分析认为公司保障输油安全的能力为 4、6、8、10 的情景结果差别较小的原因如下:在提升输油能力的过程中,即使是最低的输油速率也能够满足缺口,所以通过提升公司保障输油安全的能力从而提升管道整体输油能力的措施对系统韧性提升并不明显;相反,如果运输能力太小,一时无法补足缺口,那么任何一点运输能力提升对韧性的贡献都很大。值得注意的是,通过对该情景的模拟发现,在较短的中断期限内,公司保障输油安全的能力对韧性的作用机理在于影响恢复的时间,输油能力的提升能够使得系统快速恢复。

当公司保障输油安全的能力分别为 4、6、8、10 时,对应的系统韧性值分别为 0.687、0.690、0.692、0.694,对应的韧性弹性分别是 0.008 7、0.007 2、0.006 8。

综上,是对情景⑬～⑯的仿真模拟及其韧性和韧性弹性值的计算。为了进一步横向比较各影响因素对系统韧性的影响,汇总了以上研究结果,如 5-3 所示。

表 5-3　情景⑬～⑯系统韧性及韧性弹性汇总

影响因素	系统韧性				韧性弹性		
原油战略储备	0.598	0.677	0.754	0.831	0.22	0.196	0.194
原油转化系数	0.875	0.899	0.926	0.957	0.438	0.466	0.499
需求压缩能力	0.787	0.833	0.876	0.929	0.058	0.056	0.06
公司保障输油安全的能力	0.687	0.690	0.692	0.694	0.008 7	0.007 2	0.006 8

通过对韧性弹性进行比较可以看出,对系统韧性的影响力强弱按照如下顺序排列:原油转化系数＞原油战略储备＞需求压缩能力＞公司保障输油安全的能力。其中,原油转化系数的优化是在供给层面提升了系统韧性,实际上,不仅如此,优化原油转化系数也相当于增加了原油的战略和商业储备,对于系统韧性至关重要,目前我国的成品油率比发达国家低约 20%,因此,未来提升原油转化效率势在必行。原油战略储备和需求压缩分别是在供给端和需求端提升系统韧性,二者都有一定的局限性,原油战略储备量有限,在过长的石油中断事件中,无法持续保持供应;需求压缩也有一定的需求底线,因此,虽然二者对于系统韧性非常重要,但都不具备可持续性。公司保障输油安全能力的提升实际上是增强了管道的输油能力,对系统韧性来说,是通过减少恢复所用的时间来提升韧性的,并不能从消费量或者供给量方面提升韧性。

5.4　本章小结

为了刻画出短期视角下石油系统在面临进口短缺以及恢复时性能的变化，本章在确定系统边界、分析系统因果关系的基础上构建了短期视角下的石油系统韧性系统动力学模型，通过仿真模拟的方法得到了石油系统的韧性曲线，进而实现了对系统韧性的测度。具体的，本章分五大类共计 16 个情景对我国石油供应中断应急预案中的石油短缺情景和相应措施进行模拟。此外，通过引入"韧性弹性"概念，得出了影响石油系统韧性的关键性因素。

通过上述研究，本章得出以下结论：① 我国有足够的能力应对Ⅳ级石油供应短缺，根据本研究设定的各种参数，需要在短缺发生后的第 114 d 开始调用石油储备的生产以防止需求满足率下滑。此外，储备对于该种短缺具有很强的恢复能力，但限于储备的总量，如果只采用调用储备一种措施，并不能应对长达 9 个月的短缺。② 对于Ⅲ级和Ⅱ级石油供应短缺，储备的措施仍是必需的，根据短缺的具体情况，推算了何时调用石油储备，在Ⅲ级中断的情况下，应在短缺发生的第 111 d 开始调用石油储备，而在Ⅱ级中断的情景下，需要在短缺发生开始时调用石油储备才能避免需求满足率下滑。③ 对于Ⅰ级石油供应短缺，通过多举措并行可以使系统得以恢复，但在中断未结束之前，系统的需求满足率会再次小于 1，表明储备已经不够用了，为了补充此时的短缺，本书根据热值测算了需要替代能源煤炭的数量。④ 通过对韧性弹性进行比较可以看出，对系统韧性的影响力强弱按照如下顺序排列：原油转化系数＞原油战略储备＞需求压缩能力＞公司保障输油安全的能力。

第 6 章
长期视角下我国石油能源系统韧性

在第 5 章中,我们分析了短期视角下我国石油系统在应对进口短缺时系统性能动态变化的全过程。由第 4 章的分析可知,能源替代、效率提升、非常规技术突破等是从根本上提升系统韧性、保障能源安全的重要措施,而这些措施的实施通常需要漫长的时间演化,因此短期视角下的石油系统模型无法反映诸如能源替代等国家战略发展计划对系统韧性的提升作用,因此,本章节从长期视角分别分析了我国石油系统及能源系统的韧性。具体的,在石油系统韧性部分:首先,根据第 3 章研究结论中关键节点的失效对进口的影响,确定了进口短缺比例,然后依据不同的恢复措施,组合出不同且具有代表性的系统结构,以探究不同情景下的系统韧性变化;其次,通过参数设置使系统发生多次短缺,从而研究系统对冲击事件的"学习能力";最后,根据第 5 章引入的"韧性弹性"概念,通过计算,识别对石油系统韧性影响较大的因素。在能源系统韧性部分,本书主要考虑能源替代作用对能源系统的影响,以及在极端情景下能源替代的换算问题。

6.1 长期石油系统韧性系统动力学模型构建

本章依据前文对石油系统结构的深入剖析和对进口风险源的分析,结合各方面的历史数据以及权威机构的研究报告对未来石油消费、生产、煤制油、煤制氢等能源替代技术发展的预测,核算了能源替代能力,在长期视角下对我国石油系统进行建模分析。

6.1.1 系统边界确定

同样地,长期视角下的石油系统韧性模型包含了石油供给系统和需求系统,其中,供给系统包含常规和非常规油生产、石油进口、原油战略储备。在需求子系统中主要包括整体能源消费以及由石油消费占比计算得出的石油消费。由于长期模型的时限较长,石油消费强度的降低和能源替代的实施也同样需要时间来实现,因此,上述两种措施被纳入模型。

6.1.2 子系统

根据 6.1.1 章节的系统边界,本研究进一步将长期视角下我国石油系统模型分为以下四个子模块:供给子模块、需求子模块、效率提升子模块和能源替代子模块,通过分析各子模块的边界和主要变量,绘制其因果关系图如图 6-1 所示。

(1)供给子模块。根据本书的主要研究内容,在供给子模块中,主要考虑进口风险引起的进口短缺比例、石油进口、常规石油生产、技术实现突破后的非常规油生产以及原油战略储备对石油供给速率的影响。其中包括三条主要的因果关系路径:① 进口短缺比例→石油进口→石油供给→需求满足率;② 非常规油技术突破→非常规油生产→石油供给→需求满足率;③ 需求满足率→供给端短期恢复能力-原油战略储备→石油供给→需求满足率。

(2)需求子模块。在需求子模块中,主要根据预测的能源消费量以及石油消费占比,确定了未来的石油消费量。其中包括一条反馈回路:需求满足率→需求端短期恢复能力-需求压缩能力→石油消费→需求满足率。

(3)效率提升子模块。在效率提升子模块中,主要考虑当石油供需缺口出现时,提升能源利用效率,降低石油消费强度,从而压缩石油消费需求。具体的反馈回路有:需求满足率→石油消费强度→石油消费→需求满足率。

(4)能源替代子模块。在能源替代子模块中,分别考虑了煤制油、煤制氢、煤发电、新能源超常发电以及天然气替代五种能源替代方式,因此也有五条反馈回路。以煤制油的反馈回路为例:需求满足率→煤制油超常产能→能源替代总量→石油消费占比→需求满足率。其余四条反馈回路类似。

6.1.3 系统存量流量图及方程设定

因果关系被确定后,则需要进一步将各变量赋予数量关系,进而形成系统流图,长期视角下石油系统韧性存量流量图如图 6-2 所示。

6.1.3.1 供给子模块

石油年供给速率(OSAR)由实际石油年净进口(AAOI)、常规石油产量(COP)、总非常规油产量(TUOP)和调用速率(DR)共同决定;实际石油年净进口(AAOI)由进口短缺比例(ISR)和常态石油净进口(NNOI)共同决定;常态石油净进口(NNOI)由石油年消费速率(OCAR)、常规石油产量(COP)和非常规油产量(UOP)共同决定;常规石油产量(COP)根据历史数据以及 Wang 等[185]

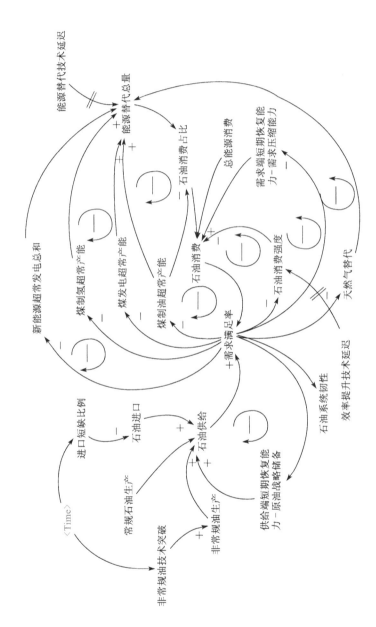

图 6-1　长期视角下的石油系统韧性因果关系图

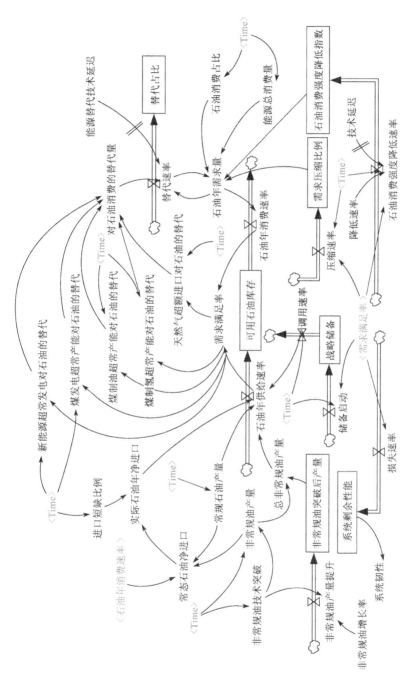

图 6-2　长期视角下石油系统韧性存量流量图

对我国常规油产量预测进行确定;总非常规油产量(TUOP)由非常规油突破后产量(PUOP)和非常规油产量(UOP)共同决定;非常规油产量(UOP)根据历史数据以及 Wang 等[185]对我国非常规油产量预测进行确定;非常规油突破后产量(PUOP)由非常规油产量提升(UOPU)决定;非常规油产量提升(UOPU)由非常规油技术突破(BUOT)和非常规油增长率(UOGR)共同决定;调用速率(DR)由短缺发生的年份决定,只在短缺当年为石油年供给速率提供 8.5 百万吨石油。以上具体函数方程式如下:

$$OSAR = AAOI + COP + TUOP + DR \tag{6-1}$$

$$AAOI = (1-ISR) * NNOI \tag{6-2}$$

$$NNOI = OCAR - UOP - COP \tag{6-3}$$

$COP = $ WITH LOOKUP$(Time,([(2011,0)(2050,200)],(2011,165.9),$
$(2012,166.63),(2013,165.83),(2014,166.43),(2015,165.82),(2016,$
$165.63),(2017,165.43),(2018,164),(2019,163.61),(2020,161.59),(2021,$
$161.5),(2022,159.97),(2023,157),(2024,156.9),(2025,157.9),(2026,$
$152.48),(2027,150.5),(2028,148.44),(2029,145.81),(2030,147.27),$
$(2031,140),(2032,138.73),(2033,136.31),(2034,131.05),(2035,131),$
$(2036,128.02),(2037,125.2),(2038,122.56),(2039,120),(2040,116.09),$
$(2041,114.06),(2042,111.44),(2043,108),(2044,105.98),(2045,103.24),$
$(2046,100.72),(2047,97),(2048,94),(2049,92),(2050,92)))$ $\tag{6-4}$

$$TUOP = PUOP + UOP \tag{6-5}$$

$COP = $ WITH LOOKUP$(Time,([(2011,0)(2050,70)],(2011,37),$
$(2012,40.85),(2013,44.09),(2014,45),(2015,48.74),(2016,34.05),$
$(2017,26.08),(2018,25.31),(2019,28.46),(2020,34.48),(2021,65.6),$
$(2022,64.67),(2023,65.08),(2024,62),(2025,57.95),(2026,60.02),$
$(2027,58.61),(2028,56.6),(2029,56.5),(2030,51.69),(2031,55.5),$
$(2032,53.15),(2033,52.55),(2034,54.1),(2035,52.19),(2036,51.13),$
$(2037,50.93),(2038,50.1),(2039,49.5),(2040,49.52),(2041,48.91),$
$(2042,47),(2043,47.49),(2044,46.28),(2045,45.98),(2046,45.07),$
$(2047,44.8),(2048,44.87),(2049,44),(2050,42)))$ $\tag{6-6}$

$$PUOP = INTEG(UOPU), \text{Initial Value:} 0 \tag{6-7}$$

$$UOPU = IF \ THEN \ ELSE(BUOT=1, UOGR, 0) \tag{6-8}$$

其中:非常规油技术突破时,其数值为 1,未突破时为 0。

6.1.3.2 需求子模块

石油年消费速率(OCAR)由石油年需求量(AOD)决定,二者实际上数值相等;石油年需求量(AOD)由能源总消费量(TEC)、石油消费占比(POC)、替代速率(RR)、需求压缩比例(DCR)和石油消费强度降低指数(OCIRI)共同决定;能源总消费量(TEC)和石油消费占比(POC)均是根据历史数据以及中国石油集团经济技术研究院《2050 年世界与中国能源展望》、中国石油化工集团公司经济技术研究院《中国石油消费情景研究(2015—2050)》的预测进行确定;需求压缩比例(DCR)由压缩速率(CR)决定;压缩速率(CR)由需求满足率(DSR)和 Time共同决定。以上具体函数方程式如下:

$$AOD = TEC * POC * (1-RR) * (1-DCR) * OCIRI/1.4286 \quad (6\text{-}9)$$

$TEC = $ WITH LOOKUP $(Time, ([(2011,0)(2050,6000)], (2011,3858.79), (2012,4016.66), (2013,4174.74), (2014,4257.84), (2015,4368.57), (2016,4455.14), (2017,4589.45), (2018,4704.94), (2019,4875.87), (2020,4884.68), (2021,4905.41), (2025,5128.67), (2030,5415), (2035,5585.83), (2040,5571.54), (2045,5500.11), (2050,5430)))$ \quad (6-10)

$TEC = $ WITHLOOKUP $(Time, ([(2011,0)(2050,6000)], (2011,3858.79), (2012,4016.66), (2013,4174.74), (2014,4257.84), (2015,4368.57), (2016,4455.14), (2017,4589.45), (2018,4704.94), (2019,4875.87), (2020,4884.68), (2021,4905.41), (2025,5128.67), (2035,5700), (2050,5300)))$ \quad (6-11)

$POC = $ WITHLOOKUP $(Time, ([(2011,0)(2050,1)], (2011,0.17), (2014,0.17), (2015,0.18), (2016,0.19), (2024,0.19), (2025,0.18), (2032,0.18), (2033,0.17), (2040,0.17), (2041,0.16), (2047,0.16), (2048,0.15), (2050,0.15)))$ \quad (6-12)

$POC = $ WITH LOOKUP $(Time, ([(2011,0)(2050,1)], (2011,0.17), (2014,0.17), (2015,0.18), (2016,0.19), (2024,0.19), (2025,0.18), (2035,0.151), (2050,0.113)))$ \quad (6-13)

$$DCR = INTEG(CR), Initial\ Value:0 \quad (6\text{-}14)$$
$$CR = IF\ THEN\ ELSE$$
$$(DSR<1:AND:Time<=2030:AND:Time>2020,0.01,0) \quad (6\text{-}15)$$

其中:式(6-15)中的时间设置随着进口短缺时间而改变。

6.1.3.3　效率提升子模块

石油消费强度降低指数(OCIRI)由石油消费强度降低速率(RDOCI)决定;石油消费强度降低速率(RDOCI)由降低速率(R-R)、技术延迟(TD)、需求满足率(DSR)和 Time 共同决定。以上具体函数方程式如下:

$$OCIRI = INTEG(RDOCI), \text{Initial Value:} 1 \tag{6-16}$$

$$RDOCI = \text{DELAY FIXED(IF THEN ELSE}$$

$$(DSR < 1:\text{AND:} Time < = 2030:\text{AND:} Time > = 2021, R\text{-}R, 0), TD, 0) \tag{6-17}$$

其中:式(6-17)中的时间设置随着进口短缺时间而改变。

6.1.3.4　能源替代子模块

替代速率(RR)由对石油消费的替代量(ASOP)、石油年需求量(AOD)和能源替代技术延迟(ERTD)共同决定;对石油消费的替代量(ASOP)由天然气超额进口对石油的替代(SEINGO)、新能源超常发电对石油的替代(NESPGRO)、煤制氢超常产能对石油的替代(SCCPHRP)、煤制油超常产能对石油的替代(RPECCO)、煤发电超常产能对石油的替代(SCCPGRO)共同决定;天然气超额进口对石油的替代(SEINGO)由需求满足率(DSR)和 Time 共同决定;新能源超常发电对石油的替代(NESPGRO)由需求满足率(DSR)和 Time 共同决定;煤制氢超常产能对石油的替代(SCCPHRP)由需求满足率(DSR)和 Time 共同决定;煤制油超常产能对石油的替代(RPECCO)由需求满足率(DSR)和 Time 共同决定;煤发电超常产能对石油的替代(SCCPGRO)由需求满足率(DSR)和 Time 共同决定。以上具体函数方程式如下:

$$RR = \text{DELAY FIXED(IF THEN ELSE}(ASOP/AOD > =$$

$$1, 0.99, ASOP/AOD), ERTD, 0) \tag{6-18}$$

$$ASOP = SEINGO + NESPGRO + SCCPHRP + RPECCO + SCCPGRO \tag{6-19}$$

$$SEINGO = \text{IF THEN ELSE}(DSR < 1:\text{OR:}$$

$$Time < = 2040:\text{AND:} Time > = 2031, 8.93, 0) \tag{6-20}$$

$$NESPGRO = \text{IF THEN ELSE}(DSR < 1:\text{OR:}$$

$$Time < = 2040:\text{AND:} Time > = 2031, Time, 0) \tag{6-21}$$

$NESPGRO = \text{WITH LOOKUP}(Time, ([(2011, 0)(2050, 100)], (2011, 0), (2030, 0), (2031, 9.83), (2032, 14.74), (2033, 19.65), (2034, 24.57), (2035, 29.48), (2036, 34.39), (2037, 39.3), (2038, 44.22), (2039, 49.13), (2040, 54.04), (2041, 58.96), (2042, 63.87), (2043, 68.78), (2044, 73.7), (2045, 78.61)))$

$$\tag{6-22}$$

$$SCCPHRP = \text{IF THEN ELSE}(DSR < 1:\text{AND:} Time > = 2040, Time, 0) \tag{6-23}$$

$SCCPHRP = \text{WITH LOOKUP}(Time, ([(2011, 0)(2050, 10)], (2011, 0),$

$(2040,0),(2041,1),(2042,2),(2043,3),(2044,4),(2045,5),(2046,6),$
$(2047,7),(2048,8),(2049,9),(2050,10)))$ (6-24)

$$RPECCO = IF \ THEN \ ELSE(DSR<1:OR:$$
$$Time<=2040:AND:Time>=2031,Time,0) \qquad (6\text{-}25)$$

$RPECCO = WITH \ LOOKUP(Time,([(2011,0)(2050,10)],(2011,0),$
$(2012,0),(2013,0),(2020,1.812),(2021,2.012),(2022,0.986),(2023,$
$1.236),(2024,1.086),(2025,2.24),(2026,3.1),(2027,3.2),(2028,3.3),$
$(2029,3.4),(2030,3.5),(2031,3.57),(2032,3.64),(2033,3.71),(2034,$
$3.78),(2035,3.85),(2036,3.92),(2037,3.99),(2038,4.06),(2039,4.13),$
$(2040,4.2),(2041,4.242),(2042,4.284),(2043,4.326),(2044,4.368),$
$(2045,4.41),(2046,4.452),(2047,4.494),(2048,4.536),(2049,4.578),$
$(2050,4.62)))$ (6-26)

$$SCCPGRO = IF \ THEN \ ELSE(DSR<1:OR:$$
$$Time<=2040:AND:Time>=2031,Time,0) \qquad (6\text{-}27)$$

$SCCPGRO = WITH \ LOOKUP(Time,([(2011,0)(2045,200)],(2011,$
$0),(2030,0),(2031,16.28),(2032,24.42),(2033,32.56),(2034,40.7),$
$(2035,48.84),(2036,56.97),(2037,65.11),(2038,73.25),(2039,81.39),$
$(2040,89.53),(2041,97.67),(2042,105.81),(2043,113.95),(2044,$
$122.09),(2045,130.23)))$ (6-28)

其中:式(6-20)、式(6-21)、式(6-22)、式(6-25)、式(6-28)中的时间设置随着进口短缺时间而改变。

6.1.3.5　韧性测度子模块

同第 5 章短期视角下系统韧性测度类似,长期视角下的系统韧性测度同样遵循剩余系统面积/完整的系统面积的计算方式。具体的:系统韧性(SR)由系统剩余性能(RSP)决定,系统剩余性能是指"韧性演进曲线"与时间轴围成的面积;系统剩余性能(RSP)由损失速率(LR)决定,速率(LR)由需求满足率(DSR)决定,其函数方程如下:

$$SR = RSP/T \qquad (6\text{-}29)$$
$$RSP = INTEG(IF \ THEN \ ELSE(LR>0,LR,0)),Initial \ Value:0 \quad (6\text{-}30)$$
$$LR = IF \ THEN \ ELSE(DSR=1,0,DSR) \qquad (6\text{-}31)$$

6.1.4　模型参数设置及数据来源

模型的初始时间、结束时间、步长设置如下:Initial time＝2011,Final time＝

2050，Time step＝1 Year，Unit of time：Year。其中，对于长期视角下的石油系统模型的时限：一方面，考虑到诸如页岩油技术进步、能源效率提升、能源替代等关键的韧性提升措施，往往需要 10 年或更久；另一方面，结合各个变量能够搜集到的预测数据，本研究设定模型步长为 40 年。

模型中的变量与方程确定数据来源如下：① 历史数据类：常规石油产量、非常规油产量、石油消费占比、能源消费总量来自国家统计局。② 预测数据类：常规石油产量、非常规油产量来自参考文献[185]；基准情景能源总消费、石油消费占比数据来自中国石油经济技术研究院的《2050 世界与中国能源展望》；油控情景下的能源总消费、石油消费占比数据来自中国石油化工集团公司经济技术研究院的《中国石油消费情景研究（2015—2050）》和自然资源保护协会的《中国石油消费总量达峰与控制方案研究》。③ 经计算分析得到的数据类：天然气超额进口对石油的替代数据来自智研咨询、《2020 能源数据》等；煤制氢超常产能对石油的替代数据来自第一商用车网、《中国氢能源及燃料电池产业白皮书》、国联证券研究所的《主流燃料热值比较表》、中国氢能联盟的《我国燃料电池汽车保有量》等资料；煤制油超常产能对石油的替代数据来自中国煤炭加工利用协会、中国石油和化学工业联合会、东兴证券研究所、海川化工论坛、相关参考文献[186]等；煤发电超常产能对石油的替代和新能源发电超常产能对石油的替代数据来自国家能源局、国家统计局、头豹研究院、前瞻产业研究院、中商产业研究院、湘财证券研究所、《3060 零碳生物质能发展潜力蓝皮书》《生物质能发展"十三五"规划》《关于促进生物天然气产业化发展的指导意见》《需求侧资源潜力挖掘方法与实践——以长三角中心城市湖州为例》等国家政策文件、公开资料整理。

6.1.5 模型测试

首先对模型开展极端性测试，模拟当没有发生进口短缺时，系统中各个因素的变化情况。具体的，设置石油进口短缺比例为 0，相关参数模拟结果如图 6-3 所示。在进口短缺未发生时，石油的需求满足率为 1，相应的，突发事件下的各种恢复措施也没有发生，表现为图中储备调用速率、需求压缩速率、石油消费强度降低速率和能源替代速率均为 0。

限于篇幅，本部分仅汇报需求满足率对模型中非常规油增长率的影响，模拟结果如图 6-4 所示，非常规油增长率对需求满足率影响并不明显，且趋势没有发生改变，则可以初步判断该变量的正确性。

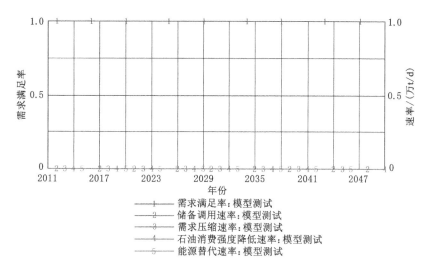

图 6-3 长期视角下石油系统 SD 模型极端性测试结果

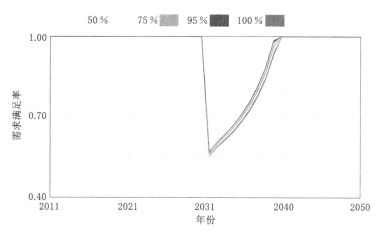

图 6-4 非常规油增长率敏感性测试结果

6.2 长期石油系统韧性情景模拟

6.2.1 长期石油系统韧性情景设置

由于非常规油(页岩油)的技术突破给国内石油自主供给带来根本性的变化,本小节将情景设置分为非常规油技术实现突破和未突破两类。此外,关于进口短缺程度分别设置马六甲海峡无法通航、进口中断,能源替代和能源效率提升作为恢复措施,计算并分析不同情景下的系统韧性值。其中,根据 3.2.4 章节的研究结论,以 2019 年的数据为例,当马六甲海峡无法通航时,进口短缺比例为 79%。各种情景设置汇总见表 6-1。

表 6-1 长期石油系统韧性模型情景设置汇总

一级类别	二级类别	三级类别	四级类别	情景编号
技术未突破	79%短缺 5 年	单一措施	石油消费强度	①
			能源替代	②
		多举措并行	—	③
	79%短缺 10 年	单一措施	石油消费强度	④
			能源替代	⑤
		多举措并行	基准	⑥
			加强石油消费强度下降速率	⑮
			加强能源替代速率	⑯
	100%短缺 10 年	多举措并行	常规能源替代	⑦
			加强常规能源替代	⑧
技术实现突破	79%短缺 5 年	多举措并行	2021—2025 年短缺	⑨
			2031—2035 年短缺	⑩
	79%短缺 10 年	多举措并行	2021—2030 年短缺	⑪
			2031—2040 年短缺	⑫
特殊情景 (技术未突破)	79%短缺 5 年	多举措并行	短缺 2 次	⑬
			短缺 3 次	⑭

6.2.2 长期石油系统韧性测度

6.2.2.1 技术未实现突破

1. 情景①:79%短缺 5 年-仅石油消费强度

该情景下进口短缺设定为 79% 的短缺比例,短缺时间持续 5 年(2021—2025 年),采取恢复措施为增强能源效率,降低石油消费强度。这里根据历史数据,1990—2000 年我国石油消费强度年均变化 2 个百分点,在短缺发生后,模型设定额外降低的石油消费强度也为年均 2 个百分点。此外,同时采取短期视角下的战略储备供给和需求压缩策略,除无措施情景之外,其他情景均包含上述两种短期恢复措施。同时,将该情景与无措施情景比较,仿真结果如图 6-5 所示。由图 6-5 可以看出,石油进口发生短缺后,在无措施情景下(曲线 1),系统的需求满足率在中断发生后仍在不断下降,这是因为石油作为重要的能源支撑,其消费还在不断增加。在施加了降低石油消费强度的措施之后(曲线 2),系统需求满足率上升,需求满足率首先得到恢复的原因是原油战略储备的供给和消费的压缩,但限于储备的总量,该储备供给仅发生在短缺的第一年,而需求压缩的作用也很小,查看 Vensim 软件中模型运行得出的时间序列数据发现,在短缺结束的年份,也就是 2025 年,需求压缩比例占需求的 4%。在技术延迟 2 年之后,石油消费强度开始逐年下降,即石油使用效率提升,使得石油消费得到一定的压缩,但是与不采取任何措施的情景相比,系统需求满足率的提升效果并不明显,经过计算系统韧性,无措施情景下的系统韧性为 0.594,采取降低石油消费强度措施下的系统韧性为 0.608,因此,采取降低石油消费强度的措施使得系统韧性提升了 2.36%。

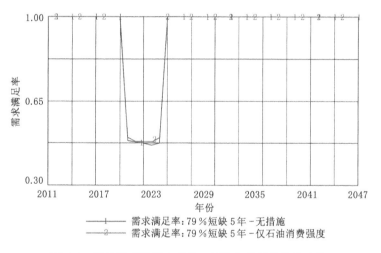

图 6-5　石油消费强度应对进口短缺与无措施情景比较

2. 情景②:79% 短缺 5 年-仅能源替代

在该进口短缺比例下和持续时长(2021—2025 年)的设定下,考察仅采取能源替代措施对石油进口短缺的恢复能力。该情景下 2021 的能源替代能力 = (历史最大新增替代能源的产能-平均新增替代能源的产能)* 0.1;随着年份的递增,新增比例由 2021 年的 0.1 逐步扩展到 2025 年的 0.3,表示在石油短缺期内,替代能力逐步提升;此外,设置技术性时间延迟为 1 年。模拟结果如

图6-6所示。在经过技术开发的时间延迟后,系统韧性曲线表现出了较为明显的上升。在这种情景下,查看 Vensim 软件中模型运行得出的时间序列数据发现,能源替代措施每年减少石油消费量分别为 3 705.2 万 t、4 907.6 万 t、6 237.6 万 t、7 528.6 万 t、8 949.0 万 t,共计减少 31 328 万 t,分别占每年石油消费量的 5.6%、7.9%、10.3%、12.8%、16.5%。与情景①中的系统韧性为0.594 相比,经计算,该情景下的系统韧性为 0.632,因此,采取能源替代的措施使得系统韧性提升了 6.40%。很明显,能源替代措施比降低石油消费强度措施对系统性能恢复的贡献更大。

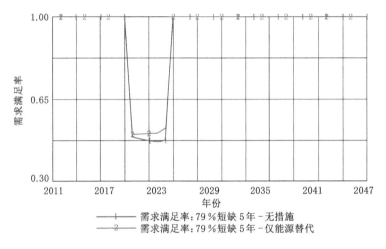

图 6-6　能源替代应对进口短缺与无措施情景比较

3. 情景③:79% 短缺 5 年-多举措并行

在 79% 短缺持续 5 年(2021—2025 年)的进口短缺程度下,在该情景中本书同时设置降低石油消费强度和提升能源替代两种措施对进口短缺进行弥补,模拟结果如图6-7所示。与情景①和②类似,在经过了技术开发的时间延迟后,系统需求满足率呈现上升趋势,但该情景下的系统性能明显好于情景①和②。根据 Vensim 软件中模型的计算结果,该情景下的系统韧性为 0.64,对比不采取任何措施的情景,系统韧性提升了 7.74%。查看 Vensim 软件中模型运行得出的时间序列数据发现,实际上,在模型设定的石油消费强度和能源替代强度在进口短缺结束前并不能使得系统的需求满足率完全恢复,在短缺结束的时间,即 2025 年,系统的需求满足率是 54%,因此,在该种强度的进口短缺下,要想尽快恢复石油系统的需求满足率,应当进一步降低石油消费强度、增加能源替代力度、增加需求压缩比例。

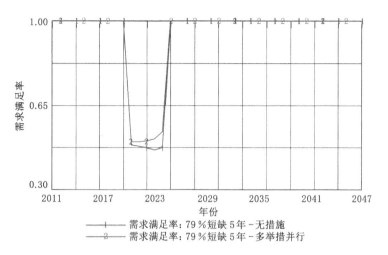

图 6-7　多举措并行应对进口短缺与无措施情景比较

4. 情景④:79% 短缺 10 年-仅石油消费强度

在该情景中,石油进口短缺比例是 79%,并且持续 10 年(2021—2030 年),采取的措施是降低石油消费强度。模拟结果如图 6-8 所示。从图 6-8 中可以看出:首先,对比曲线 3 和曲线 2 发现,石油消费强度降低后,需求满足率得以恢复,其曲线开始上升,查看 Vensim 软件中模型运行得出的时间序列数据发现,在短缺结束的年份,也就是 2030 年,石油消费强度的降低使得需求满足率由初

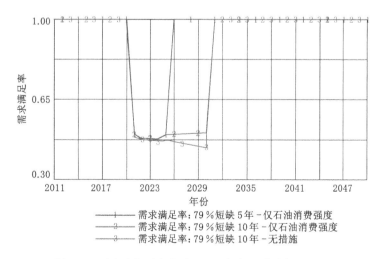

图 6-8　石油消费强度应对进口短缺与无措施情景比较

始短缺时的 49.8% 提升到 50.4%;系统韧性也由无措施情景下的 0.52 提升至 0.548,提升了 5.38%。其次,对比曲线 1 和曲线 2 发现,在 5 年短缺的情景下,降低石油消费强度对缺口的补充作用较小,但在 10 年短缺的情景下,该措施对系统恢复的作用更加明显,这是因为随着短缺时间的增加,国内提升能源效率、加强能源自给的能力越来越强。

5. 情景⑤:79% 短缺 10 年-仅能源替代

与情景④类似,在该情景下,石油进口短缺比例仍为 79%,并且持续 10 年(2021—2030 年),采取的措施是能源替代。模拟结果如图 6-9 所示。从图 6-9 中可以看出:首先,对比曲线 3 和曲线 2 发现,在能源替代措施的作用下,系统的需求满足率开始恢复,且恢复程度较高,查看 Vensim 软件中模型运行得出的时间序列数据发现,系统需求满足率由 2021 年的 49.8% 恢复至 2030 年的 58%;系统韧性也由无措施情景下的 0.52 提升至 0.588,提升了 13.1%。其次,对比曲线 1 和曲线 2 发现,在 5 年短缺的情景下,能源替代措施对缺口的补充作用较小,但在 10 年短缺的情景下,该措施对系统恢复的作用更加明显,这是因为随着短缺时间的增加,能源替代技术越来越成熟,能源自给的能力越来越强。

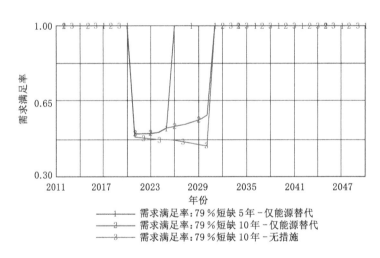

图 6-9　能源替代应对进口短缺与无措施情景比较

6. 情景⑥:79% 进口短缺 10 年-多举措并行

在该情景下,进口短缺继承了情景⑤的设置,不同的是该情景考察同时采取降低石油消费强度和能源替代两种应对措施时,系统需求满足率的变化曲线。模拟结果见图 6-10。从图 6-10 中可以看出,系统性能的恢复速度继续加强,对系统需求满足率的恢复明显强于情景④和⑤。通过查看 Vensim 软件中的运行数据发现,系统需求满足率由 2021 年的 49.8％恢复至 2030 年的 68.5％;系统韧性也由无措施情景下的 0.52 提升至 0.622,提升了 19.6％。由此可以看出,即使通过模型设定的能源替代、降低石油消费强度、国家战略储备和压缩需求等措施,也没有使需求满足率在短缺结束的年份恢复至 100％。因此,为了达到自主应对该种程度的进口短缺,国家可以通过加强能源替代和提升石油消费效率的措施,或者实现非常规油的技术突破,提高石油的自主供给能力。

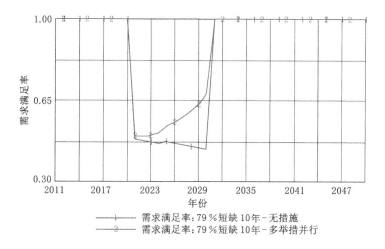

图 6-10　79％短缺 10 年条件下多举措并行的系统韧性仿真

根据该情景的模拟结果,为了进一步探究,何种石油消费强度和能源替代程度可以在石油短缺结束之前自主恢复系统需求满足率,本研究通过试错的方法,分别通过降低石油消费强度和增加能源替代,对情景⑥进行改进,模拟结果如图 6-11 所示。图 6-11(a)描述的是只改变石油消费强度,从而使系统需求满足率在 2030 年恢复至 100％,通过模拟发现,当石油消费强度的降低速率以每年 4.7 个百分点下降时,可以满足上述要求,相应的石油消费强度降低指数曲线为曲线 3,研究结果表明,石油消费强度降低至初始的 57.7％。图 6-11(b)描述的是只改变能源替代强度,从而使系统需求满足率在 2030 年恢复至 100％,通过模拟发现,当把能源替代强度在原来的基础上提升 28％时,就可以满足上述要求,相应的其他能源对石油消费的替代量为曲线 3,研究结果表明,在石油短缺的 10 年间,其他能源对石油的替代量占石油消费量的百分比,从 2022 年的 7.2％上升至 2030 年的 63.0％。

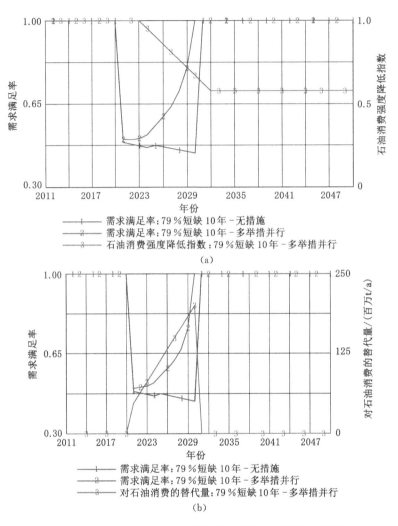

图 6-11　降低石油消费强度和增加能源替代对系统韧性的提升

7. 情景⑦:100%短缺 10 年-常规能源替代

在本情景中,将进口短缺的比例加大,由原来的 79%增加至极端情景,即 100%的进口短缺。首先探究在替代能力和石油消费强度降低能力一般的条件下,系统的需求满足率情况。模拟结果如图 6-12 所示,在该情景下,需求满足率由 2021 年的 0.361 提升至 2030 年的 0.601,系统韧性由无措施下的 0.357 提升至 0.493。同情景⑥的结果相似,一般程度的恢复措施并不能应对 100%的进口短缺,但加强版的石油消费强度和能源替代力度满足了情景⑥在短缺结束最后一年使需求满足率恢复至100%的目标,那么在更严重的进口短缺下,仍然采取加强版的恢复措施,系统的需求满足率是否会在短缺结束前恢复至100%?系统的韧性又如何呢?本书将进一步展开模拟研究,结果如图6-12所示。模拟结果表明,不管是通过增加能源替代力度(曲线4),还是进一步降低石油消费强度(曲线3),都能够满足在石油短缺结束前将系统需求满足率恢复至100%的目标,即该种程度的恢复措施可以在短缺结束前实现石油的自主供给。

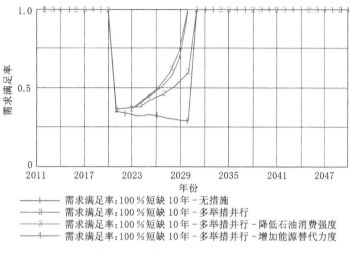

图6-12　100%短缺10年条件下多举措并行的系统韧性仿真

8. 情景⑧:100%短缺10年-加强常规能源替代

该情景设定100%的进口短缺持续10年。与情景⑦有两点不同:一是根据中国石油化工集团公司经济技术研究院的《中国石油消费情景研究(2015—2050)》,设置预测的石油消费占比为油控路径下的占比,即到2035年,石油消费占比15.1%,到2050年石油消费占比11.3%;二是短缺时间段选取2031—2040年,这样设计的目的是因为随着年份的推移,能源替代更明显,有利于对比能源替代措施的效果。模拟结果如图6-13所示。从图6-13中可以看出,曲线3表示的是没有采取任何措施的系统需求满足率变化,而曲线2和曲线1分别代表加强常规能源替代和常规能源替代下系统的需求满足率,很明显曲线2高于曲线1。具体的,经过计算发现,常规能源替代下的需求满足率从2031年的28.4%提升到2040年的35.1%,而加强常规能源替代下的需求满足率从2031年的31.5%提升到2040年的49.7%;系统的韧性分别是0.354和0.427,提升了20.6%。

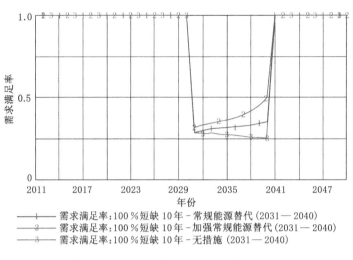

图 6-13　100％短缺 10 年-加强常规能源替代措施下的系统韧性仿真

6.2.2.2　技术实现突破

在该类情景中,设定非常规油技术实现突破,国内原油产量提升。由于非常规油产量的提升因不同时间而有所不同,一般来说,其产量随着时间的推移而提高,因此,本书对比分析当进口短缺发生在不同时期时,非常规油技术突破后的产量应对进口短缺风险的能力。

1. 情景⑨和⑩:79％短缺 5 年在不同时期的比较

这里本研究设置 5 年的进口短缺分别发生在 2021—2025 年和 2031—2035 年,并对比技术未突破和技术突破两种情景,模拟结果如图 6-14 所示。根据图 6-14(a)可知,如果进口短缺发生在 2021 年,此时非常规油技术刚刚得以突破,非常规油产量供给不足以抵消进口短缺带来的用油缺口。但如果推迟进口短缺发生时间,假设同样的进口短缺发生在 2031 年[图 6-14(b)],可以看出,随着技术突破以及开发能力的不断累积,非常规油的产量已经可以很好地抵消部分进口短缺带来的用油缺口。

2. 情景⑪和⑫:79％短缺 10 年在不同时期的比较

在情景⑨和⑩中,进口短缺的时间持续了 5 年,研究发现无论进口短缺发生在 2021 年还是在 2031 年,在短缺结束的年份,系统的需求满足率都无法恢复至 100％。因此,接下来考察 79％进口短缺持续 10 年的情况,进口短缺分别发生在 2021—2030 年和 2031—2040 年,仿真结果如图 6-15 所示。首先,分析图 6-15(a),该图描述了 2021—2030 年进口短缺情况下技术突破与未突破对系

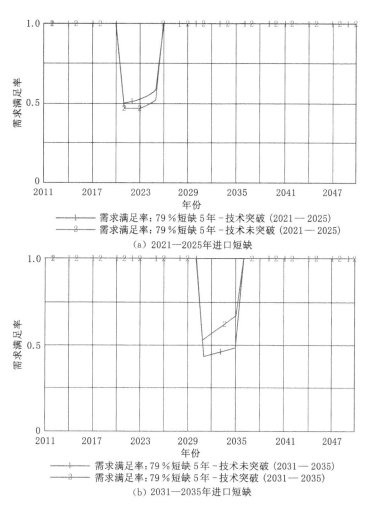

（a）2021—2025年进口短缺

（b）2031—2035年进口短缺

图 6-14 技术突破时间对系统韧性的影响（短缺 5 年）

统需求满足率的影响。通过查看 Vensim 软件内时间序列数据可以看出,虽然技术突破下的国内原油生产无法直接补充供需缺口,但却可以在第 10 年将需求满足率恢复至 86.4%,而在技术未突破的情景下,供需缺口一直持续到进口短缺结束才使得需求满足率恢复至 68.5%;相应的,系统韧性值也由无技术突破下的 0.622 提升至有技术突破下的 0.701,提升了 12.7%。其次,分析图 6-15(b),该图描述了 2031—2040 年进口短缺情况下技术突破与未突破对系统需求满足率的影响。查看 Vensim 软件中模型运行结果的时间序列数据可知,非常规油技术的突破没有实现对缺口完全的补充,但在 2039 年,也就是进口短缺结束的前两年已经实现了需求满足率恢复至 100％的目标。但如果技术突破没有实现,即使到 2040 年,需求满足率仍然只恢复到 62.4％。相应的,经过计算,系统韧性值也由技术未突破下的 0.561 提升至技术突破下的 0.681,提升了 21.4％。最后,对比图 6-15(a)和图 6-15(b)发现,同情景⑨和⑩的结论相似,一是技术突破对系统韧性的贡献随着时间的推移而增大,二是技术突破对我国解除能源安全隐患,"把能源的饭碗端在自己手里"至关重要。

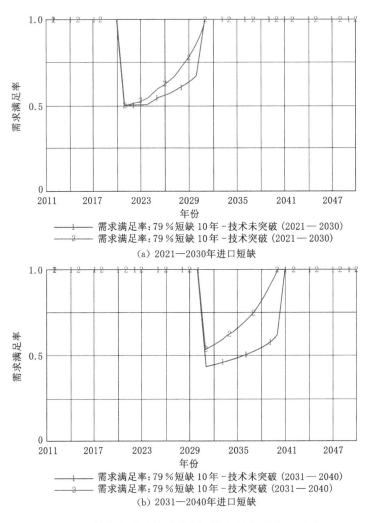

(a) 2021—2030年进口短缺

(b) 2031—2040年进口短缺

图 6-15　技术突破时间对系统韧性的影响(短缺 10 年)

3. 情景⑬和⑭:技术未突破下 79% 短缺 5 年多次发生的比较

在韧性理论中,系统存在一个关键特性,被称为适应阶段的"学习性",具体是指"风险发生后,系统从每一次冲击中学习如何更好地应对冲击并更迅速地恢复,且在下一次冲击发生时,具有更强的能力以应对不断变化的环境"[187-189]。本研究考虑情景⑬和⑭是为了研究石油系统是否具备在下一次同样的进口短缺时可以更好应对的能力。模拟结果如图 6-16 和图 6-17 所示。

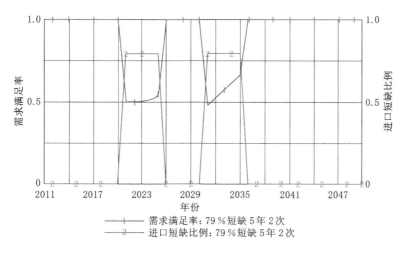

图 6-16　79% 短缺 5 年发生 2 次情景仿真

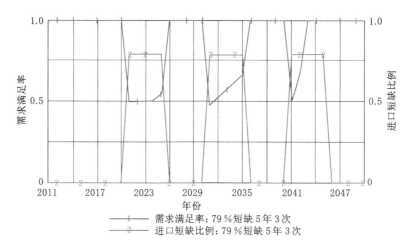

图 6-17　79% 短缺 5 年发生 3 次情景仿真

从图 6-16 中可以看出,在情景⑬中,第一次进口短缺使性能由 100％下降至 49.8％,通过恢复措施的实施,在进口短缺结束前,系统性能恢复至 59.3％。在第二次发生通常程度的进口短缺时,系统性能由 100％下降至 47.3％,同样主要采取能源替代和降低石油消费强度两种恢复措施后,系统性能得以恢复至66.5％。对于以上两种情景下的系统需求满足率在进口短缺发生后的变化可以看出,如果同样的短缺发生两次,第二次发生时,系统具有比第一次发生时更好的应对能力和基础。

如图 6-17 所示,在情景⑭中,前两次的短缺与情景⑬是相同的,当第三次进口短缺发生后,基于已经改进的能源结构以及提升的恢复措施,面对第三次进口短缺,系统需求满足率在进口短缺发生的第三年就由 49.7％恢复至 100％,此后始终保持 100％的水平。上述的模拟结果说明,系统具有学习和适应能力,该能力对于应对多次发生的进口短缺事件至关重要。

综上所述,情景①～⑭是从长期角度对石油供应短缺以及恢复措施的模拟,虽然不能包含全部情景,但一方面,反映了系统在长期视角下应对进口短缺与短期视角的不同,另一方面,通过仿真模拟形象展示了系统的"学习性"行为。为未来石油系统应对进口短缺的政策制定提供了一定的参考依据。

6.3　长期石油系统韧性弹性

同短期视角下系统韧性的影响因素分析一样,这里借助韧性弹性概念,进一步分析长期视角下影响系统韧性的关键性因素。为了获得更多的研究数据,设置短缺时间持续 10 年,短缺程度为 79％;设置石油消费强度下降速率增加50％和能源替代速率增加 50％。

1. 情景⑮:79％短缺 10 年-加强石油消费强度下降速率

在 6.2.1 小节的情景中,当进口发生短缺时,系统需求满足率小于 1,石油消费强度在技术延迟之后开始以每年 2 个百分点的速度下降。根据历史数据:1980—1990 年(国内生产总值按照 1980 年可比价格计算 GDP),石油消费强度以年均 8.8 个百分点下降;1990—2000 年(国内生产总值按照 1990 年可比价格计算 GDP),石油消费强度以年均 1.7 个百分点下降;2000—2005 年(国内生产总值按照 2000 年可比价格计算 GDP),石油消费强度以年均 0.4 个百分点下降;2005—2010 年(国内生产总值按照 2005 年可比价格计算 GDP),石油消费强度以年均 0.6 个百分点下降;2010—2015 年(国内生产总值按照 2010 年可比价格计算 GDP),石油消费强度以年均 0.4 个百分点下降;2015—2019 年(国内生产总值按照 2015 年可比价格计算 GDP),石油消费强度以年均 0.25 个百分点下降。因此,在本情景中设置石油消费强度下降速率分别提升 20% 和 40%,即石油消费强度下降比例为 2.2 个百分点和 2.4 个百分点。系统需求满足率模拟结果如图 6-18 所示。从图 6-18 中可以看出,在系统的恢复阶段,恢复能力从强到弱依次是曲线 3、曲线 2、曲线 1。这表明通过进一步降低石油消费强度可以提升系统韧性。具体的,经计算得出不同石油消费强度措施下的系统韧性分别为 0.623、0.631 和 0.641,系统韧性对改变石油消费强度的弹性分别为 0.064(+20%)和 0.072(+40%)。

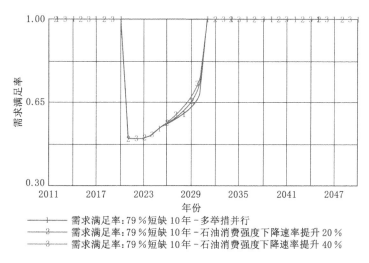

图 6-18 79%短缺 10 年下不同石油消费强度的系统韧性比较

2. 情景⑯:79%短缺 10 年-加强能源替代

根据 6.2.1 小节的情景模拟发现,能源替代是提升速率系统韧性的关键性因素,因此,该情景研究能源替代速率的加强对系统韧性提升的影响。这里同情景⑮一样,设置能源替代速率分别提升 20% 和 40%,观察系统韧性的变化,模拟结果如图 6-19 所示。在能源替代加强 20% 的情景下,系统的需求满足率由 2021 年的 49.8% 恢复至 2030 年的 84.9%;在能源替代加强 40% 的情景下,系统的需求满足率由 2021 年的 49.8% 恢复至 2030 年的 100%,在进口短缺结束之前已经达到完全恢复的目标。通过对比情景⑮和⑯的结果可以看出,能源替代速率同样提升 20% 或者 40%,能源替代速率的加强比降低石油消费强度下降速率的措施更有助于系统的需求满足率恢复。具体的,经计算得出不同能源替代措施下的系统韧性分别为 0.623、0.663 和 0.718,系统韧性对改变石油消费强度的弹性分别为 0.32(＋20％)和 0.38(＋40％)。

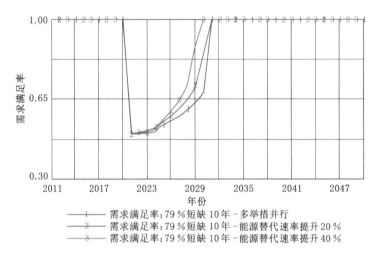

需求满足率：79％短缺 10 年－多举措并行
需求满足率：79％短缺 10 年－能源替代速率提升 20％
需求满足率：79％短缺 10 年－能源替代速率提升 40％

图 6-19　79％短缺 10 年下能源替代加强的系统韧性比较

　　根据情景⑮和⑯的仿真模拟，得出了在进口短缺比例为 79％且持续 10 年的情景下，石油消费强度下降速率和能源替代速率对系统韧性的影响程度，通过计算系统韧性对各因素的弹性，将计算结果汇总在表 6-2 中。

表 6-2　79％进口短缺 10 年下不同影响因素的系统韧性弹性

影响因素	系统韧性数值			韧性弹性数值	
	提升比例				
	0	20％	40％	20％	40％
石油消费强度下降速率	0.623	0.631	0.641	0.064	0.072
能源替代速率	0.623	0.663	0.718	0.32	0.38

　　通过对系统韧性弹性进行比较可以看出，对系统韧性影响比较明显的是能源替代措施，这表明非常规油技术没有实现突破时，加强能源替代能够更好地是应对进口短缺。

6.4　长期能源系统韧性系统动力学模型构建

　　在 6.1 和 6.2 节中我们对石油系统在长期视角下的进口短缺进行了仿真模拟，本节在前面章节的基础上进一步研究，如能源替代措施在恢复石油系统韧性的同时对于整体能源系统韧性的影响,以及其他种类的能源为了替代短缺的石油需要额外增产多少;此外,如果替代短缺石油资源的天然气资源同时发生短缺,对能源系统会造成什么样的影响?为了回答上述问题,我们进一步构建了长期视角下能源系统的系统动力学模型。

6.4.1　系统边界确定

由于该模型的主要目的是研究由能源短缺引起的能源替代关系,因此在该模型中,除了包含 6.1 节和 6.2 节的石油系统的供给和消费系统外,还包含了天然气的生产和消费系统、煤炭对石油的替代系统、非化石能源对石油的替代系统、天然气对石油的替代系统以及非化石能源对天然气的替代系统。

6.4.2　子系统

根据 6.3.1 小节设定的系统边界,本研究进一步将长期视角下我国能源系统韧性模型分为石油供需系统子模块、天然气供需系统子模块、煤炭对石油替代子模块、天然气对石油替代子模块、非化石能源对石油替代子模块和非化石能源对天然气替代子模块等六个子模块,通过分析各子模块的边界和主要变量,绘制其因果关系图如图 6-20 所示。

(1)石油供需系统子模块。在该模块中,涉及的因果关系与 6.1、6.2 小节的类似,石油的进口、生产和外部风险组成了供给系统,而常规能源消费以及石油消费占比之积构成了需求系统。具体的因果关系如下:在供给端,石油进口短缺比例→石油实际进口→石油供给速率→石油需求满足率;在需求端,常规能源消费→石油消费速率→石油需求满足率。

(2)天然气供需系统子模块。与石油供需子模块类似,该模块包含了天然气进口、天然气生产、非常规气产量、常规能源消费和天然气消费占比等。具体的因果关系如下:天然气进口短缺比例→天然气实际进口→天然气供给速率;非常规天然气产量增长率→非常规天然气产量提升→非常规天然气产量→天然气供给速率;常态能源消费→天然气消费速率→天然气需求满足率。

(3)煤炭对石油替代子模块。该模块包含了煤制油、煤发电、煤制氢三条具体的替代路径,以煤制油的反馈回路为例:石油需求满足率→煤制油减少的石油→煤炭对石油的替代速率→石油消费速率→石油需求满足率。其余两条反馈回路类似。

(4)天然气对石油替代子模块。天然气对石油的替代在本研究中主要考虑天然气车用燃烧用途,具体的反馈路径如下:石油需求满足率→天然气交通替

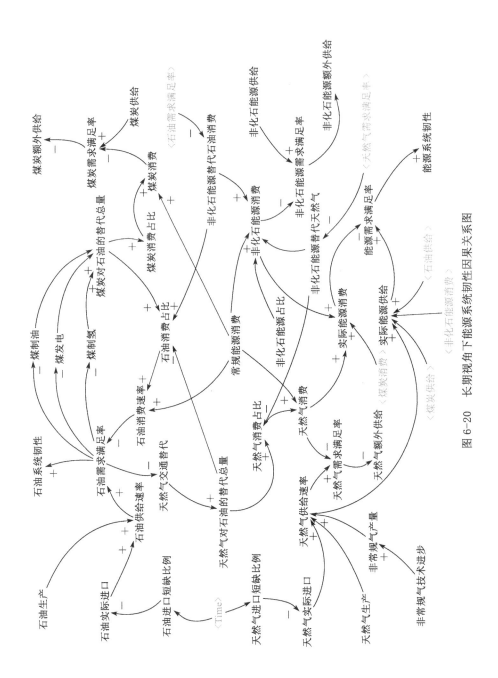

图6-20 长期视角下能源系统韧性因果关系图

代减少的石油→石油消费速率→石油需求满足率。

（5）非化石能源对石油替代子模块。非化石能源对石油替代主要通过非化石能源发电替代石油在交通领域的应用,具体的反馈路径如下:石油需求满足率→非化石能源减少的石油消费→石油消费占比→石油消费速率→石油需求满足率。

（6）非化石能源对天然气替代子模块。由于天然气的短缺不是本研究的重点,因此我们没有对非化石能源对天然气的替代细分具体的路径,而是参考相关文献,以在整体能源消费中调整天然气消费占比和非化石能源消费占比为基础来实现能源替代的。具体的反馈路径如下:天然气需求满足率→替代占比速率→替代占比→天然气消费速率→天然气需求满足率。

6.4.3　系统存量流量图及方程设定

根据图 6-20 的因果关系图以及各指标之间的数量关系,绘制出长期视角下我国能源系统韧性模型的系统流图。系统中包括 8 个存量、13 个流量,具体系统存量流量图见图 6-21。

6.4.3.1　石油供需系统子模块。

可用石油（AO）由石油供给速率（OSR）和石油消费速率（OCR）共同决定;石油供给速率（OSR）由石油实际进口（OAI）和石油国内生产（ODP）共同决定;石油消费速率（OCR）由常态能源消费（NEC）、石油消费占比（OCP）、煤炭对石油的替代速率（ROCC）、非化石能源替代减少的石油消费（ROCNF）和天然气交通替代减少的石油（ROCNG）共同决定;石油需求满足率（DSRO）由石油供给速率（OSR）和石油消费速率（OCR）共同决定;石油常态进口（ONI）由石油国内生产（ODP）和石油消费速率（OCR）共同决定;石油实际进口（OAI）由石油进口短缺比例（POIS）和石油常态进口（ONI）共同决定。以上具体函数方程式以及相关常量取值的计算公式如下:

$$AO.K = AO.J + (OSR.JK - OCR.JK) * DT \tag{6-32}$$

$$OSR = OAI + ODP \tag{6-33}$$

$$OCR = NEC * OCP - ROCC - ROCNF - ROCNG \tag{6-34}$$

$$DSRO = IF\ THEN\ ELSE(OSR/OCR > 1,1,OSR/OCR) \tag{6-35}$$

$$ONI = OCR - ODP \tag{6-36}$$

$ODP = WITH\ LOOKUP\ (Time, ([(2011,0)(2050,4)], (2010.28, 0.333333), (2011,2.9), (2012,2.96), (2013,3), (2014,3.02), (2015,3.07), (2016,2.85), (2017,2.74), (2018,2.7), (2019,2.74), (2020,2.8), (2021,$

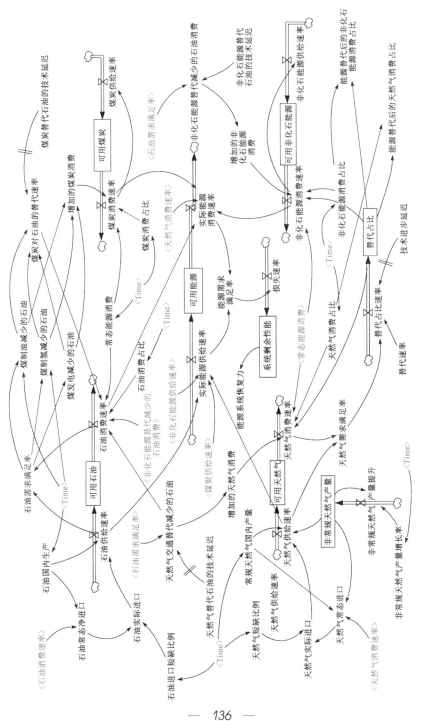

图 6-21　长期视角下能源系统韧性存量流量图

3.23),(2022,3.21),(2023,3.18),(2024,3.13),(2025,3.08),(2026,3.04),
(2027,2.99),(2028,2.93),(2029,2.89),(2030,2.84),(2031,2.8),(2032,
2.74),(2033,2.7),(2034,2.65),(2035,2.62),(2036,2.56),(2037,2.52),
(2038,2.47),(2039,2.42),(2040,2.37),(2041,2.33),(2042,2.26),(2043,
2.22),(2044,2.18),(2045,2.13),(2046,2.08),(2047,2.02),(2048,1.99),
(2049,1.94),(2050,1.9))) (6-37)

$$OAI = ONI * (1 - POIS) \tag{6-38}$$

$$POIS = \text{IF THEN ELSE}(Time >= 2036 \, \text{:AND:} \, Time <= 2045, 0.79, 0) \tag{6-39}$$

其中:式(6-39)的 Time 的取值是石油进口短缺时间,0.79 表示进口短缺比例。

6.4.3.2　天然气供需系统子模块。

可用天然气(ANG)由天然气供给速率(NGSR)和天然气消费速率(NGCR)共同决定;天然气供给速率(NGSR)由常规天然气国内产量(NGDP)、非常规天然气产量(UNGDP)和天然气实际进口(NGAI)共同决定;天然气实际进口(NGAI)由天然气常态进口(NGNI)和天然气短缺比例(PNGIS)共同决定;非常规天然气产量(UNGDP)由非常规天然气产量提升(IUNGDP)决定;非常规天然气产量提升(IUNGDP)由非常规天然气产量(UNGDP)和非常规天然气产量增长率(UNGPGR)共同决定;天然气消费速率(NGCR)由常态能源消费(NEC)、天然气消费占比(NGCP)和替代占比(RR)共同决定;天然气需求满足率(DSRNG)由天然气供给速率(NGSR)和天然气消费速率(NGCR)共同决定。以上具体函数方程式以及相关常量取值的计算公式如下:

$$ANG.K = ANG.J + (NGSR.JK - NGCR.JK) * DT \tag{6-40}$$

$$NGSR = NGDP + UNGDP + NGAI \tag{6-41}$$

$$NGAI = NGNI * (1 - PNGIS) \tag{6-42}$$

$$UNGDP = \text{INTEG}(IUNGDP), \text{Initial Value:} 0.036 \, \text{亿 t 标煤} \tag{6-43}$$

$$IUNGDP = UNGDP * UNGPGR \tag{6-44}$$

$$UNGPGR = \text{WITH LOOKUP}(Time, ([(2011,0)(2050,1)], (2011,0.1),$$
(2012,0.05),(2013,0.095),(2015.39,0.038),(2016,0.018),(2017,0.082),
(2018,0.082),(2019,0.1),(2020,0.13),(2025,0.1289),(2030,0.078),
(2035,0.0658),(2050,0.0407))) (6-45)

$$NGCR = NEC * (NGCP - RR) \tag{6-46}$$

$$PNGIS = \text{IF THEN ELSE}(Time >= 2036 \, \text{:AND:} \, Time <= 2045, 0.57, 0) \tag{6-47}$$

$$DSRNG=\text{IF THEN ELSE}(NGSR/NRCR>1,1,NGSR/NRCR)$$

$$(6\text{-}48)$$

其中:式(6-47)中的 Time 取值是天然气进口短缺时间,0.57 表示进短缺比例。

6.4.3.3 煤炭对石油替代子模块

煤制油减少的石油(CTLOC)、煤制氢减少的石油(CHOC)和煤发电减少的石油(CEOC)均由石油需求满足率(DSRO)决定;煤炭对石油的替代速率(ROCC)由煤制油减少的石油(CTLOC)、煤制氢减少的石油(CHOC)、煤发电减少的石油(CEOC)和煤炭替代石油的技术延迟(DCO)共同决定;增加的煤炭消费(ICC)也由煤制油减少的石油(CTLOC)、煤制氢减少的石油(CHOC)和煤发电减少的石油(CEOC)共同决定;此外,可用煤炭(AC)由煤炭消费速率(CCR)和煤炭供给速率(CSR)共同决定;煤炭供给速率(CSR)由煤炭消费速率(CCR)决定;煤炭消费速率(CCR)由常态能源消费(NEC)、煤炭消费占比(CCP)和增加的煤炭消费(ICC)共同决定。以上具体函数方程式以及相关常量取值的计算公式如下:

$$CTLOC=\text{WITH LOOKUP IF THEN ELSE}(DSRO<1,Time,0)$$

$([(2011,0)(2050,0.1)],(2011,0),(2019,0),(2020,0.01812),(2021,0.02012),(2022,0.00986),(2023,0.01236),(2024,0.01086),(2025,0.0224),(2026,0.031),(2027,0.032),(2028,0.033),(2029,0.034),(2030,0.035),(2031,0.0357),(2032,0.0364),(2033,0.0371),(2034,0.0378),(2035,0.0385),(2036,0.0392),(2037,0.0399),(2038,0.0406),(2039,0.0413),(2040,0.042),(2041,0.04242),(2042,0.04284),(2043,0.04326),(2044,0.04368),(2045,0.0441),(2046,0.04452),(2047,0.04494),(2048,0.04536),(2049,0.04578),(2050,0.0462))$ $\qquad(6\text{-}49)$

$$CHOC=\text{IF THEN ELSE}(DSRO<1\text{:AND:}Time>=2040,0.09,0)$$

$$(6\text{-}50)$$

$$CEOC=\text{WITH LOOKUP IF THEN ELSE}(DSRO<1,Time,0)$$

$([(2011,0)(2050,0.3)],(2011,0),(2040,0),(2041,0.174057),(2042,0.181624),(2043,0.189191),(2044,0.196757),(2045,0.204324),(2046,0.211891),(2047,0.219457),(2048,0.227024),(2049,0.234591),(2050,0.242157))$ $\qquad(6\text{-}51)$

$$ROCC=\text{DELAY FIXED}(CTLOC+CHOC+CEOC,DCO,0) \qquad(6\text{-}52)$$

$$ROCC=\text{DELAY FIXED}(CTLOC+CHOC+CEOC,DCO,0) \qquad(6\text{-}53)$$

$$ICC=CTLOC*3.6+CHOC*1.6+CEOC*1.148 \qquad(6\text{-}54)$$

$$AC.K = ANG.J + (CSR.JK - CCR.JK) * DT \tag{6-55}$$

$$CSR = CCR \tag{6-56}$$

$$CCR = NEC * CCP + ICC \tag{6-57}$$

6.4.3.4 天然气对石油替代子模块

天然气交通替代减少的石油(ROCNG)由石油需求满足率(DSRO)和天然气替代石油的技术延迟(DNGO)共同决定;增加的天然气消费(INGC)由天然气交通替代减少的石油(ROCNG)决定。以上具体函数方程式以及相关常量取值的计算公式如下:

$$ROCNG = \text{DELAY FIXED}(\text{IF THEN ELSE}(DSRO<1,0.08,0),DNGO,0) \tag{6-58}$$

$$INGC = ROCNG * 1.18 \tag{6-59}$$

6.4.3.5 非化石能源对石油替代子模块

非化石能源替代减少的石油消费(ROCNF)由石油需求满足率(DSRO)和非化石能源替代石油的技术延迟(DNFO)共同决定;增加的非化石能源消费(INFC)由非化石能源替代减少的石油消费(ROCNF)决定。以上具体函数方程式以及相关常量取值的计算公式如下:

$$ROCNF = \text{WITH LOOKUP DELAY FIXED}$$
$$(\text{IF THEN ELSE}(DSRO<1,Time,0),DNFO,0$$

([(2011,0)(2050,10)],(2011,0),(2020,0),(2021,0.553173),(2022, 0.607384),(2023,0.666907),(2024,0.732264),(2025,0.804026),(2026, 0.88282),(2027,0.969337),(2028,1.06433),(2029,1.16864),(2030, 1.28316),(2031,1.40891),(2032,1.54699),(2033,1.69859),(2034, 1.86505),(2035,2.04783),(2036,2.24851),(2037,2.46887),(2038, 2.71082),(2039,2.97648),(2040,3.26817),(2041,3.58845),(2042, 3.94012),(2043,4.32626),(2044,4.75023),(2045,5.21575),(2046, 5.72689),(2047,6.28813),(2048,6.90437),(2049,7.58099),(2050,

$$8.32393))) \tag{6-60}$$

$$INFC = ROCNF/3.34 \tag{6-61}$$

6.4.3.6 非化石能源对天然气替代子模块

替代占比(RR)由替代占比速率(RRR)决定;替代占比速率(RRR)由替代速率(SR)、技术进步延迟(DT)和天然气需求满足率(DSRNG)共同决定。以上具体函数方程式以及相关常量取值的计算公式如下:

$$RR.K = RR.J + RRR.JK * DT \tag{6-62}$$

$$RRR = \text{DELAY FIXED(IF THEN ELSE}(DSRNG < 1, SR, 0), DT, 0) \tag{6-63}$$

6.4.3.7 能源系统韧性测度

同 5.1.3 和 6.1.3 小节中系统韧性测度类似,长期视角下的能源系统韧性测度同样遵循剩余系统面积/完整系统面积的计算方式。具体的:能源系统韧性(ESR)由系统剩余性能(RESP)决定,系统剩余性能是指韧性演进曲线与时间轴围成的面积;系统剩余性能(RESP)由损失速率(LR)决定,速率(LR)由能源系统需求满足率(ESDSR)决定。其函数方程如下:

$$ESR = RESP/T \tag{6-64}$$

$$RESP = \text{INTEG(IF THEN ELSE}(LR > 0, LR, 0)), \text{Initial Value:0} \tag{6-65}$$

$$LR = \text{IF THEN ELSE}(ESDSR = 1, 0, ESDSR) \tag{6-66}$$

6.4.4 模型参数设置及数据来源

模型的初始时间、结束时间、步长设置如下:Initial time＝2011,Final time＝2050,Time step ＝1 Year,Unit of time:Year。

模型中的变量与方程确定数据来源如下:① 历史数据类:常态能源消费、石油国内产量、石油消费占比、常规天然气国内产量、非常规天然气增长率、非常规天然气产量初始值、天然气消费占比、煤炭消费占比和非化石能源消费占比等常量来自国家统计局。② 预测数据类:常态能源消费、石油消费占比、天然气消费占比、煤炭消费占比和非化石能源消费占比数据来自中国石油经济技术研究院的《2050 年世界与中国能源展望》;常规和非常规天然气产量数据来自陆家亮等对我国 2020—2050 年天然气产量的预测[190]。③ 经计算分析得到的数据类:一方面同 6.1.4 小节来源相同,不再赘述;另一方面,能源之间的折煤系数和能源单位换算统一采用王庆一《2020 能源数据》中的数据[191]。

6.4.5 模型测试

通过设置"石油进口短缺比例、天然气进口短缺比例"均为 0,判断相关参数的变化趋势,结果如图 6-22。当进口短缺为 0 时,石油、天然气和能源系统的需求满足率没有变动,始终为 1,相应的,突发事件下的能源应急替代也没有发生,表现为图中煤炭对石油的替代速率、非化石能源替代减少的石油消费和天然气交通替代减少的石油均为 0。

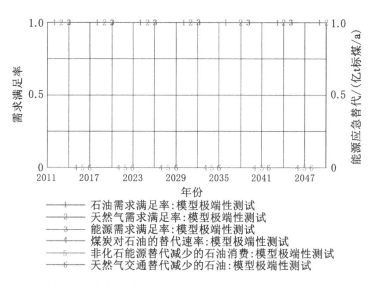

图 6-22　长期视角下能源系统 SD 模型极端性测试结果

　　这里,限于篇幅,仅汇报能源需求满足率以及天然气消费速率对模型中替代速率的敏感性,其中替代速率取值[0.002,0.008]。模拟结果如图 6-23 所示,由图可以看出,替代速率的变化引起了能源需求满足率和天然气消费速率较大幅度的变化,但实际上其趋势不变,这说明该变量是影响模型运行的关键变量。

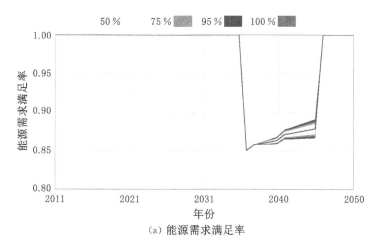

(a) 能源需求满足率

图 6-23　替代速率敏感性测试结果

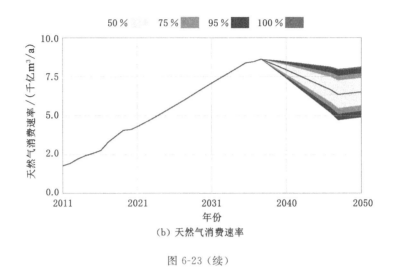

（b）天然气消费速率

图 6-23（续）

6.5 长期能源系统韧性情景模拟

长期能源系统主要存在以下主要问题：一是同样的进口短缺与不同的能源替代组合对韧性的影响；二是随着进口短缺程度的增加，为了尽早恢复系统性能，提升能源系统韧性，对能源替代组合提出的要求；三是当油气同时短缺，能源进口短缺进一步扩大，何种能源替代组合可以及时恢复系统需求满足率。为了研究这些问题，本书共设置 11 种情景，其中关于进口短缺程度，以 2022 年 3 月的俄乌冲突为依据，分析了国际冲突可能对我国能源进口产生的影响。天然气短缺程度参考 Ding 等[169]关于天然气网络遭受进口短缺的研究结论：在蓄意攻击下，10％的节点失效会引起 57％的天然气短缺。恢复措施主要依靠煤炭和新能源（本书指非化石能源，下同）发电。天然气直接燃烧、煤制油、煤制氢技术仅作为补充替代，因为天然气资源面临优先供应民用，以及对外依存度越来越高的制约；煤制油技术受到水资源和碳排放的制约，其产能有限；根据《中国石油消费情景研究（2015—2050）》的预测，氢燃料电池要在 2040 年以后才有可能进入商业化阶段。具体情景设置见表 6-3。

表6-3 长期能源系统韧性模型情景设置汇总

一级类别	二级类别	三级类别	四级类别	情景编号
单一能源短缺	失去俄罗斯等国家进口	15%石油短缺-10年 (2026—2035年)	无措施	①
			能源替代组合1	②
			能源替代组合2	③
			能源替代组合3	④
		15%石油短缺-10年 (2036—2045年)	无措施	⑤
			能源替代组合1	⑥
			能源替代组合2	⑦
			能源替代组合3	⑧
	失去中东和部分非洲国家进口	50%石油短缺-10年 (2036—2045年)	能源替代组合	⑨
	仅存东南亚和管道进口	80%石油短缺-10年 (2036—2045年)	能源替代组合	⑩
双重能源短缺	同时受到油气能源制裁	80%石油短缺&57%天然气短缺-10年	能源替代组合	⑪

6.5.1 情景①～④:15%石油短缺-10年(2026—2035年)

在这一类情景下,设定石油进口短缺比例为15%,短缺时间段是2026—2035年,在该阶段,假设煤炭发电量已经高于新能源发电量,且新能源替代石油能力的增长速度快于煤发电,恢复措施分别为无措施及三种能源替代组合措施,模拟结果如图6-24所示。首先,曲线4是能源系统遭受石油进口短缺后,不采取任何措施时的系统性能曲线,经计算,该情景下的系统韧性值是0.983 3。其次,在情景②中,设定能源替代组合为:煤发电增速为13.5%、煤制油增速为10%、新能源发电增速为5%、天然气超额管道供给量为76亿 m^3。经过模拟得到的能源系统韧性曲线为图6-24中的曲线1,可以看出,相对于曲线4,经过能源替代,系统性能有了明显提升,通过查看和计算Vensim软件中的数据得到了该种情景下,为了使系统性能在2035年,也就是进口短缺结束之前恢复至100%,煤炭、新能源发电和天然气消耗占比为0.91∶0.07∶0.02,总消耗能源约57亿t标煤,约等于一年的能源总消费量。此外,经计算,该种情景下的系统韧性值为0.995 7。接着,本研究改变了能源替代组合,由于情景②中的煤炭占

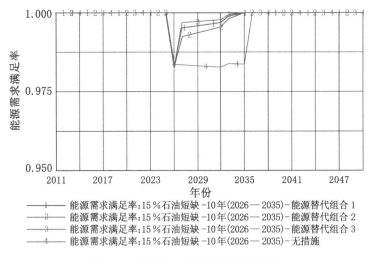

图 6-24　情景①～④能系统韧性曲线

比较高,因此在情景③中增加新能源发电占比,减小煤炭占比,同情景②一样,为了使系统性能在 2035 年恢复至 100%,设定能源替代组合为:煤发电增速为 5%、煤制油增速为 10%、新能源发电增速为 13.5%、天然气超额管道供给量为 76 亿 m^3。经过模拟得到的能源系统韧性曲线为图 6-24 中的曲线 2,该种情景下,煤炭、新能源和天然气消耗占比为 0.62∶0.34∶0.4。由图可以看出,曲线 2 低于曲线 1,能源替代组合 2 比组合 1 得到的系统韧性低。这说明调整的比例是不利于提升系统韧性的,经具体计算,情景③的能源系统韧性值为 0.994 3。在明确了提升系统韧性的调整方向后,为了验证该方向的正确性,继续设置了能源替代组合 3,也就是情景④。设定该能源替代组合为:煤发电增速为 18.5%、煤制油增速为 10%、新能源发电增速为 0%、天然气超额管道供给量为 76 亿 m^3。经过模拟得到的能源系统韧性曲线为图 6-24 中的曲线 3,煤炭、新能源和天然气消耗占比为 0.98∶0∶0.02。由图可以看出,曲线 3 是所有情景中性能表现最优的一条曲线,再次印证了调整煤炭替代的比例,有利于提升能源系统韧性。具体的,经过计算,情景④的能源系统韧性值为 0.996 5。此外,由于参数设置较为繁杂,为了清楚研究结果,将上文提到的参数设置和结果汇总在表 6-4 中。

　　综合情景①～④的研究发现,当初始的煤炭对石油的替代能力大于新能源,且新能源替代能力增长速度大于煤炭时,由于在该阶段煤炭有稳定而足够的替代产能,因此,应当尽可能增加煤炭在替代能源中的占比。

表 6-4　情景①~④参数设置和结果汇总

情景编号	恢复措施组合	煤炭消耗/亿 t 标煤	新能源电力消耗/亿 t 标煤	天然气消耗/亿 t 标煤	替代能源占比	韧性值
①	无措施	0	0	0	—	0.983 3
②	煤发电增速为 13.5%、煤制油增速为 10%、新能源发电增速为 5%、天然气超额管道供给量为 76 亿 m³	52	4	0.944	0.91∶0.07∶0.02	0.995 7
③	煤发电增速为 5%、煤制油增速为 10%、新能源发电增速为 13.5%、天然气超额管道供给量为 76 亿 m³	20	11	0.944	0.62∶0.34∶0.4	0.994 3
④	煤发电增速为 18.5%、煤制油增速为 10%、新能源发电增速为 0%、天然气超额管道供给量为 76 亿 m³	71	0	0.944	0.98∶0∶0.02	0.996 5

6.5.2　情景⑤~⑧:15%石油短缺-10 年(2036—2045 年)

在该类情景下,设定石油进口短缺比例为 15%,短缺时间段是 2036—2045 年,在该阶段,假设新能源发电量已经高于煤炭发电量,新能源替代石油能力的增长速度快于煤发电,恢复措施分别为无措施及三种能源替代组合措施,模拟结果如图 6-25 所示。曲线 1 是不采取任何替代措施时能源系统性能变化曲线,可以看出,该曲线的在整个石油短缺期内几乎没有任何恢复的迹象,经计算,该情景下的系统韧性值为 0.982。曲线 2 代表在能源替代组合 1 的恢复措施下能源系统的性能表现,能源替代组合 1 的参数设置见表 6-5。由图 6-25 可以看出,曲线 2 明显高于曲线 1,说明能源替代措施对系统性能起到了很好的恢复作用,经计算,该情景下的能源系统韧性值为 0.992。其中,根据图 6-26(a),曲线 1 和 2 分别代表了该替代组合下新能源对石油的替代量和煤炭对石油的替代量,可以看出,二者的差距是三组能源替代组合中最大的。通过查看和计算 Vensim 软件中的时间序列数据得到,该能源替代组合下,煤炭、新能源、天然气的消耗占比为 0.53∶0.42∶0.5。曲线 3 代表在能源替代组合 2 的恢复措施下能源系统性能表现,能源替代组合 2 的参数设置见表 6-5。由图 6-25 可以看出,曲线 3 不仅明显明显高于曲线 1,也高于曲线 2,说明能源替代组合 2 的系统韧性是强于能源替代组合 1 的。经计算,该情景下的能源系统韧性值为 0.993。

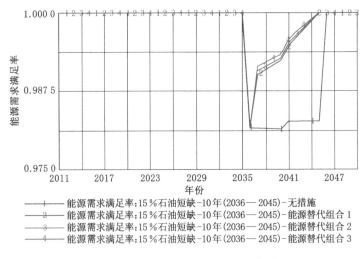

图 6-25　情景⑤～⑧能系统韧性曲线

其中,根据图 6-26(a),曲线 3 和 4 分别代表了该替代组合下新能源对石油的替代量和煤炭对石油的替代量,可以看出,二者的差距相对组合 1 是在缩小的,也就是煤炭的比例是在逐步提升的。通过查看和计算 Vensim 软件中的时间序列数据得到,该能源替代组合下,煤炭、新能源、天然气的消耗占比为 0.62:0.34:0.4。为了进一步验证,提升煤炭占比,缩小煤炭和新能源对石油替代能力差

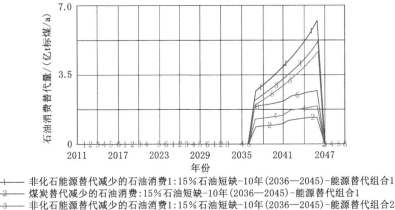

(a) 石油消费替代量

图 6-26　情景⑤～⑧能源替代组合和石油消费替代总量

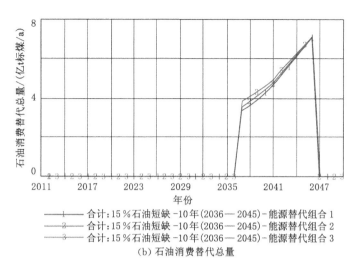

(b) 石油消费替代总量

图 6-26（续）

距是否有助于提升系统韧性,本研究设置了能源替代组合 3,能源替代组合 3 的参数设置见表 6-5。由图 6-25 可以看出,曲线 4 高于曲线 1、3,说明能源替代组合 3 的系统韧性是强于组合 1 和组合 2 的。经计算,该情景下的能源系统韧性值为 0.994。根据情景⑤～⑧的前提条件设定,该组参数设置是提升煤炭比例、降低煤炭和新能源替代能力差距的极端情景,从图 6-26(a)中曲线 5 和 6 可以看出,在短缺的初始年份,二者对石油的替代能力几乎没有差距。通过查看和计算 Vensim 软件中的时间序列数据得到,该能源替代组合下,煤炭、新能源、天然气的消耗占比为 0.73∶0.23∶0.4。

表 6-5　情景⑤～⑧参数设置和结果汇总

情景编号	恢复措施组合	煤炭消耗/亿 t 标煤	新能源电力消耗/亿 t 标煤	天然气消耗/亿 t 标煤	替代能源占比	韧性值
⑤	无措施	0	0	0	—	0.982
⑥	煤发电增速为 2.25%、煤制油增速为 10%、煤制氢增速为 5%(2041 年起)、新能源发电增速为 6%、天然气超额管道供给量为 76 亿 m³	15	12	0.944	0.53∶0.42∶0.5	0.992

表 6-5（续）

情景编号	恢复措施组合	煤炭消耗/亿 t 标煤	新能源电力消耗/亿 t 标煤	天然气消耗/亿 t 标煤	替代能源占比	韧性值
⑦	煤发电增速为 3.25％、煤制油增速为 10％、煤制氢增速为 5％（2041 年起）、新能源发电增速为 5％、天然气超额管道供给量为 76 亿 m³	20	11	0.944	0.62∶0.34∶0.4	0.992
⑧	煤发电增速为 4.75％、煤制油增速为 10％、煤制氢增速为 5％（2041 年起）、新能源发电增速为 4.35％、天然气超额管道供给量为 76 亿 m³	28	9	0.944	0.73∶0.23∶0.4	0.994

综合情景⑤～⑧的研究发现，当初始的新能源对石油的替代能力大于煤炭，且新能源替代能力增长速度大于煤炭时，由于新能源对石油的替代能力已经表现为强于煤炭，且煤炭对石油的替代要经过煤转化为电力，电力再替代石油，全过程煤耗高，因此，在能源替代组合中，由于我国能源国情，煤炭是能源替代的主力军，增加煤炭有利于提升能源系统韧性，但在使用煤炭替代石油的策略中，煤炭的占比应低于 73％。

6.5.3 情景⑨～⑪，50％、80％石油短缺，80％石油短缺＆57％天然气短缺-10 年（2036—2045 年）

在该类情景下，本书主要对比不同的能源进口缺口下，能源系统性能的变化情况。因此，该组情景中设定石油进口短缺比例分别为 50％、80％，以及 80％石油短缺 ＆57％天然气短缺三种，同时与情景⑧比较。短缺时间段是 2036—2045 年，恢复措施是情景⑧中经过模拟实验找到的最优能源替代组合，模拟结果如图 6-27 所示。由图 6-27 可以看出，曲线 1、2、3 代表的情景⑧～⑩，都可以在石油进口短缺结束的前一年即 2045 年使得系统的需求满足率恢复至 100％，也就是实现了自主完全恢复，这表明，在 2045 年，国家通过能源替代组合的方式可以应对 80％石油进口短缺，但在 2036—2044 年间，能源替代措施没有弥补当年的缺口。值得注意的是，当石油短缺遇上天然气进口短缺，也就是在情景⑪中，可以明显地看出，曲线 4 在 2045 年没有能够使需求满足率恢复至 100％，经查看数据，在 2045 年，需求满足率恢复至 93.7％。该组对比表明，随着进口能源得进一步短缺,此时的能源替代组合不足以应对该种油气同时短缺的情景,需要进一步加大替代能源的生产和替代规模。

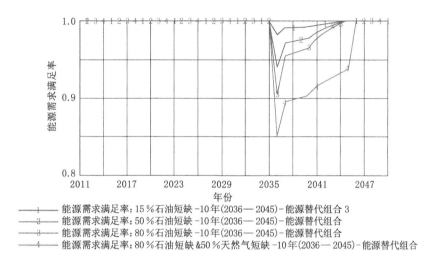

能源需求满足率:15%石油短缺 -10 年(2036—2045)-能源替代组合 3
能源需求满足率:50%石油短缺 -10 年(2036—2045)-能源替代组合
能源需求满足率:80%石油短缺 -10 年(2036—2045)-能源替代组合
能源需求满足率:80%石油短缺 &50%天然气短缺 -10 年(2036—2045)-能源替代组合

图 6-27　情景⑨～⑪能系统韧性曲线

在情景⑨～⑪中,除情景⑪外,其他情景中的系统性能均在 2045 年实现对缺口的自主供给。因此,接下来本书继续探究以下情景:一是在情景⑨和⑩中,如果使系统的需求满足率提前 5 年恢复至 100%,对于能源替代组合中的煤炭发电和新能源发电的供给量提出了怎样的要求?需要多增加多少煤炭和新能源电量?二是在油气同时短缺的情景⑪中,如果使系统性能提前到 2045 年恢复至 100%,对于能源替代组合中的煤炭发电和新能源发电的供给量提出了怎样的要求?需要多增加多少煤炭和新能源电量?本书通过试错的方法,在假定条件的限制下,通过参数的调整,得出了上述问题的研究结果,见表 6-6。由表6-6 可以看出,在情景⑨中,如果想要提前 5 年恢复系统性能,则需要将煤炭发电量增速由 4.75%提升至 7.25%,同时,新能源发电量增速由 4.35%上涨至6.5%,经计算,为了实现该目标,情景⑨比情景⑧多消耗了 13 亿 t 标煤的煤炭和 4.81 亿 t 标煤的新能源。类似的,在情景⑩中,如果想要提前 5 年恢复系统性能,则需要将煤炭发电量增速由 4.75%提升至 7.25%,同时,新能源发电量增速由 4.35%上涨至 6.75%,经计算,为了实现该目标,情景⑩比情景⑧多消耗了 13 亿 t 标煤的煤炭和 5.35 亿 t 标煤的新能源。在情景⑪中,为了实现在2045 年系统性能恢复至 100%的目标,则需要将煤炭发电量增速由 4.75%提升至 7.75%,同时,新能源发电量增速由 4.35%上涨至 7.25%,经计算,为了实现该目标,情景⑪比情景⑧多消耗了 15 亿 t 标煤的煤炭和 6 亿 t 标煤的新能源电力。

综上所述,油气进口的短缺都需要国内大量的煤炭或新能源来替代,对我国能源安全带来极大的挑战,因此,降低石油在能源消费中的占比,或者选择最优的能源替代组合,对于提升我国能源系统韧性至关重要。

表 6-6　情景⑨~⑪中提前恢复的能源替代组合

情景编号	恢复目标	能源替代组合变化	新增能源替代量
⑨	提前 5 年使需求满足率恢复至 100%	煤炭发电量增速由 4.75% 上涨至 7.25%,新能源发电量增速由 4.35% 上涨至 6.5%。	煤炭替代产能新增 13 亿 t 标煤、新能源替代产能新增 4.81 亿 t 标煤
⑩	提前 5 年使需求满足率恢复至 100%	煤炭发电量增速由 4.75% 上涨至 7.25%,新能源发电量增速由 4.35% 上涨至 6.75%。	煤炭替代产能新增 13 亿 t 标煤、新能源替代产能新增 5.35 亿 t 标煤
⑪	2045 年需求满足率恢复至 100%	煤炭发电量增速由 4.75% 上涨至 7.75%,新能源发电量增速由 4.35% 上涨至 7.25%。	煤炭替代产能新增 15 亿 t 标煤、新能源替代产能新增 6 亿 t 标煤

6.6　本章小结

本章分别构建了长期视角下的石油系统韧性和以能源替代为主要措施的能源系统韧性模型。具体的,一方面,为了刻画出长期视角下的石油系统在面临进口短缺以及恢复时系统性能的变化,本章在确定系统边界、分析系统因果关系的基础上构建了长期视角下的石油系统韧性系统动力学模型,分别从非常规油技术未突破、非常规油技术突破、系统的"学习性"模拟和提升系统韧性的关键因素四个方面,设置了共 27 个情景,并对每个情景下的系统韧性进行了计算和对比分析。另一方面,为了对上述模型做出进一步的推演,研究能源替代对能源系统韧性的影响,同时研判油气都中断的情景对我国能源系统的危害,进而将整个能源系统纳入研究。

通过上述研究,本章得出以下结论:① 在非常规油技术未实现突破的情景下,能源替代措施是系统恢复性的重要支撑,降低石油消费强度的作用比较小;随着进口短缺时间的延长,无论是能源替代还是能源效率的提升措施对系统的恢复作用都是越来越强的;在设定的进口短缺和恢复能力的参数下,要想使系统性能在短缺冲击结束前恢复至 100%,需要石油消费强度的降低速率以每年

4.7 个百分点下降或能源替代强度在原来的基础上提升 28％。② 当非常规油技术实现突破后,通过对比短缺发生在 2021—2025 年、2031—2035 年、2021—2030 年和 2031—2040 年的情景发现,非常规油技术在初期对于增强系统韧性的作用不是很明显,但在后期,通过长期的技术累积效应,完全可以实现在进口短缺结束之前使系统的需求满足率恢复至 100％ 的要求,表明随着时间的推移,技术突破对系统韧性的贡献越来越大,对我国解除能源安全隐患,"把能源的饭碗端在自己手里"至关重要。③ 在本书的参数设置下,通过加强能源替代,即在短缺发生前,降低石油消费占能源消费的比例,使需求满足率受到的冲击更小,可以使系统韧性提升约 3.1％,进而更有效地抵抗石油进口短缺。④ 从长期视角来看,进口短缺能够使系统从该次危机中和吸取经验教训,可以在下一次进口短缺发生时,对同等程度的风险有更好的应对能力。⑤ 通过"韧性弹性"的模拟和测算发现,在长期视角下,对系统韧性的影响力最强的是能源替代措施。⑥ 在能源系统韧性的研究中发现,不同的能源替代组合即使可以实现在同年使需求满足率恢复至 100％,但其韧性曲线及其系统韧性值并不相同,具体表现为:当煤炭作为替代石油的主力能源且增速稳定时,应当优先增加煤炭在替代能源中的占比;当新能源作为替代石油的主力能源,且增速变化较快时,煤炭作为传统的替代能源仍保持主力替代,但其占比不应过高;最后计算了在扩大石油进口短缺甚至同时使油气短缺的情景下,需要增加的能源组合以及替代量。

第7章
提升我国石油能源系统韧性的政策建议

7.1 提升准备阶段系统准备性的政策

根据 2.2.2 小节对韧性理论中各阶段特征的描述,提升准备阶段的系统准备性在石油及能源系统中具体是指提升对能源系统的风险研判和预测预警能力。第一次石油危机导致西方各国陷入严重的经济衰退,自此,对能源系统的监测和预警逐渐被各国重视[192]。能源预警具体是指通过提前识别危险信号,进而提前布局、消灭隐患[193-194]。IEA 成立之后,建立了世界能源预警系统,并在帮助各个国家应对能源危机方面做出了突出的贡献。如:受海湾危机的影响,出现了较为严重的能源供应短缺的情况,为了解决该问题,1991 年,IEA 执行了预防性应急计划,所以在海湾战争爆发之后,避免了出现石油供应短缺情况。

7.1.1 提升准备阶段系统准备性的政策体系及其演化路径

2004 年至今,我国先后制定相关政策以加快能源预测预警体系的建设。随着能源安全内涵的变化,能源预测预警的内涵也越来越丰富。早期,能源预测预警关注的是能源供应和价格两个方面。随后,能源安全新增了效率提升、能源替代、环境安全、经济安全等维度,能源预测预警的政策也随之不断细化和延伸[195-197]。现阶段,针对全球地缘政治、新冠肺炎疫情蔓延的影响,能源预测预警政策也在不断变化和更新。基于我国能源预测预警工作在不同时期侧重点的不同,通过对已发布相关政策的梳理,我们将能源预测预警政策发展历程划分为三个阶段。

7.1.1.1 第一阶段:2004—2013 年

2004 年 6 月,《能源中长期发展规划纲要(2004—2020 年)》(草案)讨论通过并指出要完善能源预警体系建设。2006 年 2 月,新成立的国家能源领导小组启动了我国能源预测预警项目研究,第一个石油战略储备基地建成投入使用的同时,我国能源预测预警工作也展开进行。2008年1月,《关于加强能源预测预警工作的意见》强调了能源预测预警机制构建的重要性和必要性,突出了我国高度关注能源预测预警工作,并对能源预测预警工作的相关原则等进行了较多的阐述和说明,确定了相关工作的重点任务,提出了相关的保障措施。自《关于加强能源预测预警工作的意见》发布以来,我国相继发布了多项政策以促进能源预测预警工作的落实。2009年10月26日,国家能源局首次发布了我国能源经济运行情况,并建立了能源经济部门磋商机制,为我国能源预测预警机制的建立和完善提供支持。2009年12月27日,《转变发展方式调整能源结构为促进经济平稳较快发展提供能源保障》对于我国发展方式的转变以及能源结构的优化提出了意见和建议,在部署"加强能源预测预警和应急保障能力建设"这一任务时,报告强调,要"密切关注世界能源的发展和变化的趋势,重视预测以及预警工作的落实,要构建能源预测预警机制,发现问题的迹象和趋势,及时地提出对策以及建议"。2010年4月22日,在国家能源委员会的第一次全体会议上,提出"加强能源预测预警,完善能源应急预案"的具体要求。

总的来看,在该阶段,关于能源预测预警会议的召开以及政策的制定,均围绕着如何构建能源预测预警体系的角度展开,国家的能源预测预警体系建设仍处于起步阶段。

7.1.1.2　第二阶段:2014—2019年

针对第一阶段能源预测预警工作的不足和新能源不断发展的时代特色要求,我国在第二政策阶段(2014—2019年)细化了能源预测预警的规定,融入了针对风电、太阳能电、核电等新能源发电的预测预警政策。2014年11月19日,《国务院办公厅关于印发能源发展战略行动计划(2014—2020年)的通知》中,在"增强能源自主保障能力条目"下,指出了提升预测预警水平的要求。2016年12月,国家发展和改革委员会、国家能源局印发《能源发展"十三五"规划》,在政策取向中提出:加快建设以及完善对风电、煤电、光伏发电的设备利用效率的监测预警。2016年12月,国家发展和改革委员会、国家能源局印发《能源生产和消费革命战略(2016—2030)》指出:健全能源预警应急体系。加强能源事故应急能力建设,开发和建立能源预测预警模型以及平台,定期扫描危机,建立畅通的信息渠道。2018年4月,全国新能源消纳监测预警中心成立,负责新能源发电消纳监测预警平台的构建、日常运行以及管理等方面的工作。

总体来看,这一阶段的能源预测预警工作既秉承了第一阶段的任务,也提出了新的要求。然而,政策同样存在不足和漏洞,往往属于一种指导与引导,政策的侧重点以及政策的具体内容模糊,针对政策目标也并未制定量化的指标体系,缺乏针对实施的战略、办法与方式等进行的解释和说明,所以相应的能源预测预警政策无法很好地服务于能源安全战略。

7.1.1.3 第三阶段:2020年至今

第三阶段的能源预测预警政策的更新升级主要基于新型能源安全风险的背景。当前,全球能源发展进入大变革、大调整、安全风险积聚期,传统能源安全风险在加剧,新型安全风险叠加新冠肺炎疫情的反复,对我国能源风险预警与应对能力提出了更大的挑战。近年来,欧洲天然气、电力、油品短缺问题愈演愈烈,全球能源价格加快上涨,我国部分区域局部时段出现了能源供需偏紧问题,进一步凸显了转型期能源安全面临的挑战。基于以上背景,我国出台关于加强能源预测预警的相关政策。2020年4月12日,国家发展和改革委员会、国家能源局发布的《关于做好2020年能源安全保障工作的指导意见》中指出要强化能源监测预警。具体的,要密切的关注国外新冠肺炎疫情对世界能源供应链的影响,对能源安全风险进行动态监测。2020年6月22日,国家能源局印发《2020年能源工作指导意见》,同样提出要密切跟踪能源供需形势变化,不断地完善能源信息的统计、共享等工作机制。2021年4月23日,国家能源局印发《2021年能源工作指导意见》指出:加强国内天然气和电力等能源供需走势的分析和研判工作,做好应对突发事件的举措。为保障2022年能源安全,推动绿色低碳发展,建设能源强国,国家能源局2021年12月作出六项具体部署,其中,明确提出要"加强能源安全运行预测预警"。

根据以上政策的具体内容可以看出,第三阶段主要关注新冠肺炎疫情叠加新型能源安全背景下的能源预测预警工作,虽然该阶段持续时间较短,但由于复杂的外部风险,作为能源安全的首道防线,能源预测预警的政策力度仍在不断加强。

7.1.2 提升准备阶段系统准备性的政策实施效果

在第一阶段,能源预测预警工作主要以"摸清家底"的统计性工作为主。在政策的推动下能源预测预警体系的建设取得了一定的成效。首先,国家能源领导小组办公室启动了中国能源预测预警系统方案研究工作;随后在2006年7月,召开了中国能源预测预警国际研讨会,分别以"典型国家的能源预测预警系统:为中方提供经验""如何设计和改进能源数据系统""选择什么样的模型工具"为议题,探讨并吸取了国外的经验教训;2006年底,《中国能源早期预测预警系统建设方案评审》引入了专家评审的方法,并且从各个模块的角度针对预测预警系统的建设勾画了蓝图,不仅对系统的功能、内容以及技术目标进行了设计和说明,而且对系统的进程表做了较为实用的规划。但该阶段尚未建立起可以全面反映能源形势的一套预测预警系统,仍然存在着诸如信息基础薄弱、统计指标不统一、专业化人才缺乏、资金投入匮乏等问题,持续制约能源预测预警工作的进行。

在第二、三阶段,成立了较多的能源预测预警机构和平台,例如咨询公司企业智库、国家专业智库等。比如能源监测预警系统(客户端版本)是一个整合国内能源行业各类信息资源的基础服务平台,数据内容涉及电力、石油、天然气、煤炭、新能源等行业,可以对国内能源运行实施监测,同时兼具能源规划和项目管理、能源数据库分析及汇报国际能源形势的功能。

当前,能源预测预警已经形成规模,预测预警内容丰富。但能源行业的预测预警体系仍然较分散,并未形成一套完善的预警机制。具体的,各类能源信息比较分散、数据来源不准确、数据存在遗漏,尤其是能源市场能源核算等相关方面的数据缺乏等问题,影响了我国宏观管理的效益与效率,同时也无法满足现实中的能源信息需求[198]。

7.1.3　提升准备阶段系统准备性的政策建议

通过对我国能源预测预警政策的发展历程与政策效果的梳理和评估,本书提出进一步完善我国能源预测预警机制、提升准备阶段系统准备性的相关建议。

7.1.3.1　构建统一的预测预警管理体系

针对目前预测预警体系分散的问题,要由政府主管部门牵头,统一构建预测体系。当前,油气行业的市场化改革逐渐向纵深方向发展,市场主体日渐增加,预警内容和目标不尽相同,给能源的预测预警带来了新挑战。因此,要建立系统化、规范化和制度化的能源预测预警管理体系。由该组织管理部门制定并颁布统一的预警政策、预警规定、预警制度,确定能源预测预警技术标准和信息管理制度,同时实现预测信息在各个城市和政府部门之间的共享作用及有效传递,减小合规成本和制度复杂性。

7.1.3.2　不断提高预测预警的准确性和全面性

通过政策制定引导,加强能源预测预警方法的探究,不断尝试和设置新的预测预警制度,切实推进能源预测预警系统的工作进度。同时要不断分析和管理与我国能源安全密切相关的贸易国、合作伙伴、竞争国、运输途径国的各类战略情报信息,监测我国在海外投资的各项能源项目信息,收集动态变化中的国际能源事件。

7.1.3.3　不断强化能源风险意识

忧患意识对各级能源主管部门、能源行业来说,既是一种使命要求,又是一种责任自觉。目前我国能源安全面临的风险隐患总体上可控,但也必须时刻关注到伴随着外部发展环境和形势的变化,一些日积月累的风险因素需要消化,一些新的风险因素也在增加,从我国发展的外部环境来看,世纪疫情和百年变局交织,外部环境更趋复杂严峻和不确定。从我国能源大局来看,能源发展虽已取得历史性成就,但仍需要我们未雨绸缪、保持高度警惕,保证风险到来之前以最快的速度努力将矛盾消解于未然,将风险化解于无形。

7.1.3.4　创建我国能源系统韧性预测预警平台

凡事预则立,不预则废。能源系统在面对全方位的不确定性与危机的冲击时,建设高韧性系统所需要的第一个能力就是预测预警能力。在危机到来前及时发现征兆,才能争取到宝贵时间,通过提前制订作战计划打"有准备之仗",规避潜在风险,使危害与损失最小化。具体的,要创建全国统一的能源韧性预测预警平台,加强对进口国、进口运输路线、世界能源格局的系统性风险扫描,及时捕捉异常信号并解读,采取防范措施,将风险扼杀在摇篮之中。

7.2　改善降级阶段系统脆弱性的政策

根据 2.2.2 小节对韧性理论中各阶段特征的描述,本小节将改善降级阶段的系统脆弱性在石油及能源系统中的具体实施路径概括为加强国际能源合作、保障能源运输通道安全和增强能源自给能力。具体来说,首先,在改善降级阶段的系统脆弱性政策中,有关国际能源合作的政策一方面致力于实现互利共赢,另一方面,通过合作的方式可以增强我国在全球范围内与其他国家的联系,而这种联系越多、越紧密、越深入,国际关系网就越稳固。由于国际关系不是简单的只涉及两个或三个国家,而是涉及更多的次级利益相关国家,因此,稳固而又错综复杂的国际关系实际上可以抵挡或者打消某些利益冲突国对我国实施能源仗的想法。其次,能源进口的必经之路便是能源运输通道,加强能源运输通道安全,积极探寻新的、风险性小的运输通道,是改善进口网络脆弱性的重要举措之一。最后,不断增强能源自给能力,减少石油、天然气能源进口的需求,可以保证在能源短缺时不调用额外战略性力量或让渡核心利益却可以保障能源需求。

7.2.1　改善降级阶段系统脆弱性的政策体系及其演化路径

7.2.1.1　国际能源合作政策

为了厘清已有的国际能源合作政策,通过系统的梳理,本书将国际能源合作政策发展历程划分为四个阶段。

第一阶段:1978—1992 年。该阶段我国能源消耗迅速增加,石油出口量持续下降。能源行业经历了从计划经济向原材料经济的转变,逐步实施了能源行业的标准化管理和市场化改革。我们开始建立全面的能源合作,坚持以引进资金、技术和设备换取市场开放和能源出口的国际能源合作[199-200]。在上述背景下,能源已成为改革开放初期我国与西方国家合作的侧重点。以"七五"时期为例,我国确定了引进国外先进勘探技术的方法,重视能源的国际合作,并与其他发达国家形成了良好的协作[201]。大部分的能源合作对象为欧美等发达国家[202-203]。1982 年,我国与欧洲共同体签署了能源合作协议,标志着以技术人员交流为主导的能源合作开始建立。1988 年,中俄签署了《苏联对华能源供应和经贸合作技术贸易协定》,明确了"边境贸易易货"向我国供应能源的方式。不难看出,现阶段的能源合作政策主要是引进外资和技术。在低能源依赖的早期阶段,这些合作形式使我国能够尽快融入国际能源市场。

第二阶段:1993—2000 年。通过税收优惠等多方面的政策支持,对于外国公司进入我国展开勘探与开发活动给予了大力扶持和鼓励,从可持续发展以及环境保护的角度来看,开发与大范围推广应用清洁能源与新能源是能源合作的目标之一,也是我国未来能源发展的重要路径。该阶段,我国签署了多个合作文件,例如与美国构建了可再生能源伙伴关系。在该时期,我国经济实力呈现不断上升的发展趋势,石油企业进一步走入国际市场,能源合作领域的主要特征已从出口前阶段的"引进来"逐步转变为"走出去"。

第三阶段:2001—2012 年。2001 年以后,经过了几十年的国际能源合作经验和教训的累积,我国提高了在国际能源合作中的主动性,合作的目的和方向更加清晰和明确。现阶段,"走向全球"的国际能源合作战略不断深化,但合作内容和领域有所进展。国家各部门联合制定了《海外投资产业政策指南》和《海外投资产业指导目录》,明确了海外投资石油、天然气的优先顺序。例如,2005 年,中石油集团收购了来自哈萨克斯坦的石油公司,意味着我国的国际能源合作开始走向独立开发的阶段。随着我国在新能源领域合作的不断加强,与中亚和拉美的能源合作范围也在扩大,合作链条也在加强。此外,我国积极拓展多元化的能源合作方式,不断推进双边、多边等能源合作[204]。

第四阶段:2013 年至今。2013 年 9 月,"一带一路"倡议被提出,这是我国发起并由高层领导人推动的国家战略,能源的作用被称为"重中之重"。实际上,能源的发展并不只是关系到一个国家或者地区对能源的占有,更关乎整体的利益,包括实现经济、环境等双重效益;目前,我国能源战略已经独立于整体的国际合作政策,不再只是嵌入其中的一部分。不难看出,深入推进"一带一路"区域合作是能源领域合作的主要方向之一。与以往通过吸引或出口资金、技术进行的能源合作不同,"一带一路"区域合作更侧重于工业出口的现代化。该战略为建设能源生产和消费新区提供了基础,进而形成全球能源中心,确保未来区域能源生产和消费。在"一带一路"政策的带领下,我国先后签署了 23 项能源合作协议,其中双边能源合作机制 42 项,多边能源合作机制 26 项[205]。

综上,我国的能源合作战略及政策从 1978 年至今,共经历了四个主要阶段,从引进来到走出去,到深度融合,再到带动别国参与能源合作,实现了质的转变。通过加强国际能源合作,减少了来自进口来源国方面的风险,这对于减少改善我国石油进口网络脆弱性具有正向的积极作用。

7.2.1.2 拓宽石油进口渠道,保障石油进口安全

正如第 3 章的实证结果所述,在石油进口网络遭受攻击后,其节点失效会导致网络结构的迅速损坏,影响国内能源供给。因此,加强能源运输通道的安全以及积极开发新的运输路径,对改善系统脆弱性至关重要。为了厘清目前已有的关于拓宽石油进口渠道、保障石油进口安全的政策,本书基于政策内容导向将该政策发展划分为以下三个类别。

一是增加油源地,尽可能分散来自油源地的风险。油源地的安全是我国石油进口安全的重要组成部分[206]。为把对石油资源的依赖降低到尽可能低的水平,我国政府一直把能源供应来源的多元化作为能源安全政策的核心之一。2014 年 5 月,《关于支持外贸稳定增长的若干意见》中提出了稳定外贸增长的具体政策,提出加强进口,扩大国内稀缺资源进口,增加原油进口渠道,以实现石油来源多渠道战略,降低石油进口过度集中的风险。2016 年 12 月,《能源生产和消费革命战略(2016—2030)》中也提出要加强能源国际合作,充分地利用国内外资源,尽可能保障供应渠道的长期安全。20 世纪 90 年代以来,我国一直致力于分散进口风险,目前,我国油源地多达 50 个国家。

二是增加不同的原油进口运输路线和方式。原油进口运输路线是在整体战略政策布局下形成的,但受地理位置的制约,在其他新航线未开辟的情况下,海上的油气运输不得不走特定线路和通道。出于对"马六甲海峡困境"的考虑,

中国早在 21 世纪初就已经开始探索石油进口渠道的多元化。一方面,扩大陆地进口石油获取规模,加强陆地石油战略通道的建设,实现原油进口渠道的多元化;另一方面,作为我国油气发展的重大战略,早在 1996 年初,我国政府就做出了加强油气战略合作,建设中俄原油管道的重大战略决策。2011 年 3 月,"十二五"规划纲要指出,我国将加快进口油气战略通道建设;2014 年 11 月 19 日,国务院办公厅印发《能源发展战略行动计划(2014—2020 年)》,提出了"加快推进油气战略进口通道建设,在开放格局中维护能源安全"的战略方针与目标。

当然,除了积极开发和拓展新的运输通道之外,对于传统运输通道的维护仍然是我国能源战略的重中之重,根据《能源战略与政策》:为适应中国化工和炼油产业集群发展的需要,继续加强海上进口渠道建设,提高深海原油码头装卸能力,提高中国海洋石油运输自主权,保障进口安全[207]。2021 年 12 月 9 日,国务院印发的《"十四五"现代综合交通运输体系发展规划》中提出,加强油气管网高效互联,完善原油、成品油管网布局,推进东北、西北、西南等地区老旧管道隐患治理。

三是做好能源运输通道的关键节点风险监测、识别,提高基础设施防护能力、预警能力,增加对突发事件的反应能力,建设安全通畅的能源运输通道。在海上运输的过程中,地理因素赋予部分区域成为战略中心条件,使得这些区域成为整个运输网络中的关键所在[208]。2016 年 12 月,国家发展和改革委员会、国家能源局联合印发的《能源生产和消费革命战略(2016—2030)》中提出:要确保能源通道畅通,巩固已有主要油气战略进口通道。推动陆海通道安全合作机制建立,重点防控关键节点。2021 年 3 月,《中华人民共和国国民经济和社会发展十四个五年规划和 2035 年远景目标纲要》也同样提到,要"多元拓展油气进口来源,维护战略通道和关键节点安全"。

7.2.1.3　增强油气资源的自给能力

我国能源消费以化石能源为主,石油和天然气高度依赖进口。2020 年,石油对外依存度高达 73%,并且 80% 的石油进口要经过马六甲海峡。为了避免能源被"卡脖子",必须采取措施保障能源的自给能力和安全。2014 年,《能源发展战略行动计划(2014—2020 年)》针对能源发展提出了一系列办法和方法,例如能源结构优化、能源体制改革、能源安全保障机制制定等,同时还提出了相应的约束性指标。2021 年 10 月,国家能源委员会会议指出,供给短缺会给我国的能源安全埋下较大的隐患,所以要从供给角度来保障能源安全,并优化现代能源体系,为我国的能源安全提供良好的基础与支持。未来,必须要在保障能源安全的前提下,推动碳中和进程,实现高质量发展。

综上，为了保障能源进口安全，我国在积极拓展新的油源地、维护海上运输、探寻新的运输路线以及增强能源自给能力方面出台了大量的政策，从减少运输风险以及降低对外依存度两个方面，对改善石油进口网络的脆弱性起到了重要的作用。

7.2.2 改善降级阶段系统脆弱性政策的实施效果

7.2.2.1 国际能源合作政策效果分析

在 7.2.1 小节中相关政策的推动作用下，我国能源合作发展政策体系逐渐形成并日渐清晰。其一，能源合作政策体系逐步形成比较完整的框架。能源合作对象日益丰富，涵盖了多国政府，同时也包括各个能源组织机构。其二，在加强国际合作的过程中，我国一直在不断地调整能源政策，目前，在"一带一路"背景下，我国与沿线伙伴签订并实施了很多重大的能源合作项目。其三，我国的能源合作已逐渐从国际能源市场的被动参与者转变为区域能源市场的积极捍卫者。作为亚洲最大的能源消费国，我国在该地区能源模式中的发言权越来越大，能源合作地位有一定改善与提升。

7.2.2.2 拓宽油气进口渠道，保障油气进口安全政策效果分析

在我国政府高度重视以及上述各项政策的推动下，一系列油气合作重大协议签署，使中俄、中哈、中亚、中缅能源合作提速前行。2019 年 12 月 2 日，中俄东线天然气管道投产通气，标志着中国四大能源战略通道全部建成投产。中国油气管道工业实现了油气进口西北、东北、西南和海上"四面八方"的格局。其中，东北能源通道由中俄油气管道组成，年输原油 3 000 万 t、天然气 380 亿 m^3；西北能源通道由中哈原油管道和我国中亚天然气管道组成，年输原油 2 000 万 t、天然气 600 亿 m^3；西南能源通道即中缅油气管道，年输原油 2 200 万 t、天然气 120 亿 m^3。至此，中国管道技术实现从追赶到世界领跑的跨越，建成油气管道 13.6 万 km，尤其四大能源战略通道的建成投产，缓解了马六甲困局对海上能源运输的威胁，对我国及合作国家的经济发展产生了积极的推动作用。

7.2.2.3 增强能源自给能力

根据 2020 年《新时代的中国能源发展》白皮书可以看出，我国持续增强的能源供应保障能力，大体可以概括为：煤炭、石油、天然气、电能、核能、新型能源和可再生能源多样化的能源生产体系已经形成。2011—2020 年我国各类能源生产、占比及增速情况汇总如表 7-1 所示。经核算，我国已成为世界第一能源生产大国。数据显示，仅 2020 年我国的一次能源生产总量已达到 40.95 亿 t。现

阶段,保障人类生产生存的基础能源仍然是煤炭,自 2012 年至今,原煤年产量和原油年产量分别保持在 34.11 亿～39.74 亿 t 和 1.89 亿～2.15 亿 t,原油产量呈稳定状态;天然气年产量提升明显,2012 年天然气年产量为 1 106.08 亿 m³,2020 年天然气年产量已增长至 1 925.00 亿 m³;2020 年我国发电量为 7.6 万亿 kW·h,累计装机容量 20.1 亿 kW,电力供应能力持续增强;加大了对于可再生能源开发的投入,重视推广可再生能源的使用,例如通过风力与水力发电,2020 年底,在运核电机组 49 台,装机容量 5 102.7 万 kW,位居世界第三。

表 7-1　2011—2020 年我国不同种类能源生产情况

年份	煤炭		石油		天然气		水电、核电、风电等	
	生产总量/亿 t	占能源生产比重/%	生产总量/亿 t	占能源生产比重/%	生产总量/亿 m³	占能源生产比重/%	发电量/(亿 kW·h)	占能源生产比重/%
2011	37.64	77.80	2.03	8.50	1 053.37	4.10	8 791.98	9.60
2012	39.45	76.20	2.07	8.50	1 106.08	4.10	10 948.86	11.20
2013	39.74	75.40	2.10	8.40	1 208.58	4.40	11 845.92	11.80
2014	38.74	73.60	2.11	8.40	1 301.57	4.70	13 941.89	13.30
2015	37.47	72.20	2.15	8.50	1 346.10	4.80	15 307.14	14.50
2016	34.11	69.80	2.00	8.20	1 368.65	5.20	16 959.29	16.80
2017	35.24	69.60	1.92	7.60	1 480.35	5.40	18 322.60	17.40
2018	36.83	69.30	1.89	7.20	1 602.65	5.50	20 379.20	18.00
2019	38.50	68.90	1.91	6.90	1 761.70	5.90	21 598.70	18.40
2020	39.00	66.32	1.95	6.68	1 925.00	2.56	25 830.00	20.86

7.2.3　改善降级阶段系统脆弱性的政策建议

基于对国际能源合作、维护进口运输安全以及增强能源自给能力政策的梳理和效果评估,结合前文的实证研究结果,提出进一步改善降级阶段系统脆弱性的相关建议。

7.2.3.1　完善合作体系,保证合作协议的有效性

第 3 章的实证研究结果表明,保证网络中节点的稳固性,可以降低网络的脆弱性,降低节点被移除的概率则需要保证能源合作的有效性。除了与各能源合作国家签署"能源合作谅解"备忘录,还必须进一步补充签署对能源合作各方都具有法律约束力的协议。

7.2.3.2　优化进口来源地组成

我国政府一直在通过扩大外交等政策,不断地增加进口来源国数量。但实际上,从 2020 年的石油进口数据可以看出,在全部的 49 个进口来源国中,从俄罗斯、沙特阿拉伯和伊拉克三个国家进口的石油量占总进口量的 42.15%,从排名前十的国家进口原油占比 81.4% 可见,尽管我国的油源地数量众多,但从其他 39 个国家进口的石油总量仅占进口总量的 18.6%,因此,分散油源地并不仅是增加数量,还应当考虑进口量。此外,根据第 3 章的实证研究结论,石油进口网络中"无标度网络"的特征是网络在被攻击时,性能迅速下降的主要原因,根据研究结论,仅增加进口数量无法解决该问题,还应该考虑进口来源国与目的地之间的"远""近"关系、友好程度、国家安全性等问题。

7.2.3.3　巩固已有运输路线,增加可替代运输路线

结合第 3 章的实证研究结果,针对提升进口网络安全,在政策制定方面可以从以下几点考虑:一是积极扩展陆上石油运输通道,以巴基斯坦的中资瓜达尔港建设为例,从该港口经陆路运输石油到中国新疆喀什,不光可以避开马六甲海峡的关卡,还会比原来的运输路程缩短 85%,大大改善了我国进口网络的脆弱性;二是积极扩展新的海上运输航线,由于俄罗斯北极地区蕴含丰富的油气资源,因此北极航线的"东北航道"被认为是未来俄罗斯油气出口到东亚的主要的运输路径。我国在 2017 年就曾与俄罗斯提出合作共建"冰上丝绸之路",未来,我国应该继续推动"冰上丝绸之路"的建设,积极参与到北极地区原油开采项目中,将开采的原油通过北极的"东北航道"运输到国内,以达到使我国油源地和进口运输路线多元化,分散海上进口风险,改善石油进口网络的脆弱性,保障石油进口安全。

7.2.3.4　增强能源自给能力

稳步提高国内能源供给能力,要立足于国内资源勘探,政府和能源企业要继续加大国内能源资源的勘探开发力度,发现资源是保障我国能源安全最关键、最有效的方式。在煤炭、石油、天然气等方面,我国一直在投入开发,一些区域的开发已经较为充分,但还有偏远、环境恶劣的地区涉足相对较少,具有很大的资源开发潜力。因此,未来,在维持现有生产水平的同时,还要对之前涉足较少的地区进行勘探。

7.2.3.5　创建能源系统风险压力测试平台

针对进口运输路径、进口来源国等不同情景的能源危机事件,通过情景规划实战演练、监视预警信号、分析系统漏洞等方式定期对能源系统进行压力测

试并制订特别的应急计划,以做好危机的全面预见和准备。具体的,对能源系统设定较为糟糕的环境风险,针对不同条件与情景下的危机进行模拟,测试该系统对各种风险的承受能力,及时发现预警机制的潜在漏洞,持续优化预警机制,保障预警体系的严密性与稳健性。

7.2.3.6 创建能源进口来源国、进口运输路线的备选方案和策略库

在突发能源供应中断事件下,为保障能源进口的可得性,应尽快给出相应的应对方案,因此,在常态的压力测试后还应该针对每一种能源危机事件制定可供选择对的方案和策略。

7.3 提升恢复阶段系统恢复性的政策

根据 2.2.2 小节对韧性理论中各阶段特征的描述,本节将提升恢复阶段的系统恢复性在石油及能源系统中的具体实施路径概括为加强石油应急储备能力、开展对石油的能源替代、持续推进能源效率提升和加强非常规油气资源开发。具体的,石油应急储备作为西方发达国家在历次能源危机中应对策略的产物,旨在应对各种突发事件,以降低或者避免因石油等能源供应突然中断使社会经济遭受巨大损失;能源替代和效率的提升作用于消费端,旨在减少石油消费,从而提升系统从中断中恢复的能力。基于上述分析,该部分我们对上述四类政策进行梳理和分析。

7.3.1 提升恢复阶段系统恢复性的政策体系及其演化路径

7.3.1.1 加强石油应急储备能力

自 20 世纪 70 年代以来,国际能源危机的演变使工业化国家认识到必须在本国建立起一定数量的战略能源储备。然而,我国作为世界第二大能源消费国是少有的没有能源战略储备的国家。从该制度产生的历史背景与各国的实践情况来看,构建符合国情的能源战略储备制度对保障中国能源安全具有重要的战略意义[209]。

从我国战略石油储备发展变化的情况来看,最早提出要构建国家战略石油储备的文件是 1995 年的《国民经济和社会发展"九五"计划和 2010 年远景目标的建议》,该文件重点解释了战略石油储备的重要性和必要性,强调了战略石油储备和我国能源安全之间的紧密关系;我国在 2003 年正式建立了能源局负责国家战略石油储备的相关工作。辽宁、宁波镇海、舟山等地区开始建设国家石油战略储备库,其中宁波镇海的战略石油储备库的储量最初为 1

000 万桶,所制定的目标为 1.5 亿桶;各地方政府在国家总体政策的指导下,逐步构建能源战略储备体系,如《广东省石化工业 2005—2010 年发展规划》。2008 年,《国家石油储备中长期规划(2008—2020 年)》得以正式的出台,强调我国将在 2020 年前陆续建设国家石油储备基地,其中包括三期工程,第一期预计建成的时间是 2008 年,所制定的储备量目标是 1 640 万 m^3;第二期预计建成的时间是 2015 年,所制定的储备量目标是 2 680 万 m^3;第三期预计建成的时间为 2020 年,所制定的储备量目标是 2 680 万 m^3。总库容为 7 000 万 m^3,对应储备能力为 6 000 万 t"。2019 年 8 月,国家发展和改革委员会办公厅印发了《关于制定国家石油储备项目建设资金使用办法等有关工作的通知》,要求抓紧制定项目建设资金使用办法以及尽快健全国家石油储备项目管理机构。

除了原油战略储备外,商业储备对国家能源安全同样重要。只有将国家战略储备与商业储备进行良好的协调,才能够为我国的能源安全奠定坚实的基础和有力的保障,其中商业储备的含义主要是指与石油生产流通相关的企业必须要基于法律法规的要求,确保石油最低库存量满足相关的规定。当受到突发事件或自然灾害等因素的影响,我国的石油供应出现短缺或者石油价格波动严重时,国家能够实现有效的调度,确保商业原油库储存能够及时得到应用,以缓解石油短缺问题。"十一五"期间,要求各油气企业在保持现有生产储备外,分年度建立国家石油商业储备,并规定了具体的建立国家石油商业储备的资金来源和费用承担。2015 年 1 月 26 日,国家发展和改革委员会发布部门规范性文件《关于加强原油加工企业商业原油库存运行管理的指导意见》,该文件对于最低库存标准进行了解释和说明,强调原有加工企业、已投产企业、新建企业等要按照相关的最低库存标准进行原油储存和储备,同时我国对于企业加大商业原油库存,给予大力的支持。除此之外,该指导意见对于明确商业储备的功能定位、科学确定计量范围、加强商业原油库存运行监督管理、积极支持企业提高商业原油库存等方面都做了明确而详细的规定。2016 年 5 月 31 日,国家能源局发布了《国家石油储备条例(征求意见稿)》。十年磨一剑,该条例草稿的起草历经十年,首次明确要求企业有义务存储 10% 的原油或成品油库存量以备国家突发事件等之用。

7.3.1.2 开展对石油的能源替代

对石油的替代主要可以通过可再生能源、生物质能燃烧、天然气直接燃烧、煤制油等途径实现,根据替代路径,将对石油的能源替代政策细分为可再生能源对石油的替代、天然气对石油的替代、煤炭对石油的兜底作用三部分。

（1）可再生能源对石油的替代

根据可再生能源对石油的替代途径,进一步将新能源对石油的替代政策划分为可再生能源发电类、新能源汽车类和生物质液体燃料类。

其一,可再生能源发电类政策。进入 20 世纪七八十年代之后,学术界提出了可持续发展的理念,尤其是一些国际组织越来越重视可持续发展理念的应用和推广,而且越来越多的国家开始应用可持续发展的原则来布局可再生能源。很多国家在制定能源战略过程中给予可再生能源高度的关注,从战略的角度提出了开发和大力推广应用可再生能源的倡议,并出台了一系列的法律。首先对于可再生能源发展目标进行确定,然后从政策法律等各个方面予以保障。我国能源结构的优化、环境污染的治理、经济的可持续发展等都离不开可再生能源的支持与积极的影响。《国民经济和社会发展第十一个五年规划纲要》强调了要对可再生能源的生产和消费予以大力的支持与扶持,例如给予税收优惠等多方面的政策支持。此后,在 2006—2021 年,中国政府又先后出台了 100 多项政策,其中包括:做好技术进步、降低成本,加强和完善可再生能源的电力消纳,推进电力市场改革等。

其二,新能源汽车类政策。早在 1997 年 11 月,《中华人民共和国节约能源法》便已出台。在 2007 年、2016 年与 2018 年,我国对该法律进行了修改与完善,突出强调了各级政府对于节能减排的责任与义务,还强调了我国对于石油替代燃料以及清洁燃料消费的支持和扶持,尤其是在交通运输工具方面。2012 年,《节能与新能源汽车产业发展规划（2012—2020 年）》提出,面对日益突出的燃油供求矛盾和环境污染问题,发展替代燃料汽车是减少车用燃油消耗的必要补充。自 2017 年之后,我国关于新能源汽车所提供的政策与制度多达 30 多项,内容较为广泛,例如技术研发、基础设施、补贴等,对大力发展新能源汽车、降低燃油汽车比重提出了一系列新的政策措施。在中央的政策鼓励下,北京、上海等省市也积极开展石油消费总量控制改革工作,提出要实行企业用能总量与单位能耗指标相结合的节能目标考核制度和节能量交易制度。新能源的发展对替代石油消费将发挥越来越重要的作用[210]。

其三,生物质液体燃烧类。从全球来看,目前已有 40 多个国家与地区有强制性生物燃料掺混要求。2019 年全球生物液体燃料（包括乙醇汽油和生物柴油）总产量达 1 842 千桶油当量/d,比 2018 年增长了 3%。许多生物质资源丰富或粮食生产大国,都把发展生物液体燃料作为扩大可再生能源规模的重要组成。例如,美国主要以玉米为原材料,积极开发生物燃料乙醇。2019 年生物液体燃料产量达 697 千桶油当量/d,占全球总产量的 38%。巴西主要以甘蔗为原料,积极发展甘蔗-糖-乙醇联产,是全球第二大生物燃料乙醇生产消费国,也已实现车用乙醇汽油全覆盖[211]。

(2) 天然气对石油的替代

在环境保护理念兴起的背景下,我国大力兴建天然气管道和基础设施,并积极推广天然气汽车的使用。我国各级政府签订了治理大气污染的责任书,重点治理雾霾以及大气污染,在出台的各项措施中,重点强调了天然气汽车的应用,出台了有关的政策支持以及配套设施的保障。就气源而言,2014年,国家发展和改革委员会强调,2020年我国的天然气供应量可超过4 000亿 m^3,这一数据是我国2013年天然气表观消费总量的两倍多,可见我国在能源结构优化方面进行了较多的努力和尝试;就价格而言,《关于调整天然气价格的通知》中对于天然气价格进行了优化,对于出租车行业的气价进行了优化,车用气的价格仅为汽油价格的3/5,这能够推动出租车进行油改气,扩大天然气汽车的保有量。2016—2020年出台的若干项政策将天然气汽车行业列为国家支持发展的行业,并明确鼓励公司下游行业天然气汽车的发展,为公司所处行业的下游需求提供了保障和支持。国家市场监督管理总局制定的规则对相关行业标准进行了整合,进一步规范特种设备生产(设计、制造、安装、改造、修理)和充装单位许可工作,明确公司生产所需的经营资质,提高行业的规范化程度及准入门槛,引导企业加快产业结构升级和提高技术水平,进一步增强我国车载液化天然气供气系统生产企业的市场竞争力,从而为天然气汽车产业的经营发展营造良好的政策环境和市场环境。就环境保护与污染治理的情况来看,我国在2018年提出了蓝天保卫战,主要针对成渝地区、珠三角地区及一些重点区域落实国六排放标准;2019年,《柴油货车污染治理攻坚战行动计划》的出台加快了快淘汰国三及以下排放标准运营柴油货车的步伐。由此可见,我国重视对老旧车辆的整治,为我国的污染治理做出了贡献。随着国家对老旧车辆整治力度的不断加大,天然气重卡正迎来全新的发展机遇。2020年,我国天然气重卡全年销量首次突破10万辆,刷新了年销量的历史纪录。但目前受制于资源和基础设施建设,天然气重卡只是在内蒙古、山西、新疆等气源丰富的地区得到广泛应用,在这些地区,天然气重卡保有量已接近重卡保有量的20%。

(3) 煤炭对石油的兜底作用

煤炭作为我国能源结构的重要组成部分发挥兜底保供作用,为了更好地确保民生与公共用能的需求,应始终被放在重要位置。在"碳达峰、碳中和"目标下,长期来看减少煤炭消费是必然趋势。但煤炭阶段性增产增供,与实现"双碳"目标并不冲突。经济发展、低碳转型需要辩证地考虑资源禀赋、能源安全等多种因素。现阶段,煤炭与煤电仍是保障我国能源稳定供给的"压舱石""稳定器"。新能源虽是未来发展方向,但具有间歇性、波动性特征,仍需煤炭作为调节,为其"保驾护航"。在此背景下,确保政策的连续性、可操作性,为煤炭、煤电产业发展营造健康的运营环境,给企业一个稳定预期,是十分必要的。具体来讲,要发挥煤炭对石油资源的兜底作用,一方面应保持煤炭的稳定供给,另一方面要确保煤制油、煤发电、煤制氢、煤层气和煤制化学品等产业和技术的长足发展。

在保障煤炭资源稳定供给的政策层面:近年来,根据煤炭绿色低碳转型的时代要求,保障能源安全、推动煤炭行业高质量发展成为煤炭政策的主旋律。2021 年 4 月,国家能源局印发《2021 年能源工作指导意见》,强化推进煤矿分类处置的力度,推进构建先进产能煤矿。2021 年 12 月 11 日,在北京召开的全国发展和改革工作会议强调:充分发挥煤电油气运保障工作部际协调机制作用,做好煤炭、电力、天然气等供应保障,继续发挥传统能源特别是煤炭、煤电的调峰和兜底保供作用。2022 年 3 月 5 日,国家主席习近平谈及"双碳"时强调,要先立后破,而不能够未立先破。实现双碳目标,必须立足国情,坚持稳中求进。

在煤制油、煤制气等煤化工的政策层面:相关政策发展经历了国家对其战略地位的重视和发展空间的认可,到对其技术成熟度表现出谨慎态度,再到科学规划、发展现代煤化工三个主要阶段。2004—2010 年,我国先后推出了多项政策,着力优化煤化工产业布局与结构。如 2004 年 6 月国务院出台的《能源中长期发展规划纲要(2004—2020 年)》(草案),2005 年 6 月发布的《国务院关于促进煤炭工业健康发展的若干意见》,2006 年 7 月颁发的《国家发展改革委关于加强煤化工项目建设管理促进产业健康发展的通知》,2006 年底出台的《煤化工产业中长期发展规划征求意见稿》,2007 年 1 月国家发展和改革委员会颁布的《煤炭工业发展"十一五"规划》,2007 年 11 月,国家发展和改革委员会制定的《煤炭产业政策》,2008 年 8 月国家发展和改革委员会办公厅颁布的《关于加强煤制油项目管理有关问题的通知》,2009 年 5 月,国务院办公厅出台的《石化产业调整和振兴规划》等。

"十一五""十二五"期间,在政策的推动和扶持下,实现国内煤制油(CTL)产业从无到有,并于"十二五"末建成总产能 258 万 t 的煤制油项目。虽然新建项目的数量呈现上升的趋势且取得了一些成果,然而同样出现了较多不良的情况,例如危害水资源与环境。我国重点制定了对煤化工进行规范的文件以及相关的规定。例如:2006 年,我国发出两道禁令,第一道禁令是对于年产规模低于

300 万 t 的煤制油项目不予批准,第二道禁令就是在我国还没有编制并出台煤炭液化发展规划之前,停止关于煤炭液化项目的批准工作;2008 年,《关于加强煤制油项目管理有关问题的通知》的出台,对于煤制油项目的投资风险问题进行了指导和引导,强调要逐步推进和开展煤制油项目,要重视安全与秩序;2009 年,《关于抑制部分行业产能过剩和重复建设引导产业健康发展若干意见的通知》表明必须要抑制煤化工产业的盲目发展。2014 年,国家发展和改革委员会、国家能源局印发了《关于稳步推进煤制天然气产业化示范的指导意见》等多个文件,都对煤制油项目提出了强制性要求,突出了有序建设和适当建设的重要性,同时也提出了煤制油项目批准与建设的原则。2017 年 5 月,《现代煤化工产业创新发展布局方案》的出台推动了煤化工产业的转型和升级,强调了煤化工产业创新的重要性,对我国的煤化工产业进行了全方位的科学布局与规划。

7.3.1.3 持续推进能源效率提升

我国必须要重视能源效率的提高,创新能源利用的技术和手段,优化能源利用的结构,通过提升能源的利用率,能够最大限度地降低能源的消耗量与成本支出,才能够取得满足实际需求的能源。自 20 世纪 70 年代之后,西方发达国家在经历了国际石油价格暴涨以及遭受了环境污染所带来的各项危机和危害之后,开始重视优化能源的利用效率。就我国而言,长期来看,要实现"双碳"目标,需要提升清洁能源占比、加大电能替代力度,构建以新能源为主体的新型能源系统。但考虑到清洁能源和能源替代是一个长期过程,因此,通过相关技术提升能源使用效率仍是中短期实现绿色低碳发展的有效途径。

早在 20 世纪 80 年代,节约能源和提高能源效率就开始作为基本国策在我国得到推行和实践,"十一五"规划提出了我国要推行节能减排的策略。在之后的发展过程中,从优化能源利用效率的角度出台了较多的政策与制度,例如,"十二五"期间,考虑到"十一五"时期节能减排行动的效果以及继续贯彻节约资源的国策等因素,提出了优化需求侧管理的策略,坚固能源供应以及能源需求的均衡和协调,重视能源利用率的优化与提升。2016 年 12 月,《国务院关于印发"十三五"节能减排综合工作方案的通知》的出台标志着我国将在 2020 年明显提升清洁化能力以及清洁化水平,优化工业能源利用效率,还树立了能耗降低的目标,即相比于 2015 年,规模以上工业企业单位增加值的能耗要下降超过 18%;而且重点能耗行业的能源效率应当与世界先进水平保持在同一水平;重点支持制造技术和信息技术的融合。2021 年 12 月,国务院印发《"十四五"节能减排综合工作方案》,要求进一步健全节能减排政策机制,推动能源利用效率大幅提高,并明确提出:到 2025 年,全国单位国内生产总值能源消耗比 2020 年下降 13.5%,能源消费总量得到合理控制,化学需氧量、氨氮、氮氧化物、挥发性有机物排放总量比 2020 年分别下降 8%、8%、10% 以上、10% 以上。

关于未来能效提升,国家能源局有关负责人介绍,"十四五"时期,将完善能源消费强度和总量双控制度,优化能源消费结构,适当地降低石油等能源消费的增长速度,控制能源消费量的增长,提高天然气消费的比例,大力推广天然气在各行各业的应用;开展油气绿色生产行动,为天然气的大范围应用提供保障和支持,并推进相关基础设施以及配套设施的完善;重点支持油气加工的升级与转型。此外,2021 年 10 月,国家发展和改革委员会、国家能源局印发《全国煤电机组改造升级实施方案》提出,供电煤耗在 300 g 标准煤/千瓦时以上的煤电机组,应加快创造条件实施节能改造,"十四五"期间改造规模不低于3.5 亿 kW。根据该实施方案,我国将在 2025 年建成总容量超过 3 000 万 kW的新型储能装机;将在 2030 年建成总容量超过 1.2 亿 kW 的抽水蓄能电站装机。

7.3.1.4　加强非常规油气资源开发

21 世纪以来,非常规石油天然气资源的开发利用成为未来保障我国能源安全的必经之路。我国的非常规油气资源分布广阔,资源量超过常规油气。非常规油气开采可为我国实现油气多路径供给、增加原油总产量、延长原油产业生命周期提供重要帮助。

目前,我国非常规油气产业已有超过 60 年的发展历史。现阶段,我国非常规油气正处于发展提速时期,预计未来将成为我国能源的重要支柱。由于非常规油气的开发需要投入大量资金,且开发技术门槛较高,为鼓励行业的可持续高速发展与技术进步,中国财政部、国家能源局等出台了多项政策,进行补贴发放、税收减免与产量规范,以进一步推动非常规油气产业的发展(图 7-1)。

综上,本书根据能源系统的恢复路径分析了短期和长期视角下的主要恢复措施涉及的能源政策:原油储备、能源替代、能源效率提升以及非常规油气资源开发,并将能源替代策略进一步细分为新能源发电、新能源汽车、生物质能发电和液体燃料、天然气汽车、煤发电、煤化工等替代政策。详细梳理了上述能源政策的发展历程,概括了政策发展的主要阶段性特征,有助于进一步探讨未来如何优化提升能源系统韧性的政策方案。

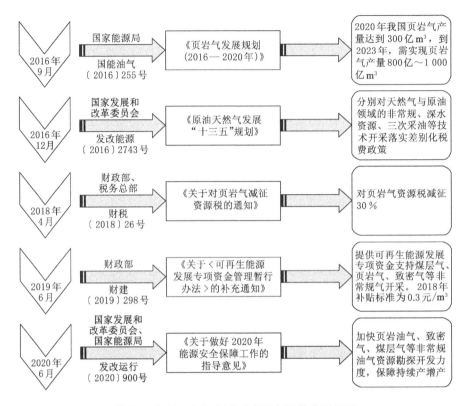

图 7-1　2016—2020 年非常规油气政策发展历程

7.3.2　提升恢复阶段系统恢复性政策的实施效果

7.3.2.1　石油应急储备能力

为了分析已有政策的有效性,本研究以目前建成的原油储备基地和储备原油总量为指标进行评估和分析。

自 2003 年战略原油储备被正式提上议程以来,2003—2017 年,我国建立石油储备基地 9 个,储备总量超过了 3 700 万 t。《国家石油储备中长期规划(2008—2020 年)》显示:第一期建设 1 200 万 t,建成时间为 2008 年;第二期建设 2 800 万 t,建成时间为 2015 年底;第三期建设 2 800 万 t,建成时间为 2020 年底。一方面,该规划的实施促进了我国原油储备从无到有的突破;另一方面,全部工程建设完工的时间为 2020 年底,此时的原油储备量可达到 8 500 万 t。然而现实的建设进程相对缓慢,难以达到规划中所规定的时间。根据 2019 年的相关数据可知,我国原油净进口量在 5 亿 t 左右,而我国的原油储备总量缺口较为明显,缺少的原油储备量达到 1.2 亿 t。目前相关工程建设中出现了储备资金缺乏、决策效率低下等诸多不足。第一,负责原有储备等管理的部门较多,所以存在职能交叉的情况,在决策以及协调方面存在较大的困难,在一定程度上延误了工期;第二,按照一事一报的审批模式,相关的审批效率较为低下,而计划管理的模式必须要通过计划指令才能够进行有关工作,降低了工作的效率;第三,对于石油储备所提供的资金来源为财政贴息或银行贷款,所以出现了储备资金缺口的难题,在一定程度上简化了工程的进度。

7.3.2.2　能源替代

在本小节中,本书分别以可再生能源发电、天然气汽车、煤制油为分析对象,从可再生能源发电装机与电力消纳、天然气汽车数量和煤制油产能等指标分析中国能源替代政策的有效性。

根据图 7-2 可知,2011—2020 年受到我国全方位政策以及制度的影响,清洁能源所占的比例呈上升的趋势,而我国进一步加快能源供给侧结构性改革,对于可再生能源与清洁能源提供大力的扶持与支持,使得我国的能源结构优化成果显著。从资源禀赋的情况来看,我国的煤炭储存量规模相对较大,而在能源消费中所占的比例也较大,但是受清洁能源与可再生能源所占比重上升的影响,煤炭能源在消费结构中所占的比例有所降低,由 1978 年的 70.7% 降低为 2020 年的 56.8%;石油能源消费在消费结构中所占的比例在 1978 年为 22.7%,在 2020 年为 18.9%。就清洁能源而言,1978 年,天然气、一次电力及

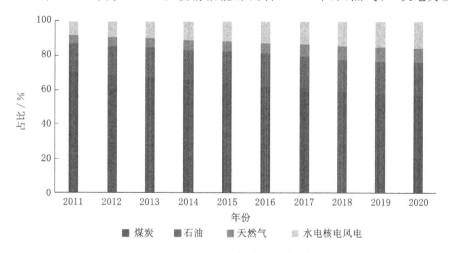

图 7-2　2011—2020 年能源消费结构

其他能源所占的比例分别是 3.2％与 3.4％,而在 2020 年则分别达到了 8.4％与 15.9％。由此可见,我国的能源消费结构优化成果显著。

从可再生能源的发电装机与电力消纳来看,我国对风电、光伏发电、生物质发电等都制定了大量的财税支持政策,对于可再生能源的开发以及大范围,又提供了有力的支撑和支持,对于我国经济的可持续发展以及社会的可持续发展而言,可再生能源的清洁能源替代作用日益突显。自 2009 年以来,可再生能源发电标杆上网电价制定,我国可再生能源发电方面的投资高速增长,这是因为可再生能源标杆上网电价的政策给予可再生能源发电项目投资者极大的支持和信心,是对相关投资者的一种保障,客观上促进了中国可再生能源的发展[212-213]。无独有偶,实证研究显示,我国所出台的可再生能源上网电价补贴政策发挥了巨大的推动作用与积极的影响,极大地提高了可再生能源项目建设投资的规模与发展的速度[214]。在水电、核电、光伏发电等可再生能源电力上网电价补贴政策的支持与扶持之下,我国的可再生能源发电量和装机容量呈现出快速发展的趋势。此外,本书还比较了可再生能源“十三五”规划所公布的目标数据和现实数据,根据表 7-2 可以发现,基本在 2018 年底就提前完成了“十三五”规划的可再生能源发展目标。

表 7-2 “十三五”期间可再生能源发电及装机容量的目标与实际对比

项目	发展目标(2020 年)	实际情况(2018 年)	实际情况(2020 年)	完成情况
并网风电/(TW·h)	420	366	466	超额完成
风电装机/GW	210	184	281	超额完成
光伏发电/(TW·h)	144.5	177.55	261	提前完成
光伏装机/GW	110	175	253	提前完成
生物质能发电/(TW·h)	90	90.6	132	提前完成
生物质能装机/GW	15	17.81	29.5	提前完成

从天然气汽车、船舶的发展方面来看,在“十三五”期间,我国液化天然气汽车,特别是液化天然气重卡具有较快的发展速度,该汽车的保有量在 2015 年的时候为 15 万辆,在 2020 年的时候为 76 万辆,约是 2015 年的 5 倍。根据 632 万辆压缩天然气汽车的消费量来看,所消费的天然气总量在 200 亿 m³ 左右,而我国的天然气消费总量在 2020 年远高于 300 亿 m³,由此可见,这类汽车的能耗相对较低,可以推测进入“十四五”之后,这类汽车的消费市场将会呈现大幅增大的趋势。此外,我国天然气汽车在世界上也具有突出地位,2016—2021 年,我国的天然气汽车保有量以及加气站的总数量在国际上排名第一,压缩天然气汽车

保有量在全球中的占比超过 20％；而液化天然气汽车保有量占比更是超过 98％。

从煤制油产能方面来看,在政策的鼓励与促进下,经过十余年的发展,当下国内共有 9 个煤制油项目,合计产能 923 万 t。其中神华煤直接液化项目是全球唯一的直接煤制油商业化项目,神华宁煤 400 万 t 煤制油项目是全球最大的间接煤制油项目。这两个项目标志着国内已完全掌握了间接法和直接法两种煤制油技术。当下国内煤制油产能及产量已跃居全球首位,但是煤制油产量相对于国内石油消费量占比不足 1％,煤制油在我国仍处于成长期。无论从短期维度还是长期维度来看,我国本土煤制油产业均具有广阔的空间。短期维度可看五年规划,"十三五"规划煤制油产能 1 300 万 t,相较于"十二五"时期提升了 400％,政策面给予煤制油产业大力支持。长期维度可以参照南非和德国的煤制油产业发展经验,相较于南非煤制油提供 24％的石油供应及德国煤制油提供 55％的石油供应,国内煤制油供应不足 1％的石油产业现状未来具备一定想象空间。未来,受政策利好影响,国内企业仍在规划上马煤制油项目,据统计当下规划项目设计产能达 3 600 万 t,考虑 3～5 年的建设周期,这批项目有望在"十四五"期间完成投建。

7.3.2.3　能源效率提升

《新时代的中国能源发展》白皮书表明,为了提升能源利用效率、控制能源消费总量,我国出台并实行了诸如能源消费总量和强度双控,提升重点领域能效水平,积极推广新能源汽车、热泵、电窑炉等新型用能方式等多项相关制度。在一列政策推动下,我国能源利用率得到了明显的提升,自 2012 年之后,单位国内生产总值的能耗累计下降 24.4％,这一数据等同于我国节约标准煤消耗量达到了 12.7 亿 t。

同样,我国石油消费也面临提高效率、节能减排的趋势。我国单位 GDP 石油消费强度呈现不断下降趋势。当前为 0.07 t 标煤/万元 GDP（2015 年不变价）左右。石油消费强度与国家经济发展阶段、产业结构变化有关。随着第三产业占比的提升,石油利用效率不断提升。目前我国第三产业占比 50.5％,预计 2030 年将上升至 60％以上,石油利用效率仍有较大提升空间。

7.3.2.4　非常规油气资源的开发

作为一项基本的能源战略,推进非常规油气资源开发利用的能源政策集中于鼓励和支持非常规油气资源开发、加强关键技术与装备的科研攻关方面,起到了积极的促进作用。总体来看,我国的非常规油气发展历程主要经历了三个阶段:一是起步探索时期(1958—2000 年),在该阶段,我国开始进行页岩油的勘探工作,但由于技术有限、勘探成本高、进展缓慢,非常规油气开发进入低谷。二是初步发展时期(2001—2010 年),在该阶段,非常规油气的地质研究日益受到国家的重视,我国正式进入非常规油气勘探领域。三是发展提速时期(2011年至今),在该阶段,我国的非常规油气进入加速发展阶段,2011 年,我国推出了"全国泥页岩气资源潜力调查评价及有利区优选"项目,该项目有利于提升我国资源研究的水平,塑造特色的页岩气资源优势,由此开始了全国页岩气资源调查评价;2018 年,中国石油经济技术研究院发布《2018 国内外原油科技发展与展望》,指出中国非常规油气资源正在形成对常规油气的接替之势,在非常规油气技术实现突破后,可大量替代常规油气资源。

7.3.3　提升恢复阶段系统恢复性的政策建议

目前,我国已制定了一系列有利于提升系统恢复性的能源政策,对保障能源短缺时的能源供给以及消费压缩能够发挥积极的作用。但从石油消费总量控制的需要,以及从满足能源绿色发展、低碳发展、建设生态文明和财税体制改革等方面的要求看,现行的相关政策仍存在着一定的问题。基于此,本书提出以下政策建议。

(1) 增强石油应急储备能力。一是扩大石油战略储备的能力,必须要优化我国的石油储备机制,强调建设国家战略储备的同时,发挥商业储备的辅助性作用,加快第三期石油储备基地建设的步伐;编制《国家石油储备中长期规划(2020—2035)》,从而发挥重要的引领作用与指导作用,对于基础设施等各个方面进行全方位的布局,逐步开始石油储备基地第四期建设。适时改变石油战略储备的类型,灵活运用商业运行模式,利用低油价积极谋划将我国庞大的外汇储备部分转为石油资产储备。二是优化储备管理体制机制,建立动态化的储备管理能力。

(2) 加强能源替代。为了增强能源系统韧性实施的能源替代措施应当分为常规能源替代和应急能源替代两种方式。常规能源替代是指在没有能源短缺的情景下,逐步实施非化石能源对能源的替代;应急能源替代是指当发生能源短缺时,紧急组织、开展替代能源的生产和调用,以补足短缺的能源需求。第5章和第 6 章的实证研究结果表明,在石油进口短缺发生前,减少石油消费占比,有助于提升能源系统韧性。而我国过去十年间的能源替代政策对于降低化石能源消费占比效果显著,但是目前来看,我国仍然无法做到"把能源的饭碗端在自己手中",因此,从常规能源替代角度,必须要大力发展替代能源和可再生能源(如水能、风能等)。另外,还要积极支持和鼓励替代石油消费行业的壮大,比如电动汽车行业以及相应的配套设施行业,如充电站等;构建有利于新能源汽车推广应用的政策体系,加快推动新能源汽车对传统燃油车的替代。具体的,可以通过加快先进适用技术研发和规模化应用等,尽可能地降低成本,提高新型电力系统建设的经济性;也要充分发挥市场机制作用,完善电价机制,让煤电、气电等调峰辅助服务获得合理收益,从而体现其平抑新能源波动的价值,调动企业实施灵活性改造的积极性。此外,解决能源替代这道"多元方程",是难以一蹴而就的,应当秉承"先立后破、久久为功"的基本理念,在保障能源安全的前提下,找到安全可靠、清洁低碳、经济合理的方案,助力如期实现"碳达峰""碳中和"目标。在应急能源替代方面,实际上本书所提及的能源替代主要是指在能源短缺后的能源应急替代,根据第 6 章能源系统韧性的测度部分内容可知,煤制油、煤发电、新能源发电等能源的紧急生产能力对于补充油气短缺至关重要,因此在政策制定方面,应当做好预案,加强演练,提高快速响应和能源供应快速恢复能力。

(3)提升能源效率。从能源效率角度来看,优化能源效率在一定程度上能够发展能源生产力,通过这种办法,能够应对不断增加的能源需求,也能够在一定程度上降低能源的投入,还可以保障服务和产品满足现实中的需要,确保能够实现同样的经济产出。无论是从理论角度还是从实践角度,能源价格上升都会在一定程度上对能源需求产生抑制作用,还会对技术创新产生较大的激励,提高能源生产力的根本驱动力。考虑到提高能源价格的复杂性,我国可以采取一种长期策略——"扶梯"概念,即阶段性发布小幅价格增长信号。"扶梯"策略应在至少几十年内保持稳定,扶梯的上升坡度可根据每年或每五年的平均生产力较前一年或前几年的提高幅度设定。长期扶梯向投资者、生产商、消费者和基础设施计划者传达了一种强烈信号,即做好遭受损失的准备,这种信号很有可能会促进全社会对节能技术和能源生产力创造系统的投资。按照和谐社会的概念,不超过生产力提高幅度的价格增长一般不会造成社会问题。

(4)开发利用非常规油气。由于未来非常规油气行业有望迎来天然气水合物领域的突破,因此各地方政府应当相继建立非常规油气行业监管体系以规范行业后续发展。目前,在常规油气开发利用方面,已经构建了完善的环境管理办法,但在非常规油气领域,相应的环境监管制度缺乏,存在水资源利用、空气质量与土地利用等一系列潜在问题。以页岩油气开采为例,在同一产量情况下,从井田面积的角度来看,相比于常规油气,页岩气的井田面积是其 10 倍以上,钻井数量能超过常规天然气的 100 倍,耗水量是常规油气的 10 倍以上,而在具体的页岩气的开发情况中,会产生工业废水,这种工业废水包括的化学物质超过 100 种,极有可能会对地下水产生较为严重的污染和危害,也可能会危及人类的身体健康。页岩气含有有机化合物,会对大气产生严重的污染危害,而且采用的水力压裂技术对地质也会产生较明显的危害。因此,在促进非常规油气资源开发利用的同,规范行业有序发展的政策也需要尽快完善。我国应当加快完善非常规油气开发相关环境管理制度,构建以油气开发生态环境保护为主的全过程监督体系,重视企业责任履行的监督和督促,出台行业环境保护相关技术标准,探索完善适合中国非常规油气开发与储运行业环境管理模式和政策。

(5)创建与完善短期和长期能源供应短缺的应急预案体系,研究制定分能源品种和中断等级的专项应急预案,建立涵盖各种短缺情景和恢复措施的最优匹配模型,保障应急预案的针对性和全面性;创建提升能源系统韧性的能源替代优化路径指南,以便在危机到来时缩短决策时间,尽快给出最优的补救措施,提升决策效率。

7.4 提升适应阶段系统适应性的政策

根据 2.2.2 小节对韧性理论中各阶段特征的描述,提升适应阶段的系统适应性实际上是一种制定长期转型策略以"布局未来"的能力,在石油及能源系统中对具体实施路径的能源组织管理能力。能源组织管理能力的关注点在于组织体系的建设,一个有活力、不断更新、进步的组织体系能够更好地应对危机的冲击。基于此,提出以下政策建议:

创建一个能够融合创新、惩前毖后的能源组织管理体系,从全过程提高我国能源系统韧性。一方面能够通过融合新兴技术、模式来加速创新,实现非常规油气技术突破;另一方面能够积极探索差异化能源管理路径,吸取经验,不断更新应对危机的策略和方案。能源组织管理体系贯穿于能源韧性治理的各个阶段,但在危机过后,组织体系的升级转型对于应对下一次危机具有重要的作用。根据第 5 章中短期视角下石油系统供给短缺事件的模拟分析可知,对于提升能源系统韧性,加强能源组织管理可以从以下几个方面考虑:一是增强组织的敏捷响应能力。对不同类型的事件进行分级,制定有针对性的响应流程与机制,厘清并明确响应机制中各级响应部门的职责和要求,同时保有一定的灵活度,确保各层级的信息传达与反馈通路高效、透明,使得中枢决策机构能够第一时间收到准确信息,及时部署和决策。二是增强组织的指挥协作能力。建立自上而下的统筹领导,明确危机事件的指挥主体,要求不同群体、企业、区域、上下游之间加强横向协作,与整个体系分工合作,通过资源共享与互补,共同应对风险。三是增强组织的动员沟通能力。通畅的信息交流是有效配置社会资源的前提,在石油供应短缺时,通过有效的动员沟通,能够尽可能地压缩消费需求,缓解能源系统压力,提升系统韧性。有效的动员沟通需要事件的领导方能够专业、透明、恰当地宣导,通过不同渠道设计多样的形式,向不同层面和站在不同角度的人及时传递权威、准确的信息,通过有效的沟通稳定社会与民心,实现资源的有效调用。四是增强组织的融合创新能力。积极尝试运用新技术、新模式来响应需求,积极探索差异化路径,打破传统组织边界,推动改革,强化组织的决策、管理效率,提升应急管理能力,助力能源系统韧性再上一个台阶。

7.5　本章小结

在本章中,我们根据韧性的阶段性特征,分别从系统的准备性、脆弱性、恢复性和适应性四个方面梳理了关于提升能源系统韧性的相关政策,具体包括能源系统的预测预警政策、国际能源合作政策、能源进口通道安全政策、增强石能源自给能力政策、加强石油应急储备能力政策、能源替代政策、能源效率提升政策、发展非常规油气资源政策等。首先,基于对相关能源政策发展历程的梳理,以时间发展或者内容分类为导向分析了政策的演化路径;其次,通过目前各能源发展状况评估了政策效果;最后,着眼于我国能源发展面临的新挑战,针对性提出了进一步提升我国能源系统韧性政策的相关建议和对策。

通过系统梳理已有的相关能源政策及其政策效果发现,以总体能源战略为基础,以顺应时代发展为基调,我国制定了大量能源政策,在解决能源供需矛盾、规范和引导市场、引导国际政治关系等方面都取得了不错的成效,尤其是在"十三五"期间可再生能源发电及装机容量实现超额和提前完成设定目标。但在肯定能源政策效果的同时,也必须认识到我国能源管理体系、法律监管体系等与某些发达国家相比,仍然存在诸多不足之处。在预测预警体系建设方面,存在预测体系分散"失焦"及缺乏集中、统一、规范的领导等问题;在加强能源合作、保障能源通道安全和增强能源自给能力方面,存在政策偏"指方向",重"政令颁布"而缺乏"行动力"、相关法律法规有待完善等问题;在建设石油储备体系、发展替代能源、提高能源效率和发展非常规油气技术方面,也存在相关问题,例如,在梳理了我国石油战略储备的现实和相关政策后,发现我国石油战略储备落后于战略规划,并且目前并没有一部针对石油战略储备的专门性法律,所以关于石油布局的融资问题、建设问题、标准问题、启动程序问题、管理问题等,都无法从法律的角度加以明确,因此,应当加快建设和完善石油战略储备法律体系,构建高效的储备运行机制。此外,目前,我国能源管理体系仍存在能源管理制度建设尚不规范,能源政策制定过程中面临政府机构效率不高、国有能源企业权力过大,技术能力滞后于能源快速发展步伐,改革和发展的深化与能源供应安全的矛盾日益突出等问题。从我国目前的能源发展现状及保障我国经济可持续发展的战略目标出发,我国需要继续改革能源管理体制,健全和完善我国能源管理法规,加强能源科技创新,加快推进能源战略储备体系建设,构建具有韧性的能源体系。

第8章
研究结论与展望

8.1 主要结论

"备预不虞,为国常道"。在当前不确定的世界格局下,我国的能源安全面临着各种风险,坚持能源底线思维,建立一个具有韧性的能源体系,对于保障能源安全具有重要意义。本书顺应当前构建现代能源体系的需求,以韧性理论为基础,构建石油进口网络的压力测试模型,从短期和长期视角对我国石油及能源系统韧性进行了模拟。

(1) 通过对石油供给系统结构的剖析、对风险源的系统性"扫描"得到了以下结论:通过对石油进口网络系统性"扫描",将我国石油进口面临的风险源归纳为自然风险和人为风险两类,尽管自然风险不断制约着石油的进口,但是随着科技的发展,人类总有办法克服各种各样的地理限制;但人为风险不同,自然风险的克服是人类"同呼吸、共命运"的信念结晶,而人为风险则是由人类欲望主导的,以利益最大化为目标的,不可调和的矛盾。只要石油还是主要的能源和化工用品,只要技术没有彻底实现突破,这场"石油风云"带来的风险将伴随人类的发展。

(2) 构建了石油进口的复杂网络模型,按照随机攻击和蓄意攻击两种方式对网络中的节点进行移除,测试了网络对压力的承受能力,得到了以下结论:

① 通过研究石油进口网络的特征以及网络中节点的重要性排序发现,一方面,网络中大部分节点的度较低,少部分节点的度很高,符合无标度网络类型;另一方面,在我国 2020 年石油进口网络节点重要度排序中,台湾海峡排名第一,新加坡海峡排名第二,其次是马六甲海峡和好望角等。

② 通过对网络采取随机和蓄意移除节点后发现,首先,我国的石油进口网络脆弱性高,当节点被移除时,网络的可达性、连通性、可用性均下降明显。以2020 年的网络为例,节点失效比例分别为 5%、10% 和 30% 时,蓄意攻击模式下网络性能下降至 48.9%、39.2% 和 17.2%;随机攻击模式下网络性能下降至

85.7％、71.1％和38.6％;对比来看,蓄意攻击造成的影响比随机攻击高36.8％、31.9％和21.4％。其次,对2011—2020年的石油进口网络进行压力测试发现,即便每年的进口来源国数量以及路线有一些波动,但网络类型仍是无标度网络。2011—2020年我国石油进口网络的脆弱性曲线几乎重合,没有哪一年有比较低的脆弱性。

③ 通过增加节点、边等措施改进石油进口网络,对比改进前后的网络发现,新增的北极路线、瓜达尔港、龙目海峡等节点和边,即使没有改变网络的无标度特征,但是网络的脆弱性有了大幅改善。对比旧网络与新网络性能,新网络在随机攻击强度分别是5％、10％和30％时,新网络性能分别改善39％、32％、30％;在蓄意攻击强度分别是5％、10％和30％时,新网络性能分别改善29％、27％、16％。

(3) 借助系统动力学模型,根据《中国石油供应中断应急预案》设定进口短缺比例、恢复的路径,模拟了短期视角下我国石油系统韧性,识别了影响系统韧性的主要因素,得到了以下结论:一是我国有足够的能力应对四级石油供应中断,在除储备以外的多举措情景中,最先起到恢复满足率的措施是减少出口,接着是压缩需求,而起到关键作用的是企业紧急增产,且企业紧急增产比压缩需求更适合应对中断时间较短的石油突发事故;在设定的参数情景下,是需要调用石油储备的,根据推算,需要在短缺发生后的第114 d开始调用石油储备;二是对于三级和二级石油供应中断,调用储备的措施是必需的,根据中断的具体情况以及参数设定,推算出在三级供应中断的情况下,应在中断发生的第111 d开始调用石油储备,而在二级供应中断的情景下,需要在中断发生的开始便调用储备;三是对于一级石油供应中断,多举措并行仅可以使系统得以暂时的恢复,表明商业储备和战略储备不足以补充缺口。通过"韧性弹性"的测算发现,在短期视角下,对系统韧性的影响力最强的是原油转化系数,接着是原油战略储备、需求压缩比例和公司保障输油安全的能力。

(4) 根据第3章中的系统脆弱性数据和第4章中的恢复路径,模拟了长期视角下我国石油以及能源系统韧性,识别了影响韧性的主要因素,探索了影响韧性的能源替代组合,得到了以下结论:

① 对石油系统韧性模型的研究发现,一是在非常规油技术未突破时,能源替代措施是系统恢复的重要支撑,降低石油消费强度对系统的恢复作用比较小;在设定的进口短缺和恢复能力的参数下,要想使系统韧性在短缺冲击结束前恢复至100％,需要石油消费强度的降低速率以每年4.7个百分点下降或将能源替代强度在原来的基础上提升28％。二是在本书的参数设置下,通过加强

能源替代,在短缺发生前降低石油消费占能源消费的比例,可以使系统韧性提升约 3.1%,进而更有效地抵抗石油进口短缺;三是当非常规油技术突破后,通过对比短缺发生在 2021—2025 年、2031—2035 年、2021—2030 年和 2031—2040 年的情景发现,随着时间的推移,技术突破对系统韧性的贡献越来越大;四是通过使同等程度的短缺多次发生,对比每次发生短缺后系统的恢复情景后发现,进口供应中断能够使系统从该次危机中"学习"经验教训,从而在下一次进口短缺发生时,对同等程度的风险有更好的应对能力。五是通过"韧性弹性"测算发现,在长期视角下,对系统韧性影响最强的能源替代措施,在应对较长时间的进口中断时,应当更加关注能源替代的作用。

② 对能源系统韧性的研究发现,在进口中断期内,不同的能源替代组合即使可以实现在中断结束前一年使需求满足率恢复至 100%,但其韧性曲线及其系统韧性值并不相同,具体表现为:当煤炭作为替代石油的主力能源且增速稳定时,应当优先提高煤炭在替代能源中的占比;当新能源发电作为替代石油的主力能源,且增速变化较快时,煤炭作为传统的替代能源仍保持主力替代,但其占比不应超过 70%。最后,计算了在扩大石油进口短缺甚至同时使油气短缺的情景下,需要增加的能源组合以及替代量。

(5) 根据韧性的阶段性特征,对提升能源系统韧性的相关政策及其政策效果进行梳理和评估,并结合实证研究结果给出了相关政策建议,主要结论如下:在准备阶段,能源预测预警体系的建立存在分散"失焦"、缺乏统一的规范和约束的问题,应当创建我国能源系统韧性预测预警平台,加强对进口国、进口运输路线、世界能源格局的系统性风险扫描,及时捕捉异常信号并解读,采取预先防范措施。在降级阶段,能源合作以及加强海上、陆地运输安全的政策体系,极大地促进了我国能源进口的分散程度,但这些仍然不足以抵抗进口供应中断事件,未来应当创建我国能源系统的风险压力测试平台,对不同条件下的能源危机进行情景推演;创建能源进口来源国、进口运输路线的备选方案和策略库,在突发能源供应中断事件下,保障能源进口的可得性。在恢复阶段,在石油战略储备方面,研究发现我国石油战略储备落后于战略规划,应当构建高效的储备运行机制;而在常态能源替代方面,尤其是在新能源发电和装机容量领域,我国实现超额和提前完成任务,这对于提升能源韧性具有正向促进作用;在提升能源效率方面,经过长期的能源效率改进,目前仍无法满足日益攀升的用能需求。因此,应当分别创建和完善短期和长期能源供应短缺的应急预案体系,研究制定分能源品种和中断等级的专项应急预案;创建提升能源系统韧性的能源替代优化路径指南,以便在危机到来时缩短决策时间,尽快给出最优的补救措施,提升决策效率。在适应阶段,应当创建一个能够融合创新、惩前毖后的能源组织管理体系,一方面能够通过融合新兴技术、模式来加速创新,实现非常规油气技术突破,另一方面能够积极探索差异化能源管理路径,吸取经验,不断更新应对危机的策略和方案。

8.2　研究不足与展望

由于对于韧性的研究目前尚处于初步阶段,并没有明确的研究方法和研究范式,尤其是对韧性进行实证分析的研究少之又少,因此本书尝试利用复杂网络、系统动力学等方法构建模型、对模型进行压力测试、测度系统韧性、识别关键因素等。这些研究均处于对系统韧性的摸索阶段,仍存在不足之处,具体体现在以下几点:

(1)本研究没有考虑"适度韧性"的问题,如果系统韧性不足,可能导致无法应对冲击从而引起巨大的经济损失,但在增强系统韧性的同时,成本也必定随之增加。比如:如果想要提升原油转化系数,则需要投入更多的人力、物力实现技术突破;如果增加原油的战略储备库,就需要建立更多的储备基地,投入更多的管理费用。如果风险并没有发生,则多投入的费用会变为沉没成本,因此,寻找适度韧性就是要在同一种冲击下,在韧性投入成本与中断损失成本之间进行权衡。

(2)在石油及能源系统韧性建模时,由于石油不仅具有商品属性,还具有政治属性,基于对我国石油现行定价机制的特征考虑,没有将石油价格纳入模型中。而实际上,价格对于系统执行需求压缩具有正向推进作用,因此,该研究还有待改进。

(3)在模型和现实的匹配方面存在一些出入,比如,在进口短缺发生后,系统性能的下降实际应多为缓慢的、斜向下方的下降过程,但本书为了研究的简便,韧性曲线在降级的过程中均表现为"立刻"下降,因此,在下一步研究中,进一步考虑模型与现实的贴合度是未来努力的方向。

参考文献

[1] 夏四友,郝丽莎,唐文敏,等.复杂网络视角下世界石油流动的竞合态势演变及对中国石油合作的启示[J].自然资源学报,2020,35(11):2655-2673.

[2] 汪红.中国原油产量下跌原因及对策分析[J].世界石油工业,2019,26(4):10-16.

[3] WU X,OU L,HU G. On China's "oil independence" strategy[J]. Reform of the economic system,2013(5):167-170.

[4] 汪玲玲,赵媛.中国石油进口运输通道安全态势分析及对策研究[J].世界地理研究,2014,23(3):33-43.

[5] 周晓波.石油安全视角下中国原油进口地空间格局研究[D].南京:南京师范大学,2013.

[6] 李洋,朱根民,刘红凯.石油储备安全体系建设的探索[J].管理观察,2019(32):90-91.

[7] 张磊.中国石油安全体系评价研究:基于粗糙集及支持向量机方法[J].中国软科学,2022(11):13-19.

[8] 杨阳.中国原油进口来源结构的安全度分析及其优化[D].镇江:江苏大学,2016.

[9] DE ROSA M,GAINSFORD K,PALLONETTO F,et al. Diversification, concentration and renewability of the energy supply in the European Union[J]. Energy,2022,253:124097.

[10] 王强,陈俊华.基于供给安全的我国石油进口来源地风险评价[J].世界地理研究,2014,23(1):37-44.

[11] 祝孔超,牛叔文,赵媛,等.中国原油进口来源国供应安全的定量评估[J].自然资源学报,2020,35(11):2629-2644.

[12] 陈其慎,张艳飞,龙涛,等.中国海外石油供应风险分析[J].地质与勘探,

2018,54(6):1091-1098.

[13] 王正明,杨阳.我国石油进口来源结构的安全度分析[J].工业技术经济,
2015,34(9):99-105.

[14] 李建平,何琬,孙晓蕾.中国主要石油进口来源国国家风险预测模型与应用
[J].数学的实践与认识,2010,40(7):53-62.

[15] QI M,SHI D Y,LI C C,et al. Improving oil supply security:using a risk
optimization model to China and India[J]. Discrete dynamics in nature
and society,2021,2021:1-11.

[16] ZHANG L,BAI W,REN J Z. Measuring China's oil import security with
a multi-dimensional approach from the perspective of external suppliers
[M]//China's energy security. [S. l.]:World Scientific(Europe),2021:
173-200.

[17] VIVODA V,MANICOM J. Oil import diversification in northeast Asia:a
comparison between China and Japan[J]. Journal of East Asian Studies,
2011,11(2):223-254.

[18] 何琬,孙晓蕾.石油进口国家的风险选择与贸易多元化分析[J].国际经济
合作,2011(7):81-84.

[19] COHEN G,JOUTZ F,LOUNGANI P. Measuring energy security:trends
in the diversification of oil and natural gas supplies[J]. Energy policy,
2011,39(9):4860-4869.

[20] YANG Y Y,LI J P,SUN X L,et al. Measuring external oil supply risk:a
modified diversification index with country risk and potential oil exports
[J]. Energy,2014,68:930-938.

[21] VIVODA V. Diversification of oil import sources and energy security:a
key strategy or an elusive objective? [J]. Energy policy,2009,37(11):
4615-4623.

[22] WANG K H, SU C W, UMAR M. Geopolitical risk and crude oil
security:a Chinese perspective[J]. Energy,2021,219:119555.

[23] HE S,GUO K. What factors contribute to the mutual dependence degree
of China in its crude oil trading relationship with oil-exporting countries?
[J]. Energy,2021,228:120547.

［24］曾燕萍,安振."一带一路"新形势下中国石油运输安全战略研究［J］.国际经济合作,2018(1):68-74.

［25］李晶.我国石油进口运输布局与运输安全［J］.化工管理,2017(5):267.

［26］王彬.我国原油进口海上运输通道安全保障研究［D］.大连:大连海事大学,2009.

［27］王丹,李丹阳,赵利昕,等.中国原油进口海运保障能力测算及发展对策研究［J］.中国软科学,2020(6):1-9.

［28］彭丽.我国进口石油海上运输安全的灰色模糊综合评价［D］.青岛:中国海洋大学,2009.

［29］吕靖,高天航.海上通道关键节点安全保障效率研究［J］.中国软科学,2015(10):1-8.

［30］李晶,李宝德,王爽.基于突变理论的海上运输关键节点脆弱性度量［J］.系统管理学报,2018,27(1):32-39.

［31］LI B D,LI J,LU J. Research on the coupled risk of key nodes in maritime transport based on improved catastrophe theory［J］.Sustainability,2019,11(17):4640.

［32］蒋美芝,吕靖.海上通道关键节点风险预警研究［J］.数学的实践与认识,2019,49(17):35-44.

［33］RUSLI M H B M. Protecting vital sea lines of communication:a study of the proposed designation of the Straits of Malacca and Singapore as a particularly sensitive sea area［J］.Ocean and coastal management,2012,57:79-94.

［34］曹峰毓.几内亚湾海盗问题及其治理［J］.西亚非洲,2017(6):72-94.

［35］王学军.非洲海盗问题与国际反海盗合作［J］.现代国际关系,2012(12):28-33.

［36］李宝德,吕靖,李晶.基于改进 Copula 的海上运输关键节点应急保障能力评估［J］.交通运输系统工程与信息,2020,20(2):20-25.

［37］WANG S,YANG D,LU J. A connectivity reliability-cost approach for path selection in the maritime transportation of China's crude oil imports［J］.Maritime policy and management,2018,45(5):567-584.

［38］李晶,吕靖,蒋永雷,等.我国海上通道安全评价及政策建议［J］.中国软科

学,2017(11):8-17.

[39] 杨理智,张韧.基于云模型的我国海上能源战略通道安全风险评估[J].军事运筹与系统工程,2014,28(1):74-80.

[40] SMITH L C,STEPHENSON S R. New Trans-Arctic shipping routes navigable by midcentury[J]. Proceedings of the National Academy of Sciences of the United States of America,2013,110(13):E1191-E1195.

[41] WEIDACHER HSIUNG C. China and Arctic energy:drivers and limitations[J]. The polar journal,2016,6(2):243-258.

[42] 李振福,汤晓雯,姚丽丽,等.北极通道开发与中国石油进口通道格局变化[J].资源科学,2015,37(8):1639-1649.

[43] 吴玉红,李诗悦,李振福,等.北极通道对中美日欧石油进口通道的影响[J].大连海事大学学报(社会科学版),2017,16(4):67-71.

[44] REHMAN O U,ALI Y. Optimality study of China's crude oil imports through China Pakistan economic corridor using fuzzy TOPSIS and Cost-Benefit analysis[J]. Transportation research part E:logistics and transportation review,2021,148:102246.

[45] E J,BAO Y L,YE J M. Crude oil price analysis and forecasting based on variational mode decomposition and independent component analysis[J]. Physica A:statistical mechanics and its applications,2017,484:412-427.

[46] SAFARI A,DAVALLOU M. Oil price forecasting using a hybrid model [J]. Energy,2018,148:49-58.

[47] JI Q,FAN Y. How does oil price volatility affect non-energy commodity markets? [J]. Applied energy,2012,89(1):273-280.

[48] JAWAD M. Oil price volatility and its impact on economic growth in Pakistan[J]. Journal of finance and economics,2013,1(4):62-68.

[49] RAFIQ S,SALIM R. Does oil price volatility matter for Asian emerging economies? [J]. Economic analysis and policy,2014,44(4):417-441.

[50] 王璐.国际油价波动对中国石油财务绩效影响[D].大庆:东北石油大学,2019.

[51] 颜姮美.油价波动背景下中国石油安全评价及预警研究[D].东营:中国石油大学(华东),2017.

[52] WU G,WEI Y M,FAN Y,et al. An empirical analysis of the risk of crude oil imports in China using improved portfolio approach[J]. Energy policy,2007,35(8):4190-4199.

[53] JIMÉNEZ-RODRÍGUEZ R,SÁNCHEZ M. Oil price shocks and real GDP growth:empirical evidence for some OECD countries[J]. Applied economics,2005,37(2):201-228.

[54] CROSS J,NGUYEN B H. The relationship between global oil price shocks and China's output:a time-varying analysis[J]. Energy economics,2017,62:79-91.

[55] XIAO J H,ZHOU M,WEN F M,et al. Asymmetric impacts of oil price uncertainty on Chinese stock returns under different market conditions: evidence from oil volatility index[J]. Energy economics,2018,74:777-786.

[56] ZHANG H Y,JI Q,FAN Y. An evaluation framework for oil import security based on the supply chain with a case study focused on China [J]. Energy economics,2013,38:87-95.

[57] SUN M,GAO C X,SHEN B. Quantifying China's oil import risks and the impact on the national economy[J]. Energy policy,2014,67:605-611.

[58] CHEN S,SONG Y,DING Y T,et al. Using long short-term memory model to study risk assessment and prediction of China's oil import from the perspective of resilience theory[J]. Energy,2021,215:119152.

[59] 许婵,赵智聪,文天祚.韧性:多学科视角下的概念解析与重构[J].西部人居环境学刊,2017,32(5):59-70.

[60] 汪辉,徐蕴雪,卢思琪,等.恢复力、弹性或韧性? 社会-生态系统及其相关研究领域中"Resilience"一词翻译之辨析[J].国际城市规划,2017,32(4):29-39.

[61] DAVOUDI S,SHAW K,HAIDER L J,et al. Resilience:a bridging concept or a dead end? [J]. Planning theory and practice,2012,13(2):299-333.

[62] BROWN D,KULIG J C. The concepts of resiliency:theoretical lessons from community research[J]. Health & Canadian Society,1996,4(1):29-52.

[63] HOLLNAGEL E,WOODS D D,LEVESON N. Resilience engineering: concepts and precepts[M]. Aldershot:Ashgate,2006.

[64] ALEXANDER D E.Resilience and disaster risk reduction:an etymological

journey[J]. Natural hazards and earth system sciences,2013,13(11):2707-2716.

[65] JACKSON A H. Resilience:discovering a new strength at times of stress [J]. American journal of psychiatry ,1989,146(10):1348-1348.

[66] HOLLING C S. Resilience and stability of ecological systems[J]. Annual review of ecology and systematics,1973,4:1-23.

[67] BERKES F,FOLKE C. Linking social and ecological systems:management practices and social mechanisms for building resilience [M]. Cambridge: Cambridge University Press,1998.

[68] 邵亦文,徐江. 城市韧性:基于国际文献综述的概念解析[J]. 国际城市规划,2015,30(2):48-54.

[69] CHAFFIN B C,GUNDERSON L H. Emergence,institutionalization and renewal:rhythms of adaptive governance in complex social-ecological systems[J]. Journal of environmental management,2016,165:81-87.

[70] YODO N,WANG P F. Engineering resilience quantification and system design implications:a literature survey[J]. Journal of mechanical design, 2016,138(11):111408.

[71] RUTTER M,KIM-COHEN J,MAUGHAN B. Continuities and discontinuities in psychopathology between childhood and adult life[J]. Journal of child psychology and psychiatry,and allied disciplines,2006,47(3/4):276-295.

[72] PENDALL R,FOSTER K A,COWELL M. Resilience and regions:building understanding of the metaphor[J]. Cambridge journal of regions,economy and society,2010,3(1):71-84.

[73] 苏杭. 经济韧性问题研究进展[J]. 经济学动态,2015(8):144-151.

[74] CHEN S,ZHANG M,DING Y T,et al. Resilience of China's oil import system under external shocks:a system dynamics simulation analysis[J]. Energy policy,2020,146:111795.

[75] 朱华友,吉盼,陈泽侠,等. 异质性视角下浙江省农村韧性问题及影响因素[J]. 经济地理,2021,41(8):160-166.

[76] BRUNEAU M,REINHORN A. Exploring the concept of seismic resilience for acute care facilities[J]. Earthquake spectra,2007,23(1):41-62.

[77] SARRE S,REDLICH C,TINKER A,et al. A systematic review of qualitative

studies on adjusting after stroke: lessons for the study of resilience[J]. Disability and rehabilitation,2014,36(9):716-726.

[78] SPERANZA C I, WIESMANN U, RIST S. An indicator framework for assessing livelihood resilience in the context of social-ecological dynamics[J]. Global environmental change,2014,28:109-119.

[79] STERBENZ J P G,HUTCHISON D,ÇETINKAYA E K,et al. Resilience and survivability in communication networks: strategies, principles, and survey of disciplines[J]. Computer networks,2010,54(8):1245-1265.

[80] VLACHEAS P,STAVROULAKI V,DEMESTICHAS P,et al. Towards end-to-end network resilience[J]. International journal of critical infrastructure protection, 2013,6(3/4):159-178.

[81] BRUYELLE J L,O'NEILL C,EL-KOURSI E M,et al. Improving the resilience of metro vehicle and passengers for an effective emergency response to terrorist attacks[J]. Safety science,2014,62:37-45.

[82] LINKOV I,EISENBERG D A,BATES M E,et al. Measurable resilience for actionable policy[J]. Environmental science & technology,2013,47 (18):10108-10110.

[83] ROEGE P E,COLLIER Z A,MANCILLAS J,et al. Metrics for energy resilience[J]. Energy policy,2014,72:249-256.

[84] HOSSEINI S,BARKER K,RAMIREZ-MARQUEZ J E. A review of definitions and measures of system resilience[J]. Reliability engineering & system safety, 2016,145:47-61.

[85] CUTTER S L, BARNES L, BERRY M, et al. A place-based model for understanding community resilience to natural disasters[J]. Global environmental change,2008,18(4):598-606.

[86] PETTIT T J,FIKSEL J,CROXTON K L. Ensuring supply chain resilience: development of a conceptual framework[J]. Journal of business logistics,2010, 31(1):1-21.

[87] SHIRALI G A,MOHAMMADFAM I,EBRAHIMIPOUR V. A new method for quantitative assessment of resilience engineering by PCA and NT approach: a case study in a process industry[J]. Reliability engineering & system safety,

2013,119:88-94.

[88] KULIG J C, EDGE D S, TOWNSHEND I, et al. Community resiliency: emerging theoretical insights[J]. Journal of community psychology, 2013, 41(6):758-775.

[89] ZHOU H J, WANG J A, WAN J H, et al. Resilience to natural hazards: a geographic perspective[J]. Natural hazards, 2010, 53(1):21-41.

[90] OMER M, MOSTASHARI A, NILCHIANI R. Assessing resilience in a regional road-based transportation network[J]. International journal of industrial and systems engineering, 2013, 13(4):389-408.

[91] OUYANG M, DUEÑAS-OSORIO L, MIN X. A three-stage resilience analysis framework for urban infrastructure systems[J]. Structural safety, 2012, 36/37 (1):23-31.

[92] 许慧,李杨,邓宁辉,等. 城市复杂公共空间系统韧性建模研究[J]. 系统工程理论与实践,2022,42(7):1964-1978.

[93] SENKEL A, BODE C, SCHMITZ G. Quantification of the resilience of integrated energy systems using dynamic simulation[J]. Reliability engineering and system safety, 2021, 209:107447.

[94] HE P J, NG T S, SU B. Energy-economic recovery resilience with input-output linear programming models[J]. Energy economics, 2017, 68:177-191.

[95] KHALED A A, JIN M Z, CLARKE D B, et al. Train design and routing optimization for evaluating criticality of freight railroad infrastructures[J]. Transportation research part B: Methodological, 2015, 71:71-84.

[96] ADJETEY-BAHUN K, BIRREGAH B, CHÂTELET E, et al. A model to quantify the resilience of mass railway transportation systems [J]. Reliability engineering & system safety, 2016, 153:1-14.

[97] 巩灿娟,张晓青,徐成龙. 中国三大城市群经济韧性的时空演变及协同提升研究[J]. 软科学,2022,36(5):38-46.

[98] AZADEH A, SALEHI V, ARVAN M, et al. Assessment of resilience engineering factors in high-risk environments by fuzzy cognitive maps: a petrochemical plant[J]. Safety science, 2014, 68:99-107.

[99] OUYANG M. A mathematical framework to optimize resilience of interdependent

critical infrastructure systems under spatially localized attacks [J]. European journal of operational research,2017,262(3):1072-1084.

[100] OUYANG M,DUEÑAS-OSORIO L. Multi-dimensional hurricane resilience assessment of electric power systems[J]. Structural safety,2014,48:15-24.

[101] OUYANG M, WANG Z H. Resilience assessment of interdependent infrastructure systems: with a focus on joint restoration modeling and analysis[J]. Reliability engineering and system safety,2015,141:74-82.

[102] AMIRIOUN M H,AMINIFAR F,LESANI H. Resilience-oriented proactive management of microgrids against windstorms [J]. IEEE transactions on power systems,2018,33(4):4275-4284.

[103] AMIRIOUN M H,AMINIFAR F,LESANI H,et al. Metrics and quantitative framework for assessing microgrid resilience against windstorms [J]. International journal of electrical power and energy systems, 2019, 104: 716-723.

[104] GROVE A,BURGELMAN R. An electric plan for energy resilience[J]. The McKinsey Quarterly,2008(4):1-7.

[105] SATO M, KHARRAZI A, NAKAYAMA H, et al. Quantifying the supplier-portfolio diversity of embodied energy: strategic implications for strengthening energy resilience[J]. Energy policy,2017,105:41-52.

[106] AFGAN N,VEZIROGLU A. Sustainable resilience of hydrogen energy system [J]. International journal of hydrogen energy, 2012, 37 (7): 5461-5467.

[107] WATSON J, GUTTROMSON R, SILVA-MONROY C, et al. Conceptual framework for developing resilience metrics for the electricity oil and gas sectors in the United States[R]. [S. l.]:Sandia National Laboratories,2014.

[108] LEUNG A, BURKE M, CUI J Q. The tale of two (very different) cities-Mapping the urban transport oil vulnerability of Brisbane and Hong Kong[J]. Transportation research Part D:transport and environment,2018,65:796-816.

[109] KIMURA S,MORIKAWA T,PHOUMIN H. Oil supply resilience in ASEAN[R]. [S. l.]:Economic Research Institute for ASEAN and East Asia,2017.

[110] 张小琳.基于修正层次分析法的我国石油贸易风险问题研究[D].北京：
对外经济贸易大学,2014.

[111] ZHANG J. Oil and gas trade between China and countries and regions
along the 'Belt and Road':a panoramic perspective[J]. Energy policy,
2019,129:1111-1120.

[112] YUAN M,ZHANG H R,WANG B H,et al.Downstream oil supply
security in China:policy implications from quantifying the impact of oil
import disruption[J]. Energy policy,2020,136:111077.

[113] ZHAO L J,LI D Q,GUO X P,et al. Cooperation risk of oil and gas
resources between China and the countries along the Belt and Road[J].
Energy,2021,227:120445.

[114] 朱正威,刘莹莹,杨洋.韧性治理:中国韧性城市建设的实践与探索[J].公
共管理与政策评论,2021,10(3):22-31.

[115] 王薇然,杜海峰.基于多元治理主体的乡村韧性比较研究[J].公共行政评
论,2021,14(4):4-24.

[116] 石佳,郭雪松,胡向南.面向韧性治理的公共部门危机学习机制的构建[J].
行政论坛,2020,27(5):102-108.

[117] 张增凯,彭彬彬,解伟,等.能源转型与管理领域的科学研究问题[J].管理
科学学报,2021,24(8):147-153.

[118] 朱正威,刘莹莹.韧性治理:风险与应急管理的新路径[J].行政论坛,
2020,27(5):81-87.

[119] 朱正威,石佳,刘莹莹.政策过程视野下重大公共政策风险评估及其关键
因素识别[J].中国行政管理,2015(7):102-109.

[120] 宋红旭.国家石油储备问题研究[J].经济研究参考,2002(3):2-29.

[121] 穆献中,李国昊.基于系统动力学模型的中国天然气需求情景预测及影响
因素研究[J].工程研究-跨学科视野中的工程,2018,10(1):56-67.

[122] MACASKILL K,GUTHRIE P. Multiple interpretations of resilience in
disaster risk management[J]. Procedia economics and finance,2014,18:
667-674.

[123] 方创琳,王岩.中国城市脆弱性的综合测度与空间分异特征[J].地理学
报,2015,70(2):234-247.

[124] 魏一鸣. 中国能源报告：能源效率研究[M]. 北京：科学出版社,2010.

[125] 日兹宁. 俄罗斯能源外交[M]. 北京：人民出版社,2006.

[126] 史丹,等. 中国能源供应体系研究[M]. 北京：经济管理出版社,2011.

[127] 杨宇,何则. 能源地缘政治与能源权力研究[J]. 地理科学进展,2021,40
(3)：524-540.

[128] 中国现代国际关系研究院经济安全研究中心. 全球能源大棋局[M]. 北
京：时事出版社,2005.

[129] 杜德斌,范斐,马亚华. 南海主权争端的战略态势及中国的应对方略[J].
世界地理研究,2012,21(2)：1-17.

[130] 杨宇,于宏源,鲁刚,等. 世界能源百年变局与国家能源安全[J]. 自然资源
学报,2020,35(11)：2803-2820.

[131] SWANSTROM T. Regional resilience：a critical examination of the ecological
framework[R]. [S. l.]：Working paper,2008.

[132] XU L,MARINOVA D,GUO X M. Resilience thinking：a renewed system
approach for sustainability science[J]. Sustainability science,2015,10(1)：
123-138.

[133] FOLKE C. Resilience：the emergence of a perspective for social-ecological
systems analyses[J]. Global environmental change,2006,16(3)：253-267.

[134] LI Z Y,SHAHIDEHPOUR M,AMINIFAR F,et al. Networked microgrids
for enhancing the power system resilience[J]. Proceedings of the IEEE,2017,
105(7)：1289-1310.

[135] BRUNEAU M,CHANG S E,EGUCHI R T,et al. A framework to
quantitatively assess and enhance the seismic resilience of communities[J].
Earthquake spectra,2003,19(4)：733-752.

[136] 郭华,徐弘,朱国才,等. 我国石油钻探企业安全文化建设的探索[J]. 中国
安全生产,2021,16(9)：56-57.

[137] 张轩诚,王国梁. 中国海上石油进口的安全风险及对策[J]. 山西师范大学
学报(自然科学版),2020,34(1)：104-111.

[138] 黑恩贝克. 石油与安全：斯德哥尔摩国际和平研究所专题论文[M]. 俞大
畏等,译. 北京：商务印书馆,1976.

[139] DING Y T,ZHANG M,CHEN S,et al. Assessing the resilience of China's

natural gas importation under network disruptions[J]. Energy, 2020, 211:118459.

[140] SUN X L, LI J P, WU D S, et al. Energy geopolitics and Chinese strategic decision of the energy-supply security: a multiple-attribute analysis[J]. Journal of multi-criteria decision analysis, 2011, 18(1/2):151-160.

[141] ULTRAMARI C, REZENDE D. Urban resilience and slow motion disasters[J]. City and time, 2007, 2(3):47-64.

[142] 周园,等. 高韧性社会:应对不确定危机的八种能力[M]. 北京:中译出版社,2021.

[143] ZHANG D M, DU F, HUANG H W, et al. Resiliency assessment of urban rail transit networks:Shanghai metro as an example[J]. Safety science, 2018, 106:230-243.

[144] BORNHOLDT S, SCHUSTER H G. Handbook of graphs and networks: from the genome to the internet[M]. Weinheim:Wiley-VCH, 2002.

[145] SUN X, SI S. Complex network algorithm and application[M]. Beijing: National Defense Industry Press, 2015.

[146] WEI Y M, LIANG Q M, WU G, et al. Assessment of energy import and transportation risk of China[M]//BHATTACHARYYA S C. Energy economics. London:Springer, 2019:143-191.

[147] 中国石油企业协会. 中国油气产业发展分析与展望报告蓝皮书(2019—2020)[J]. 中国石油企业,2020(4):25-26.

[148] MO H M, DENG Y. Identifying node importance based on evidence theory in complex networks[J]. Physica A:statistical mechanics and its applications, 2019, 529:121538.

[149] 田立新,孙梅. 能源供需系统分析[M]. 北京:科学出版社,2011.

[150] KIM Y, CHEN Y S, LINDERMAN K. Supply network disruption and resilience:a network structural perspective[J]. Journal of operations management, 2015, 33/34(1):43-59.

[151] LÜ L, CHEN D, REN X, et al. Vital nodes identification in complex networks[J]. Physics reports, 2016, 650:1-63.

[152] BARTHÉLEMY M. Betweenness centrality in large complex networks

[J]. The European physical journal B,2004,38(2):163-168.

[153] SABIDUSSI G. The centrality index of a graph[J]. Psychometrika,1966,
31(4):581-603.

[154] YANG Y H,LIU Y X,ZHOU M X,et al. Robustness assessment of
urban rail transit based on complex network theory:a case study of the
Beijing Subway[J]. Safety science,2015,79:149-162.

[155] ALBERT R. Attack and error tolerance in complex networks[J]. Nature,
2000,406:387-482.

[156] ZHAO K,KUMAR A,HARRISON T P,et al. Analyzing the resilience
of complex supply network topologies against random and targeted
disruptions[J]. IEEE systems journal,2011,5(1):28-39.

[157] LIU J,XIONG Q Y,SHI W R,et al. Evaluating the importance of nodes in
complex networks[J]. Physica A:statistical mechanics and its applications,
2016,452:209-219.

[158] DIAKOULAKI D,MAVROTAS G,PAPAYANNAKIS L. Determining
objective weights in multiple criteria problems:the critic method[J].
Computers and operations research,1995,22(7):763-770.

[159] BECCUE P C,HUNTINGTON H G,LEIBY P N,et al. An updated assessment
of oil market disruption risks[J]. Energy policy,2018,115:456-469.

[160] 吕涛,郭庆. 突发性石油短缺及其应急恢复的演化机理研究[J]. 资源开发
与市场,2016,32(6):684-689.

[161] PAUL G,TANIZAWA T,HAVLIN S,et al. Optimization of robustness
of complex networks[J]. The European physical journal B,2004,38(2):
187-191.

[162] LI R Y,DONG Q,JIN C,et al. A new resilience measure for supply
chain networks[J]. Sustainability,2017,9(1):144.

[163] HUANG X,ZHANG S,CAO X. Spatiotemporal evolution of subway
accessibility and its impact on bus accessibility in Guangzhou[J].
Progress in geography,2014,33(8):1078-1089.

[164] GOH K I,OH E,JEONG H,et al. Classification of scale-free networks[J].
Proceedings of the National Academy of Sciences of the United States of

America,2002,99(20):12583-12588.

[165] FREEMAN L C. A set of measures of centrality based on betweenness [J]. Sociometry,1977,40(1):35-41.

[166] GHEDINI C G, RIBEIRO C H C. Rethinking failure and attack tolerance assessment in complex networks[J]. Physica A: statistical mechanics and its applications,2011,390(23/24):4684-4691.

[167] 蔡鉴明,邓薇.长沙地铁网络复杂特性与级联失效鲁棒性分析[J].铁道科学与工程学报,2019,16(6):1587-1596.

[168] 程中海,南楠,张亚如.中国石油进口贸易的时空格局、发展困境与趋势展望[J].经济地理,2019,39(2):1-11.

[169] DING Y,CHEN S,ZHENG Y,et al. Resilience assessment of China's natural gas system under supply shortages:a system dynamics approach[J]. Energy,2022,247:123518.

[170] 张纪海,张劝劝.石油动员链构建问题研究[J].北京理工大学学报(社会科学版),2013,15(4):84-92.

[171] 董康银.低碳约束背景下中国能源转型路径与优化模型研究[D].北京:中国石油大学(北京),2019.

[172] 王莹,安雨康,冯燕云,等.后疫情时代中沙深化油气合作机遇与挑战分析[J].国际石油经济,2021,29(10):48-54.

[173] MÉJEAN A, HOPE C. Modelling the costs of non-conventional oil:a case study of Canadian bitumen[J]. Energy policy,2008,36(11):4205-4216.

[174] KAUFMANN R K, SHIERS L D. Alternatives to conventional crude oil: when,how quickly,and market driven? [J]. Ecological economics,2008,67(3): 405-411.

[175] 孙金凤,胡祥培.非常规油气资源开发投资决策优化模型研究[J].运筹与管理,2019,28(6):1-10.

[176] 邹才能,翟光明,张光亚,等.全球常规-非常规油气形成分布、资源潜力及趋势预测[J].石油勘探与开发,2015,42(1):13-25.

[177] 张一峰,梁玮.油价低位运行,炼化企业喜忧参半寻求发展之道[J].中国石油和化工,2020(6):32-35.

[178] GARBOLINO E,CHERY J P,GUARNIERI F. A simplified approach to

risk assessment based on system dynamics:an industrial case study[J]. Risk analysis,2016,36(1):16-29.

[179] LIU X M,ZENG M. Renewable energy investment risk evaluation model based on system dynamics[J]. Renewable and sustainable energy reviews, 2017,73:782-788.

[180] GAO D,LI Z,LIU P,et al. A coordinated energy security model taking strategic petroleum reserve and alternative fuels into consideration[J]. Energy,2018,145:171-181.

[181] 刘健,赵思翔,刘晓.城市供水系统弹性应对策略与仿真分析[J].系统工程理论与实践,2015,35(10):2637-2645.

[182] 巩玲君,张纪海.基于系统动力学的成品油应急调运策略研究[J].系统工程理论与实践,2017,37(9):2256-2267.

[183] 王宇奇,曲云玉.环境扰动下进口原油供应链网络柔性的系统动力学仿真[J].系统管理学报,2019,28(5):983-990.

[184] 王之乐,张纪海.基于系统动力学的应急物资动员潜力评估[J].系统工程理论与实践,2019,39(11):2880-2895.

[185] WANG K,FENG L Y,WANG J L,et al. An oil production forecast for China considering economic limits[J]. Energy,2016,113:586-596.

[186] 杨芊,杨帅,樊金璐,等."十四五"时期现代煤化工煤炭消费总量控制研究[J].煤炭经济研究,2020,40(2):25-30.

[187] WANG J,ZUO W D,RHODE-BARBARIGOS L,et al. Literature review on modeling and simulation of energy infrastructures from a resilience perspective[J]. Reliability engineering & system safety,2019,183:360-373.

[188] GASSER P,LUSTENBERGER P,CINELLI M,et al. A review on resilience assessment of energy systems[J]. Sustainable and resilient infrastructure, 2021,6(5):273-299.

[189] ALDIERI L,GATTO A,VINCI C P. Evaluation of energy resilience and adaptation policies:an energy efficiency analysis[J]. Energy policy,2021,157: 112505.

[190] 陆家亮,赵素平,孙玉平,等.中国天然气产量峰值研究及建议[J].天然气工业,2018,38(1):1-9.

[191] 王庆一.2020 能源数据[M].北京:绿色创新发展中心,2021.

[192] 陶然,蔡云泽,楼振飞,等.国内外能源预测模型和能源安全评价体系研究综述[J].上海节能,2012(1):16-21.

[193] 赵春富,刘耕源,陈彬.能源预测预警理论与方法研究进展[J].生态学报,2015,35(7):2399-2413.

[194] 王思强.中长期能源预测预警体系研究与应用[D].北京:北京交通大学,2009.

[195] KRUYT B,VAN VUUREN D P,DE VRIES H J M,et al. Indicators for energy security[J]. Energy policy,2009,37(6):2166-2181.

[196] SOVACOOL B K. The methodological challenges of creating a comprehensive energy security index[J]. Energy policy,2012,48:835-840.

[197] 刘立涛,沈镭,刘晓洁.能源安全研究的理论与方法及其主要进展[J].地理科学进展,2012,31(4):403-411.

[198] 陈柳钦."钦点"能源(二)[M].北京:知识产权出版社,2017.

[199] 印玺,胡一楠.我国能源合作政策的发展与演变[J].西安财经学院学报,2017,30(3):18-22.

[200] 许勤华.改革开放 40 年能源国际合作踏上新征程[J].中国电力企业管理,2018(25):87-92.

[201] 佚名."七五"期间我国部分行业发展重点和目标[J].宏观经济研究,1986(7):73-76.

[202] 石其宝.《中日长期贸易协议》的发展历程[J].现代日本经济,2006(5):30-35.

[203] 郭莉.中日长期贸易协议的发展历程及其作用[J].国际贸易,1991(2):31-33.

[204] 马方方,刘长敏.论新格局下的中国多边国际能源合作[J].太平洋学报,2015,23(6):83-89.

[205] 张生玲,魏晓博,张晶杰."一带一路"战略下中国能源贸易与合作展望[J].国际贸易,2015(8):11-14.

[206] 陈如一.中国原油进口 25 年:1994—2019 年中国原油进口历史数据分析[J].西安石油大学学报(社会科学版),2021,30(6):59-70.

[207] 董秀成,高建,张海霞.能源战略与政策[M].北京:科学出版社,2016.

[208] 王成金,陈云浩. 全球航运战略支点识别[J]. 中国科学院院刊,2017,32
      (4):348-354.

[209] 黄进. 中国能源安全问题研究:法律与政策分析[M]. 武汉:武汉大学出版
      社,2008.

[210] 油控研究项目课题组. 中国石油消费总量达峰与控制方案研究[R].
      (2019-12-17)[2021-5-10]. http://www. nrdc. cn/Public/uploads/2019-
      12-17/5df89d237f5da. pdf. 2019.

[211] 舟丹. 与美国、巴西相比,我国燃料乙醇规模仍偏小[J]. 中外能源,2018,
      23(11):88.

[212] LESSER J A,SU X J. Design of an economically efficient feed-in tariff
      structure for renewable energy development[J]. Energy policy,2008,36
      (3):981-990.

[213] OUYANG X L, LIN B Q. Levelized cost of electricity (LCOE) of
      renewable energies and required subsidies in China[J]. Energy policy,
      2014,70:64-73.

[214] ZENG M,LIU X M,LI N,et al. Overall review of renewable energy
      tariff policy in China: evolution, implementation, problems and
      countermeasures[J]. Renewable and sustainable energy reviews,2013,
      25:260-271.